教育测量与评价

主　编　汪基德
副主编　崔亚萌　汪　滢　段海丹

科学出版社
北京

内 容 简 介

教育测量与评价是教育教学工作的指挥棒，是现代教育治理的重要环节。本书以教育测量与评价理论和实践中所涉及的基本问题为主线，融合了必要的教育统计基础知识，力求做到理论与实践相结合，学以致用。全书共分 10 章，内容包括教育测量与评价概述、教育测量与评价的发展历史、教育测量的质量指标、教育测验的设计与实施、教育评价的设计与实施、SPSS 在教育测量与评价中的应用、学生评价、教师评价、课堂教学评价以及学校评价。本书思路清晰，逻辑严密，内容丰富，文字简练，既有较强的理论性，又有重要的应用价值。

本书既可以作为高等学校教师教育专业和教育学类专业的教材，也可以供广大教育管理人员、教育科研人员、中小学教师，以及对教育测量与评价感兴趣的其他读者学习或参考。

图书在版编目（CIP）数据

教育测量与评价／汪基德主编. — 北京：科学出版社，2023.7
ISBN 978-7-03-074650-4

Ⅰ. ①教… Ⅱ. ①汪… Ⅲ. ①教育测量 ②教育评估 Ⅳ. ①G40-058.1

中国国家版本馆 CIP 数据核字（2023）第 016397 号

责任编辑：乔宇尚　张翠霞 / 责任校对：姜丽策
责任印制：赵　博 / 封面设计：无极书装

科学出版社 出版
北京东黄城根北街 16 号
邮政编码：100717
http://www.sciencep.com

北京中石油彩色印刷有限责任公司印刷
科学出版社发行　各地新华书店经销
*
2023 年 7 月第 一 版　开本：787×1092　1/16
2024 年 3 月第三次印刷　印张：18
字数：427 000
定价：59.00 元
（如有印装质量问题，我社负责调换）

前　言

　　教育测量与评价是教育教学工作的指挥棒，是现代教育治理的重要环节。它对教育教学活动的开展起着巨大的导向作用，成为现代教育科学研究和教育实践的重要领域。为了适应教育测量与评价学科的发展，更为了满足高等学校教师教育专业和教育学类专业的教学需要，我们组织编写了《教育测量与评价》这本教材。本教材思路清晰，逻辑严密，内容丰富，文字简练，既有较强的理论性，又有重要的应用价值，希望为广大读者提供关于教育测量与评价的系统知识。

　　本教材在编写的过程中力求体现以下特点：①内容全面。本教材在概述了教育测量与评价的内涵、功能、原则、类型及原理的基础上，首先回顾了教育测量与评价的发展历程，然后分别对教育测量的质量指标、教育测验和教育评价的设计与实施等进行了详细的介绍，涵盖了该学科领域的核心概念与知识体系，最后介绍了该实践领域中的新进展，内容翔实全面。②注重基础。本教材立足于学科基本理论与实践的介绍，强调每一个知识点的基本理念、基本观点和基本用途，努力做到夯实学习者的基础。③讲求实用。本教材在编写过程中注重实例，力图体现将理论转换为实践的思路与方法，帮助学习者活学活用，灵活掌握，做到学以致用。④方便教学。本教材在每章开始部分设置了"知识导图"栏目，有助于学习者提纲挈领地把握每章的知识要点；还在每章最后设置了"本章小结"和"练习思考"栏目，方便学习者复习和自测，有助于学习者随时掌握学习效果。

　　为了提高编写质量，我们组织长期从事教育测量与评价教学和研究的专业人员合作编写了本教材。汪基德负责本书大纲的拟定与全书的统稿工作，担任本教材的主编；崔亚萌、汪滢和段海丹协助主编进行统稿，担任本书的副主编。各章节执笔人员如下：河南大学的汪基德执笔第一章的第一节；福建师范大学的汪滢执笔第一章的第二节；信阳师范大学的陈建新执笔第一章的第三、四、五节和第五章的第一、二节；信阳学院的崔亚萌执笔第二章和第七章；湖北商贸学院的张俊南执笔第三章；信阳学院的段海丹执笔第四章；信阳学院的吴俊娜执笔第五章的第三、四节和第十章；信阳学院的张金鑫执笔第六章；信阳学院的刘爽执笔第八章的第一、二、三节；河南师范大学的熊杨敬执笔第八章的第四节；信阳学院的侯秀娟执笔第九章的第一、二、三节；河南师范大学的王宏伟执笔第九章的第四节。

　　在本书的策划与编写中，科学出版社的乔宇尚、张翠霞编辑提供了许多宝贵意见与建议，在这里向她们表示真诚的感谢！同时，本书出版受到"河南大学教材建设基金资助项目"的经费资助，在此深表谢意！本书在编写过程中参考和引用了大量文献，主要文献在相关章节已标注，如有遗漏，请与我们联系。由于编者水平有限，在写作过程中难免会有不足之处，敬请广大读者为我们提出宝贵的意见。

汪基德

2023 年 5 月

目 录

第一章

教育测量与评价概述

学习目标

- 了解教育测量与评价的类型；
- 明确教育测量与评价的内涵；
- 理解教育测量与评价的功能和原则；
- 掌握几种主要的教育测量理论和教育评价模式。

知识导图

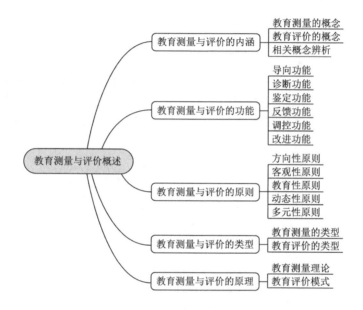

教育测量与评价是教育科学领域中的一个重要分支学科，它在教育改革与发展、教育管理与决策中扮演着风向标与助推器的角色，引领着教育实践的发展方向。厘清教育测量与评价的内涵和功能，认识教育测量与评价的原则和类型，熟悉教育测量与评价的基本原理，是学习和研究教育测量与评价理论、顺利开展教育测量与评价活动的首要前提。

第一节　教育测量与评价的内涵

一、教育测量的概念

（一）测量

测量的定义有很多，其中广为认可的是史蒂文斯（S. S. Stevens）给测量下的定义：

"从广义而言，测量系根据法则给事物分派数字。"[①]后来，洛德（F. M. Lord）和诺维克（M. R. Novick）对这一定义进行了修订。他们认为，测量的内容是客体属性而非客体本身。结合史蒂文斯、洛德和诺维克的观点，可以发现测量包括法则、事物及其属性、数字三个基本要素。

1. 法则

法则是测量所依据的规则。按照不同的法则测量同一个事物，其结果也必然存在着一些差异，比如用不同的尺子测量同一张桌子的长度，其测量结果多少也会有所不同。法则有好坏之分，使用好的法则可以得到比较可靠的测量结果，但良好法则的设计是一件极为困难的事情。有些事物及其属性简单且稳定，其测量法则易于建立，而有些事物及其属性复杂且多变，测量起来较为困难。不管什么测量活动，其法则的建立都是一个逐步精确和完善的过程。

2. 事物及其属性

事物及其属性是测量的对象。在实际测量中，事物的物理属性一般可以通过直接测量而得出，其测量结果也相对比较精确，比如长度、温度、密度等物理属性的测量。事物的心理属性则相对抽象，一般不容易进行直接测量，比如我们无法直接测量一个人的数学能力，只能通过他在数学测验中的成绩来间接推断其数学能力的高低。

3. 数字

数字是测量结果的表现形式。测量结果必须以数字的形式表现出来，这是测量区别于其他认识活动的根本特征。数字本身只是一种符号，只有当人们赋予其意义时，才变成了可以量化的数值，并具有了自然数的区分性、可加性、等距性、等级性等特点。因此，通过测量所得到的数字不仅可以表示事物及其属性的类别、大小、多少，而且还可以通过对数字的运算来推测事物及其属性发生发展变化的规律。

（二）教育测量

教育测量是测量的原理和方法在教育领域内的迁移，是指依据一定的法则对教育领域内的事物或现象给予数量化描述的过程。从广义上讲，凡是与教育有关的、能够测量的事物或现象均属于教育测量的范畴，比如教育投入、教育过程的各个要素、教育效果等。从狭义上讲，教育测量是指依据一定的法则，对学生的学业成就、智力水平、思想品德、个性发展等方面进行量的测定。一般来说，教育测量具有单位、参照点和量表三大要素。

1. 单位

单位即计量的单位。测量必须有单位，没有单位就无法解释测量结果的性质。不同的测量可以有不同的单位，甚至同一测量也可以用不同的单位。比如测量长度可以以米、分米、厘米等为单位，测量重量可以以吨、千克、克等为单位。好的单位必须具备两个条件：①要有明确的意义，即所有人对同一单位的理解应相同；②要有相等的价值，即相邻两个单位之间的差距是相等的。一般来说，物理测量的单位均符合上述两个条件，但教育测量单位的意义却比较模糊，不同的人对同一单位的理解不尽相同。除此之外，相同单位

---

① 转引自胡中锋. 教育测量与评价[M]. 2版. 广州：广东高等教育出版社，2006：3.

间的差距也可能不等值。比如，在学科测验中，59 分和 60 分间的 1 分差距与 88 分和 89 分间的 1 分差距是不等值的。因此，分数等值是教育测量中的重要研究课题。

2. 参照点

参照点即计算的起点。参照点有两种：一种是绝对零点，比如各种度量衡器具上的零点；另一种是相对零点，即人为确定的参照点，比如摄氏温度计以纯水的冰点为测量起点。在绝对零点里面，"0"表示"没有"，比如"0 千克"就表示没有重量；在相对零点里面，"0"不一定表示没有，比如"0℃"并不表示没有温度，而是表示零上与零下的交接点。在教育测量中，由于测量对象比较复杂，难以确定绝对零点，其参照点一般都是相对零点。因此，为了使教育测量的结果能够进行比较，就要对测量所得的分数进行转换。

3. 量表

量表即测量的工具，它是一个具有参照点和单位的连续体。比如，尺子是测量长短的量表，天平是测量重量的量表。史蒂文斯根据测量的精确程度不同，把量表从低级到高级分为定名量表、定序量表、定距量表和比率量表。

1）定名量表。定名量表是最为简单的量表，它只能用数字表示事物的类别，没有任何数量大小的意义。比如，在统计学生的民族时，用"1"表示汉族，用"0"表示其他民族。定名量表的数字只有区分性，不能进行量化分析，更不能进行加、减、乘、除运算，只适用于次数的统计，比如众数、百分数、离散相关等。

2）定序量表。定序量表比定名量表稍微精确些，不仅可以对事物进行分类，还能够对事物进行排序。比如，在对学生进行体育比赛成绩评定时，可以用"1""2""3"依次表示"第 1 名""第 2 名""第 3 名"。定序量表的数字尽管能代表等级或顺序，但仍然不能进行加、减、乘、除运算，只适用于中位数、百分位数、等级相关系数、肯德尔和谐系数（W）及秩次的方差分析等统计中。

3）定距量表。定距量表不仅能对事物进行分类和排序，还能确定它们之间的数量差距。比如在使用摄氏温度计测量水温时，可以认为 60℃ 的水比 50℃ 的水高 10℃。定距量表有相等单位，但没有绝对零点。因此，定距量表的数字只能进行加、减运算，不能进行乘、除运算，只适用于计算平均数、标准差、积差相关系数以及 t 检验和 F 检验等统计中。

4）比率量表。比率量表是最精确的量表，既有相等单位，又有绝对零点。它不仅可以比较事物的差距，还可以计算它们之间的比率。比率量表的数字可以进行加、减、乘、除四则运算。比如，A 校有在校生 2000 人，B 校有在校生 1000 人，我们可以确定 A 校在校生人数是 B 校在校生人数的 2 倍。

二、教育评价的概念

（一）评价

《现代汉语词典》（第 7 版）中对"评价"的解释是："评定价值高低。"[1]在英语

---

[1] 中国社会科学院语言研究所词典编辑室. 现代汉语词典[Z]. 7 版. 北京：商务印书馆，2016：1009.

中，evaluate（评价）是从词根 value（价值）变化而来的，其前缀"e-"具有"出""引出"之意。因此，从英语词源学上分析，评价即引出价值之意。由此可见，评价是指对人或事物的价值进行判断。

作为一种价值判断活动，评价离不开正确价值观的指引。因此，在评价过程中，必须始终坚持辩证唯物主义的价值观，通过收集多方面的信息，以事实为依据，对人类社会活动的效果、物质产品和精神产品的质量及价值等做出科学判断。

（二）教育评价

美国学者泰勒（R. W. Tyler）在"八年研究"报告《史密斯-泰勒报告》中首次提出"教育评价"这一概念。他认为"教育评价的过程在本质上是确定课程和教学大纲在实际上实现教育目标的程度的过程"[①]。1963 年，克龙巴赫（L. J. Cronbach）在其发表的《通过评价改进课程》（"Course Improvements through Evaluation"）一文中指出："评价是收集和使用信息以对某个教育项目进行决策。"[②]随后，斯塔弗尔比姆（D. L. Stufflebeam）也表示教育评价应该是"收集有关教育方案实施全过程及其成果的资料，是为决策提供信息的过程"[③]。1977 年，毕比（C. E. Beeby）提出了一个更广泛的定义，他把评价描述为"有系统地收集和解释证据，并以此作为评价过程的一部分，进而以行动为取向进行价值判断"[④]。1981 年，美国教育评价标准联合委员会（Joint Committee on Standards for Educational Evaluation）对教育评价给出了一个综合性的界定："教育评价是对教育目标和它的优缺点与价值判断进行系统调查，为教育决策提供依据的过程。"[⑤]这一界定不仅在美国很有影响力，也被我国的很多研究者加以引用。

我国教育界对教育评价理论进行探讨始于 20 世纪 80 年代，继而对教育评价概念进行了专门研究。比如，王汉澜认为："教育评价是根据一定的目的和标准，采取科学的态度和方法，对教育工作中的活动、人员、管理和条件的状态与绩效进行质和量的价值判断。"[⑥]陈玉琨认为："教育评价是对教育活动满足社会与个体需要的程度作出判断的过程，是对教育活动现实的（已经取得的）或潜在的（还未取得，但有可能取得的）价值作出判断，以期达到教育价值增值的过程。"[⑦]金娣和王钢认为："所谓教育评价，是指在系统地、科学地和全面地搜集、整理、处理和分析教育信息的基础上，对教育的价值做出判断的过程，目的在于促进教育改革，提高教育质量。"[⑧]上述这些观点力图从我国实际出发，对教育评价的含义做出科学的描述和阐释。

通过以上分析发现，尽管国内外学者对教育评价的具体表述有所不同，但他们对

① 拉尔夫·泰勒. 课程与教学的基本原理[M]. 施良方，译. 北京：人民教育出版社，1994：85.

② Cronbach L J. Course improvements through evaluation[J]. Teachers College Record, 1963, 64(8): 672-683.

③ Stufflebeam D L. A depth study of the evaluation requirement[J]. Theory into Practice, 1966, 5(3): 121-133.

④ T. 胡森，T. N. 波斯尔斯韦特. 教育大百科全书（1）[M]. 张斌贤，等译. 重庆：西南师范大学出版社，海口：海南出版社，2006：613.

⑤ 转引自辛涛，李雪燕. 教育评价理论与实践的新进展[J]. 清华大学教育研究，2005，26（6）：38-43.

⑥ 王汉澜. 教育评价学[M]. 开封：河南大学出版社，1995：15.

⑦ 陈玉琨. 教育评价学[M]. 北京：人民教育出版社，1999：7.

⑧ 金娣，王钢. 教育测量与评价[M]. 2 版. 北京：教育科学出版社，2002：2.

教育评价的认识却有以下共同之处：①强调教育评价是一个价值判断的过程；②强调以一定的教育价值观或教育目标为标准来进行价值判断；③强调通过多种方法收集评价信息，这些方法既可以是测量的方法，也可以是非测量的方法。因此，我们认为教育评价是指依据一定的教育价值观和教育目标，运用多种科学方法系统地收集资料信息，对教育活动的价值做出判断的过程，目的在于促进教育改革、提高教育质量。

三、相关概念辨析

（一）教育测量与教育评价

教育测量与教育评价之间具有密不可分的联系。教育测量是对教育现象做出数量化的描述，这种数量化的描述是教育评价做出价值判断的重要依据。也就是说，教育评价要想做出准确的价值判断，必须以教育测量所获得的客观信息为依据。从这个意义上来说，教育测量是教育评价的基础。与此同时，教育测量的结果必须要通过教育评价的价值判断才能获得实际意义，否则只是抽象的数字而已，很难成为有参考价值的信息。比如，在期末数学考试中，A学生得了80分，这里的80只是一个抽象的数字，如果不进行比较、分析和判断，就无法判断A学生数学水平的高低。

尽管教育测量与教育评价之间关系密切，但二者还有一定的区别：①教育测量是对事物数量特征的描述，是对教育现象这一客观存在的真理性认识，强调量化的方法与结果；而教育评价则是对教育现象的价值进行判断，是对教育现象的价值关系的认识，强调定性与定量相结合的方法。②教育测量是一种纯客观的过程，其突出特点是客观性；而教育评价则是客观测量和主观判断相统一的活动。③教育测量的核心任务是获得事物及其属性的相关数据，获得数据之后，任务就基本完成；而教育评价是人们对教育活动的过程及其结果的综合判断，这种判断要考虑教育过程中的种种因素，它反映的既是教育活动的终点，又是新的教育实践的起点。

（二）教育测量与测验

教育测量中经常用到"测验"这一术语。美国心理测量专家阿纳斯塔西（A. Anastasi）对测验的界定被大多数学者认可。她认为："测验实质上是对行为样本进行客观的和标准化的测量。"[①]通过这个定义，可以发现测验在本质上属于测量的范畴，但又比测量的含义要窄一些。测验只是对代表性的样本进行分析，而教育测量却要在此基础上对事物做出数量化的描述与科学的事实判断。由此可见，测验是教育测量的主要工具和手段。但是，在不太严格的情况下，教育测量与测验这两个术语也可以互换使用。

（三）教育评价与教育评估

教育评价与教育评估是两个极为相似的概念，两者既有联系又有区别。教育评估是一种系统地寻找并搜集资料，对评估对象做预测性、估计性的评判，从而为教育决策

---

① 转引自张敏强. 教育测量学[M]. 北京：人民教育出版社，1998：20.

提供依据的过程。因此，教育评估跟教育评价一样，都含有对教育价值进行判断的意思，但教育评估的价值判断有预测性和估计性的成分，比较模糊与粗略，而教育评价的价值判断则相对精确。在实践中具体运用时，在不同的范围和场合两者的习惯用法不同，如高等教育中多用评估，在政府督导部门也称督导评估，而在普通教育领域多用教育评价。[①]

第二节　教育测量与评价的功能

随着教育测量与评价的不断发展，其功能由单一的教育目标测定，发展到收集教育信息资料，为教育决策服务并满足各类相关利益者的需求。根据目的不同，教育测量与评价的功能主要有导向功能、诊断功能、鉴定功能、反馈功能、调控功能及改进功能。

一、导向功能

导向功能是指教育测量与评价本身所具有的引导测评对象朝着理想目标前进的功效和能力。科学的教育测量与评价活动具有明确的测评目的和统一的测评标准，这些目的和标准就像指路明灯，对教育活动的发展起着"定标领航"的作用。测评什么、怎么测评，将直接影响测评对象做什么、怎么做。在实践中，学校测评的项目成了学校重点关注的管理内容，教师测评的标准成了"好教师"的标杆，学生测评的内容成了学习的重点，这些测评内容及标准就像指挥棒一样，引导着测评对象朝着目标去努力。

为了充分发挥教育测量与评价的导向功能，应注意以下两个方面：①必须建立科学的测评标准。在制定测评标准时，测评指标体系要随着时代的发展和社会的进步而及时调整，要与先进的教育观念和思想相符合。这既是教育发展的实际需要，也是发挥教育测量与评价导向功能的客观要求。②要从实际出发，既要考虑社会的价值需求，也要注意测评对象本身的需求，把人们引导到既符合社会发展规律，又能满足个体需要的目标上去。

二、诊断功能

诊断功能是指教育测量与评价在分析教育活动中存在的问题及原因、提出补救建议等方面的功效和能力。教育测量与评价的目的不仅仅是获得数据、结果或排名，更重要的是通过测评来诊断问题、查找原因，提出改进的思路与方法。这一过程就如同看病就医，只有在科学诊断的基础上才能对症下药，促进教育活动朝着良性、健康的方向发展。

为了充分发挥教育测量与评价的诊断功能，应注意以下两个方面：①必须通过各种

---

① 一帆. 教育测量·教育评价·教育评估[J]. 教育测量与评价（理论版），2009，（5）：47.

方法全面地搜集诊断信息。只有这样，才能了解教育活动的实际状态以及影响教育活动过程的各种因素，对教育活动做出全面、准确的诊断。②诊断结论不是测评活动的归宿，而是进一步发展的起点。也就是说，诊断是为了更好地补救和改善。通过发挥教育测量与评价的诊断功能，及时了解教育活动存在的症结和弊端，为下一阶段的改进和提高提供依据。

三、鉴定功能

鉴定功能是指教育测量与评价在判断测评对象优劣程度、区分等级、排列名次、评选先进等方面的功效与能力。尽管现代教育测量与评价强调反馈、改进功能，但鉴定功能仍然是其最初、最根本的功能。教育测量与评价中主要有三种类型的鉴定：①水平鉴定，即根据一定的标准，确定测评对象达到标准的程度，比如学业水平考试；②评优鉴定，即通过对测评对象的比较，评定优胜者，比如各种选拔性的考试；③资格鉴定，即对测评对象是否具有从事某种活动的资格做出决定，比如教师资格证考试。在教育活动中，我们可以根据不同的需要，选择不同类型的鉴定。

为了充分发挥教育测量与评价的鉴定功能，应注意以下三个方面：①要创设良好的环境，保持适度的竞争。鉴定建立在比较的基础上，有比较就会有竞争，适度的竞争有利于测评对象的发展，而过度的竞争则会产生不良影响。所以，要通过测评创设适宜的竞争环境，让每个人在不断发展中实现自我和超越自我。②要避免过度地使用考试。虽然通过考试能够简便易行地对测评对象进行评定，但经常使用会增加测评对象的学业负担和心理负担，产生消极影响。③要明确鉴定不是为了区分或淘汰，而是为了发展。因此，除了鉴定测评对象现阶段的水平之外，还要重视测评结果的反馈，通过反馈来促进其下一阶段的发展。

四、反馈功能

反馈功能是指教育测量与评价在为教育工作者提供可靠的信息和决策依据等方面的功效和能力。在教育测量与评价的过程中，测评者将相关信息传递给测评对象，然后再收集测评对象的反馈信息，从而不断地修正测评主体和测评对象的行为。该功能可以为教育活动提供反馈信息，帮助人们了解教育活动现状与预期目标之间的差异，并以此为依据来调节和控制教育活动。

为了充分发挥教育测量与评价的反馈功能，应注意以下三个方面：①要确保信息传输渠道的畅通，以便及时反馈可靠的测评结果及有关信息。②要倡导平等协商的反馈方式。测评主体和测评对象要在平等、尊重和互惠的基础上，经过充分的沟通和协商来调控测评活动。③测评参与人员之间要相互学习、取长补短，在反馈交流中共同进步。

五、调控功能

调控功能是指教育测量与评价在调控测评对象行为和反应等方面的功效和能力。

教育活动处在不断发展变化的状态，为了更好地达成目标，需要通过教育测量与评价来对教育活动的各组成部分、各环节进行有效的监控，对偏离目标的行为做出适当的调整，对缺点加以改正，从而实现自我调节和自我发展。

为了充分发挥教育测量与评价的调控功能，应注意以下三个方面：①需要构建合理的测评指标体系。测评指标的合理性、科学性是测评对象进行正确的自我调节的关键。②要准确地诊断出教育活动的问题所在，并将问题及时地反馈给测评对象，使测评对象有针对地进行调节。③调控功能的发挥还受到测评主体素质和测评技术的影响，要避免计划不周或主观判断有误等。

六、改进功能

改进功能是指教育测量与评价在促进测评对象不断完善自我行为方面的功效和能力。前面的导向功能、诊断功能、鉴定功能、反馈功能、调控功能，目的是改进教育活动，满足社会和个体发展的需要。因此，教育测量与评价不仅仅是为了区分优劣、鉴定和筛选，而是要不断地改进和完善教育活动，从而最终服务于学生的发展。

为了充分发挥教育测量与评价的改进功能，应注意以下三个方面：①要树立正确的测评理念。在发展性评价理念的指引下，突破以奖惩为目的的传统评价思想的藩篱，关注测评对象持续发展变化的过程，从而促进整个教育活动的良性发展。②加强教育工作的针对性，着眼于解决实际问题。教育测量与评价的改进功能并不局限于整体、宏观层面的改进，也可以体现在局部、微观层面的改进。因此，只有加强针对性，才能更好地发挥教育测量与评价的改进功能。③要全面、准确、真实地了解测评对象。在测评过程中，要注重对信息资料的鉴别、筛选、分析、综合、加工等，将测评对象的真实情况准确地呈现出来，为改进提供依据。

第三节　教育测量与评价的原则

教育测量与评价的原则是指人们基于对教育测量与评价规律的认识，对教育测量与评价工作提出的基本要求。它既是抽象规律的客观反映，又是人们测评经验的高度概括。在实践中，教育测量与评价应遵循的基本原则主要有方向性原则、客观性原则、教育性原则、动态性原则和多元性原则。

一、方向性原则

方向性原则是指教育测量与评价必须依据党和国家的教育方针、政策，满足社会和个体发展的需要，保证教育活动沿着正确的方向发展。在贯彻教育测量与评价的方向性原则时，要做到以下两个方面：①要坚持社会主义方向。我国是社会主义国家，教育测量与评价的目的之一就是通过教育测量与评价的监督和调控来构建中国特色社会主义教育体系。因此，在确定测评目的和标准时，必须以党和国家的教育目的为基本依据，并将之作为教育测量与评价的出发点和归宿。②要体现正确的教育价值取向。教育价值取向实际上指明了教育测量与评价的服务方向，这也是方向性的一种表现。在教育测量与评价中，要牢固树立为社会和人民服务的理念，落实立德树人的根本任务。

二、客观性原则

客观性原则是指教育测量与评价必须以客观事实为根据，系统、全面地收集信息，采用科学的方法和手段分析和处理信息，对教育现象做出准确的价值判断，不能主观臆测、掺杂个人情感。在贯彻教育测量与评价的客观性原则时，要做到以下三个方面：①测评主体要客观公正，实事求是。在收集、整理、分析资料及做出判断的过程中，不能带有主观成见，应以客观事实为依据。②要建立一个科学统一的测评指标体系。科学统一的测评指标体系是教育测量与评价工作客观性的基本保障。测评指标体系必须符合测评的目的和要求，反映测评对象的本质特征，还要避免指标之间的重叠，做到测评指标的最优化。③要严格执行测评程序。周密的操作程序在一定程度上保证了测评的客观性。因此，在测评过程中，要通盘考虑，严格执行测评程序，不能出于局部利益而随意变更。

三、教育性原则

教育性原则是指教育测量与评价应在教育工作中发挥促进和激励作用，要创设良好的教育环境，激发测评对象的动机，最大限度地促进学生、教师和学校的发展。在贯彻教育测量与评价的教育性原则时，要做到以下三个方面：①要从测评对象的实际出发制定测评目标，使其经过努力有可能达到目标，避免目标过高或过低。②在测评过程中要做好分析和诊断，提供持续的反馈信息，对测评对象给予必要的指导，帮助其改进和调整行为，从而更好地达成既定的目标。③要注意测评对象的心理状态，在了解、尊重和信任测评对象的基础上，激励其克服困难，朝着目标努力。

四、动态性原则

动态性原则是指教育测量与评价作为教育活动的一个组成部分，应该关注教育过程，贯穿教育活动的每个环节，从而提供及时、有效的信息反馈。在贯彻教育测量与评价的动态性原则时，要做到以下三个方面：①要重视过程性测评。教育活动是一个持续的过程，充满了很多不确定的因素。要成功地完成教育任务，达到预定的教育目标，必须对教育活动的发展过程提供指导，并在整个活动期间做到即时评价。②要发展性地看待测评结果。教育测量与评价应立足于测评对象的进步和发展，要以发展的眼光挖掘测评对象的潜能。③要适时调整测评内容和标准。在测评过程中，要根据时代和社会的发展，对测评内容和标准做出调整，以便真实地了解测评对象的实际情况。

五、多元性原则

多元性原则是指教育测量与评价在测评主体、内容、标准、方式等方面应坚持多元性，从而鼓励测评对象不断肯定自我、超越自我。在贯彻教育测量与评价的多元性原则时，要做到以下三个方面：①要做到测评主体的多元性。测评主体不仅包括教育行政部门、教师和学校，还可以包括学生、家长及用人单位等。测评主体的多元性有利于测评对象参与测评过程，体现测评的民主化和公平性，有利于测评对象彰显自我价值。②要做到测评标准的差异性。"多一把衡量的尺子，就会多出一批好学生"，而测评标准就是"衡量的尺子"。因此，要因地制宜、因人而异地采用多样化的测评标准。③要做到测评方法的多样性。在测评中，除了采用考试这种定量方法之外，也可以采用项目调查、书面报告、作品分析等定性方法，做到定量与定性的结合。

第四节　教育测量与评价的类型

教育测量与评价涉及的范围广、内容多、门类比较复杂。为了便于研究和应用，下面主要从教育测量与教育评价两个维度来探讨教育测量与评价的分类。

一、教育测量的类型

（一）根据测量的标准化程度分类

1. 标准化测验

标准化测验是指从编制到实施都严格按照标准化程序进行的一种测验。它有规范的编制程序，从试题的抽样、难度和区分度的分析、测验指导语的设计，到记分标准的选择、常模的建立、信度和效度的分析等，每一个编制程序都有严格的要求，以尽量减小误差，准确地反映测量对象的真实水平。雅思考试、托福考试就属于标准化测验。

2. 非标准化测验

非标准化测验是指没有严格编制程序的测验。它没有严格的信度和效度分析，并且测验的实施和记分也不十分严格，操作比较容易。教师自编的随堂测验、单元测验就属于非标准化测验。

（二）根据测量的功能分类

1. 学业成就测验

学业成就测验主要用于测量学生对知识和技能掌握的程度。它既可以是经过严格编制的标准化测验，也可以是教师自编的非标准化测验，比如国家组织的标准化升学考试、学校组织的期末考试、教师自编的随堂测验等都属于学业成就测验。根据测验范围的大小，学业成就测验可以分为学科测验和综合测验。其中，学科测验考查的是学生在某一学科中所具备的知识与技能，如语文测验、物理测验等；而综合测验考查的是学生在若干学科上所具备的综合知识与技能，如文科综合测验、理科综合测验等。

2. 智力测验

智力测验主要用于测量学生在认知方面比较稳定的特质，比如观察力、记忆力、理解力、创造力等。常用的智力测量工具有比奈-西蒙智力量表、斯坦福-比奈智力量表、韦克斯勒儿童智力量表、雷文推理测验等。在教育中，智力测验具有预测性功能，可以作为升学、选拔、分组等决策的辅助工具；同时，还具有诊断性功能，可以筛选出智力超常或智力落后的儿童，从而对这些学生进行有针对性的教育。

3. 能力倾向测验

能力倾向测验主要用于测量学生某方面的特长和发展倾向，发现其潜在能力。能力倾向测验分为一般能力倾向测验和特殊能力倾向测验。其中，一般能力倾向测验旨在考查学生的一般潜能，比如美国大学入学考试委员会（College Entrance Examination Board，CEEB）编制的学术性向测验（scholastic aptitude test，SAT），主要测量学生是否具备在大学进行学习和研究的能力；特殊能力倾向测验旨在考查学生的美术能力、音乐能力等特殊能力，比如戈登（E. Gordon）的音乐能力倾向测验（musical aptitude profile，MAP）。

4. 人格测验

人格测验主要用于测量学生个性心理中除能力以外的特质，比如性格、气质、兴趣、态度、情绪、动机等。它主要有自陈量表和投射测验两种类型。其中，自陈量表是针对拟测量的个性特征编制若干测题，要求被试根据自己的实际情况逐项给出答案，并以此来衡量其个性心理特征，比如艾森克人格问卷（Eysenck personality questionnaire，EPQ）、卡特尔16种人格因素问卷（sixteen personality factor questionnaire，16PF）等；而投射测验则采用一些模棱两可的模糊刺激，让被试在不受限制的条件下对刺激做出反应，主试通过分析被试的反应结果来推断其人格特征，比如罗夏墨迹测验（Rorschach inkblot test）、默里（H. A. Murray）等编制的主题统觉测验（thematic apperception test，TAT）等。

（三）根据测量对象的数量分类

1. 个别测验

个别测验是指同一时间内对一个被试进行测验。它主要用于特殊的教育测验、智力测验以及人格测验等，目的是选拔较少的、特殊岗位的人才，比如外语口语测验、音乐表演测验等。其优势是主试可以仔细观察被试的言语、情绪和行为等反应，易与被试建立合作，测验结果比较可靠，尤其适用于被试（如幼儿或文盲）不能使用文字只能由主试记录其反应的情境。其局限是比较费时间，不易进行大规模测量，并对主试有较高的要求。

2. 团体测验

团体测验是在同一时间内对多个被试进行测验。它主要用于较大规模的人才选拔及摸底工作，比如期末考试、高考等。其优势是主试不必接受严格的专业训练，可以在短时间内收集到大量资料，节约时间。其局限是被试反应不易控制，容易产生误差，从而影响测验的信度和效度。

（四）根据测量的参照标准分类

1. 常模参照测验

常模参照测验是一种以常模为参照标准来解释个体成绩的测验。常模是指被试团体的整体状态。在标准化的测验中，常模实际上就是被试团体在测验中的平均成绩。常模参照测验具有较强的甄选性，便于比较个体差异，可以作为选拔人才、分类排队的依据。其局限是不能明确表述被试的真正水平，不能表明被试是否达到了特定的标准，对个人的努力和进步状况也不够重视。[①]

2. 标准参照测验

标准参照测验是一种以预先制定的标准为参照来解释个体成绩的测验。参照标准是固定的，只需要将个体与参照标准相比较，就能确定其是否达到目标。标准参照测验有一个固定、明确的标准，容易被大多数人理解，操作性强，也有利于帮助个体明确自己与客观标准的差距，激励其为达到标准而努力。但参照标准因是人为确定的，难免有一定的主观性，有时甚至不够准确。

二、教育评价的类型

（一）根据评价的范围分类

1. 宏观教育评价

宏观教育评价是指对教育全领域或涉及宏观决策方面的教育现象进行评价。它属于战略性的、全局性的评价，评价内容包括教育目标、教育结构、教育制度、教育内容、教育方法、教育管理等。

2. 中观教育评价

中观教育评价是指对学校内部各方面的工作进行评价。评价内容包括学校的办学条件、办学水平、领导班子、教师队伍、思想政治教育工作、教学工作、体育卫生工作、总务工作、团体工作、家长工作、社会效益等。

3. 微观教育评价

微观教育评价是对学生的发展变化进行评价。评价内容包括学生的思想品德、学业成就、身体健康、审美素质、劳动素养等。

---

① 汪基德，张新海. 教育研究方法教程[M]. 北京：科学出版社，2022：160.

（二）根据评价的功能分类

1. 诊断性评价

诊断性评价是指在教育教学活动开始之前对评价对象已有的知识、技能、情感等状况进行的摸底评价。其目的是了解评价对象的知识基础和准备状况，以便根据实际情况和特点进行因材施教。

2. 形成性评价

形成性评价是指在教育教学活动过程中进行的评价。其目的是了解教育活动的状况和效果，从而根据教学目标及时调节和改进教学过程。形成性评价具有即时性、过程性和长期性的特点。它强调在教育教学活动发生时或发生后不久就进行评价，以便及时发现教育教学中的问题，针对存在的问题及时采取补救措施，以保证教育教学目标的实现。同时，它是一种贯穿在整个教育教学活动中的动态性评价，要在一个较长的周期内坚持使用，才能起到促进发展的作用。

3. 终结性评价

终结性评价是指在教育教学活动结束后对活动的综合效果所进行的评价。它主要是对活动主体所取得的成绩或绩效进行评价，其目的是对教育教学活动做出终结性的判断，从而甄别优劣，为各类教育决策提供参考依据。终结性评价是一种高利害评价，因此，在评价时要做到客观、公正、公平，要确保较高的信度和效度。

（三）根据评价的主体分类

1. 自我评价

自我评价又称内部评价，是指评价对象依据评价标准对自己进行的评价。其优势是不受时间和场合的限制，简便易行，有利于激发评价对象的积极性。其局限是客观性不足，因此很少独立使用。

2. 他人评价

他人评价又称外部评价，是指评价对象以外的组织或个人依据评价标准对评价对象进行的评价，如社会评价、领导评价、同行评价等。其优势是客观性强，可以避免自我评价的主观片面性，评价结果比较可靠。其局限是耗费人力、财力，不易持续进行。

（四）根据评价的方法分类

1. 定量评价

定量评价是指采用数学模型或数学方法，收集和处理数据资料，用量化结论对评价对象做出价值判断。它运用教育测量与统计、模糊数学等方法对评价对象的特征进行数字描述。其优势是评价标准和手段客观，评价结果也客观、可信。其局限是通过量化信息无法全面反映评价对象的整体情况。

2. 定性评价

定性评价是指在自然情境中根据评价主体与评价对象之间的互动，采用参与式观察、开放性访谈、查阅文献资料等方式，收集、处理、分析与评价对象有关的信息，从而对评价对象做出价值判断。其优势是可以在现场收集资料，评价工具比较灵活，有利于真实地了解评价对象。其局限是评价主观性较强，缺少客观衡量标准，且评价结果往往不具有可比性。

第五节　教育测量与评价的原理

为了保障教育测量与评价活动的顺利开展，必须掌握教育测量与评价的相关原理。下面为大家介绍几种主要的教育测量理论和教育评价模式。

一、教育测量理论

关于教育测量的理论主要有经典测验理论（classical test theory，CTT）、项目反应理论（item response theory，IRT）和概化理论（generalizability theory，GT）。人们将以真分数为核心的假设及其方法体系称作经典测验理论，而将项目反应理论和概化理论称为现代测量理论。下面将对这三种测量理论进行阐释。

（一）经典测验理论

1. 经典测验理论概述

经典测验理论以真分数模型为基石，通常又被称为真分数理论（true score theory）。它是测量发展史上最早出现的理论，萌芽于 17 世纪第莫菲尔（Demoirer）的随机误差服从正态分布的思想。到 19 世纪初期，斯皮尔曼（C. E. Spearman）和皮尔逊（K. Pearson）等在智力测验方面的研究将经典测验理论向前推进一步。20 世纪 30 年代，经典测验理论开始形成较为成熟的体系。至 1968 年，洛德和诺维克的《心理测验分数的统计理论》（*Statistical Theories of Mental Test Scores*）一书将经典测验理论推到了巅峰状态。经典测验理论对心理与教育测量理论的贡献是巨大的，它是后期出现的一些教育测量理论的基石。如今一些通用测验都是依据经典测验理论编制的，信度和效度的测量也是以经典测验理论为依据的。

2. 经典测验理论的相关概念及其基本思想

经典测验理论的三个核心词是"真分数"（true score）、"观察分数"（observed score）和"误差分数"（error score）。

真分数的概念最早是斯皮尔曼引入的，指被试在所测特质上的真实值，操作定义就是无数次测量结果的平均值，即测量中不存在测量误差时的真值或客观值（记为 T）；观察分数是指测量所得到的实际分数，即测验者观察到的分数（记为 X）。由于任何测量都存在误差，这就使得测量所得到的实际分数难以和所测特质的真实值完全一致，两者之间往往相差一个误差分数。当观察分数接近真分数时，就说明测量的误差较小，反之，则说明测量的误差较大。经典测验理论将观察分数和真分数之间相差的分数称为误差分数，并规定这一误差是随机误差（记为 E）。在此基础上，经典测验理论确立了基本思想：任何一次测验成绩（X）都可被看作是真分数（T）和测量误差（E）的和。[①]

3. 经典测验理论的数学模型及其假设

经典测验理论假定观察分数（X）与真分数（T）之间是一种线性关系，并且只相差一个误差（E）。用公式表示如下：

$$X = T + E \tag{1.1}$$

这里的误差只包括随机误差，系统误差是包含在真分数里的。在式（1.1）中 E 既可能是正的，也可能是负的。也就是说，一个人的观察分数可能大于真值，也可能小于真值，总是围绕真值上下波动。

根据式（1.1），我们可以引申出三个相互关联的假设公理。

1）在测量中，如果测量的次数足够多，则测量的正负误差会互相抵消，那么此时测量误差的平均值刚好为 0，用公式表示为：$\bar{E} = 0$。此时的真分数等于实得分数的平均数，用公式表示为：$T = \bar{X}$。

2）测量的误差分数与真分数相互独立，也可以说，误差分数与真分数之间的相关为 0，用公式表示为：$\rho(T, E) = 0$。

3）每一次测量（各平行测验[②]）的误差分数之间的相关为 0，用公式表示为：$\rho(E_1, E_2) = 0$。

在实际应用中，我们在实施一个标准化测验时，并不是用很多平行测验反复测量同一批被试，而是用同一个测验来同时测量许多被试。因为在一个团体中，每个人的误差可以假定是随机的，并且服从均值为 0 的正态分布，这样当被试团体足够大时，被试团体内的各种随机误差就会相互抵消。此时，所测团体的实得分数方差、真分数方差和误差分数方差之间有如下关系：

$$S_X^2 = S_T^2 + S_E^2 \tag{1.2}$$

式（1.2）中只涉及随机误差方差，系统误差的方差包含在真分数方差中，也就是说，真分数方差中包含与测量目的有关的变异数（S_V^2）和与测量目的无关的变异数（S_I^2），如式（1.3）所示：

---

① 转引自郑日昌，吴九君. 心理与教育测量[M]. 3 版. 北京：人民教育出版社，2015：41-42.

② 平行测验是指两道或多道题目不同的测验，测量的是被试的同一特质，且这两个或多个测验的题目形式、数量、难度、区分度及测查等值团体后所得分数的分布都是一致的，那么这两个或多个测验就是平行测验。经典测验理论用的是严格平行测验假设；概化理论将平行测验推广为随机平行测验，即凡是从同一题库中随机抽取的几份试卷都认为是随机平行的。

$$S_T^2 = S_V^2 + S_I^2 \tag{1.3}$$

根据式（1.2）和式（1.3），可以得到式（1.4）：

$$S_X^2 = S_V^2 + S_I^2 + S_E^2 \tag{1.4}$$

这就是说，一组测验分数之间的变异性是由与测量目的有关的变异数（S_V^2）、稳定但出自无关来源的变异数（S_I^2）和随机误差的变异数（S_E^2）决定的。[1]

4. 对经典测验理论的评价

作为最早产生的测验理论，经典测验理论的理论体系相对比较完善，是其他理论形成和发展的基石。它的假设建立在简单的数学模型之上，计算简便，易被人们理解和接受。同时，它采用标准化技术作为控制误差的方法，误差控制效果较明显。然而，经过长期的应用和实践人们发现，经典测验理论所求出的难度、区分度、信度和效度等质量指标会因施测样本的不同而变化。在该理论背景下，来自不同测验的分数无法比较，使得测验结果无法拓展延伸。此外，被试的能力和测验的难度参照系不一致、信度估计得不精确等问题也逐渐暴露出来，使得经典测验理论的使用受到很大限制。

（二）项目反应理论

1. 项目反应理论概述

项目反应理论又称潜在特质理论（latent trait theory，LTT）。该理论初创于20世纪50年代初，并于20世纪60年代后期随着计算机技术的发展而兴起。它的创立者是美国心理测量学家洛德。1952年，洛德在博士论文《一个测验分数的理论》（*A Theory of Test Scores*）中提出了项目反应理论的第一个数学模型（two-parameter normal ogive model，双参数正态卵形曲线模型）及其参数的估计方法，并把该模型应用到了学业成就和态度测量中。

项目反应理论是从测验的内部或微观入手，采取数学建模和统计调整的方法，重点讨论被试的潜在能力水平与测验项目之间的函数关系。区别于经典测验理论，项目反应理论着眼于对测验的项目进行考察，而不是将测验总体作为考察对象。

对于项目反应理论下的测验，每一个项目都有自己的项目特征曲线（item characteristic curve，ICC），以此描述每一个特定能力水平的被试答对或答错这一项目的概率。该理论通常用希腊字母 θ 表示被试的某种潜在特质或能力，用 $P_i(\theta)$ 表示被试在项目 i 上的正确反应概率。整个项目反应理论的关键就是确定 θ 与 $P_i(\theta)$ 间的函数关系，如图1-1所示。

2. 项目反应理论的基本假设

项目反应理论建立在强假设基础上，其基本假设如下。

（1）潜在特质空间的单维性假设

潜在特质空间（latent trait space）是指由潜在特质或能力组成的抽象空间。单维性

---

[1] 转引自郑日昌，吴九君. 心理与教育测量[M]. 3版. 北京：人民教育出版社，2015：41-42.

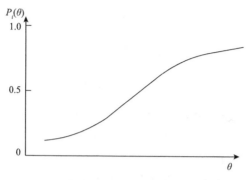

图 1-1　项目特征曲线

（unidimensionality）假设中的单维性又称单一向度，即一次测验只测量被试的某一种特质或能力，而忽略其他特质或能力。也就是说，组成测验的所有项目测量的都是同一个心理特质，如知识（逻辑思维或语言表达）、能力、态度、人格等。因此，在项目反应理论中只要所测量的心理特质是影响被试对项目反应的主要因素，就认为这组测验数据满足单维性假设。

（2）局部独立性假设

局部独立性（local independence）假设是指假定同一特质或能力水平的被试对不同测验项目的反应在统计上是独立的，即被试对某个测验项目的反应不受对其他项目的反应情况的影响，只与该测验项目本身的性质有关。也就是说，被试在每个项目上的反应是独立的。由于被试所回答的每个项目都是局部独立的，所以测验中不能有连锁题。局部独立是对某被试的能力而言，项目间无相关存在。"局部"表示只针对一个被试，而不是针对整体被试。"独立"表示项目间无相关，也就是统计独立，即一个项目不能为另一个项目提供线索。

（3）项目特征曲线假设

项目反应理论认为，被试对项目所做的反应概率遵循一定的函数关系，这种函数关系可以用项目特征曲线表达出来。项目特征曲线假设又称为"知道-正确假设"，即被试知道某一项目的答案，他必然答对，换句话说，被试若答错某一项目，则必然不知道答案。项目特征曲线是项目特征函数（item characteristic function，ICF）或项目反应函数（item response function，IRF）的图像形式。

（4）非速度限制假设

非速度限制假设又叫无时间限制假设，即测验是在没有时间限制的条件下进行并完成的。被试项目反应不理想，是能力不足引起的，而不是时间不够所致。若时间成了另一个次元（dimension），则违反了单维性假设。

3. 项目反应理论的典型模型及项目特征曲线解析

（1）项目反应理论的典型模型

项目反应理论通常用数学模型对项目的特征进行描述，模型较多，如拉希模型（Rasch model）、逻辑斯谛模型（logistic model）、正态肩型（normal ogive）模型等。因逻辑斯谛模型是使用最广的模型，现主要以逻辑斯谛模型为例进行介绍。

逻辑斯谛模型因参数的不同，可以分为单参数逻辑斯谛模型（one-parameter logistic model，1PLM）、双参数逻辑斯谛模型（two-parameter logistic model，2PLM）和三参数逻辑斯谛模型（three-parameter logistic model，3PLM）。三参数逻辑斯谛模型主要通过难度、区分度、猜测参数来刻画其项目特征函数。其表达式如式（1.5）所示：

$$P_i(\theta) = c_i + \frac{(1-c_i)}{1+\mathrm{e}^{-1.7a_i(\theta-b_i)}} \tag{1.5}$$

前文已经指出，θ 表示被试的潜在特质或能力，$P_i(\theta)$ 表示被试在项目 i 上的正确反应概率。式中，a_i 为测验项目 i 的区分度参数，其值越大，说明测验项目对被试的区分程度越高；b_i 为测验项目 i 的难度参数，其值越大，说明测验项目的难度越大；c_i 为测验项目 i 的猜测参数，其值越大，说明测验项目越容易被猜对；e 为自然对数的底，其值约为 2.718 28。若猜测参数 c=0，三参数就变成了双参数，此时，双参数逻辑斯谛模型的表达式也就相应地变为

$$P_i(\theta) = \frac{1}{1+\mathrm{e}^{-1.7a_i(\theta-b_i)}} \tag{1.6}$$

当猜测参数 c=0 且区分度参数 a_i=1 时，此时便得到了单参数逻辑斯谛模型，其表达式变为

$$P_i(\theta) = \frac{1}{1+\mathrm{e}^{-1.7(\theta-b_i)}} \tag{1.7}$$

以上三种逻辑斯谛模型各有其适用范围及优缺点。具体而言，三参数逻辑斯谛模型涵盖的项目信息较为全面，能够反映测验的真实情况，但在实际使用过程中，因模型复杂而给参数估计带来了诸多麻烦；双参数逻辑斯谛模型需要有一定的使用情境，即测验项目的猜测系数要比较小；单参数逻辑斯谛模型因相对简单，使用比较方便，适用性和使用范围都相对较广，但对项目参数的要求相对苛刻。

（2）项目反应理论的项目特征曲线解析

项目反应理论是对被试能力的一种估计，并将被试对单个测验项目的某种概率与此项目的一定特征联系起来。这一理论是由潜在特质、项目特征曲线等基本概念组成的。因此，项目特征曲线是项目反应理论的基本概念。

项目特征曲线是根据项目特征函数画出的，是项目特征函数的图解形式，它反映了被试对某一测验项目的正确反应概率与该项目所对应的潜在特质或能力水平间的关系。下面就以三参数逻辑斯谛模型为例对其项目特征曲线（图 1-2）进行简单介绍。

三参数逻辑斯谛模型项目特征曲线，实际上是以拐点为对称中心的曲线。其形状取决于下渐近线的高度、曲线拐点的位置及拐点处的斜率三个变量，这三个变量恰好相当于项目的三个参数，即猜测参数（c_i）、难度参数（b_i）、区分度参数（a_i）。这在前面介绍三参数逻辑斯谛模型时已经提到，下面再结合图 1-2 对这三个参数做一个详细介绍。

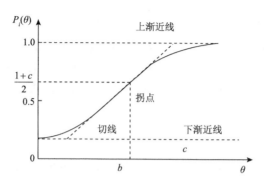

图 1-2 三参数逻辑斯谛模型项目特征曲线

1）猜测参数（c_i）。被试完全凭机遇答对项目 i 的概率即该项目的猜测参数 c_i。经典测验理论中并没有猜测参数，项目反应理论引入此概念是为了提高对被试能力估计的精确度。对于有 m 个选择项的选择题而言，其猜测参数 c_i 一般接近 $1/m$。c_i 的取值范围一般为 0～0.5。

2）难度参数（b_i）。在一条项目特征曲线中，b_i 等于曲线在拐点处的 θ 值。难度参数（b_i）会随着猜测参数 c_i 的变化而变化。当猜测参数 $c_i=0$（曲线的下渐近线为 0）时，b_i 等于 $P_i(\theta)=0.5$ 时的 θ 值，因为对于一条完整的项目特征曲线，拐点恰好是曲线的中点和对称点。当 $c_i>0$ 时，$P_i(\theta)=(1+c)/2$。在项目反应理论中，b_i 表示一个项目的难度，其取值范围一般为 –3.0～3.0。b_i 越大，表示项目的难度越大。下面以两个项目的特征曲线（图 1-3）为例进行对比说明。

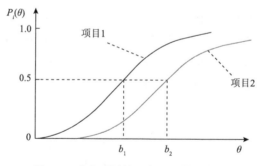

图 1-3 难度不同的两条项目特征曲线

从图 1-3 中可以看出，项目 2 比项目 1 更难些，因为从 b_1 纵向比较可以看出，能力相同的同一组被试对项目 1 的正确反应概率大于对项目 2 的正确反应概率；而从横向 b_1 和 b_2 的对比发现，正确反应概率都是 0.5 时，项目 2 需要的能力更高，也就说明项目 2 的难度更大。也就是说，在其他条件不变的情况下，增大项目的难度会使项目特征曲线向右平移。

3）区分度参数（a_i）。项目特征曲线拐点处的斜率为 a，它表示测验项目的区分度，其值越大，说明区分程度越高。在一条项目特征曲线中，a_i 的大小决定曲线在拐点 b_i 处的陡度。下面结合图 1-4 对区分度参数进行解释。

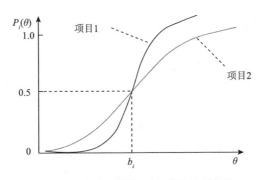

图 1-4 区分度不同的两条项目特征曲线

从图 1-4 中可以看出，项目 1 的区分度 a_i 较大，表现为在 b_i 附近，能力 θ 的增加会导致正确反应概率 $P_i(\theta)$ 有很快的增长；另外，项目 2 的 a_i 比项目 1 的 a_i 小，也反映出在 b_i 附近，能力 θ 的等量增加不会导致正确反应概率 $P_i(\theta)$ 有明显的增长。

通过对项目特征曲线中区分度参数 a_i 的解读，可以进一步得出，a_i 越大，曲线在 b_i 附近越陡，项目在 b_i 附近的区分能力就越强，但在远离 b_i 的区域，曲线就会变得越平坦，项目的区分能力就越弱。也就是说，区分度参数 a_i 大的项目对能力水平接近 b_i 的被试有较强的区分能力，而对能力水平远大于或远小于 b_i 的被试的区分能力相对较弱；相反，区分度参数 a_i 小的项目则在能力分布更广泛的范围内对被试都有一定的区分能力。区分度参数 a_i 的取值范围通常为 0.3～2.0。

4. 对项目反应理论的评价

项目反应理论是在经典测验理论使用受限的背景下发展起来的，作为一种全新的现代测验理论，它的测验项目参数不因受测群体的变化而变化。同时，它引入了猜测参数的概念，并且项目难度参数和项目区分度参数相互独立，使得测验参数设计更加合理；此外，它将现代信息技术和心理与教育测量技术有效结合起来，在理论和实践的检验中得到认可。但是在使用过程中，它的数学模型较复杂，并且数学模型与实测数据的拟合度要求较高。同时，它以个体的能力或特质存在单维性作为假设条件，在现实中很难被验证，再加上相关计算复杂，工作量大，多采用计算机技术，使得其运用与推广的范围受限。

（三）概化理论

1. 概化理论概述

概化理论是在 20 世纪 60 年代兴起，并于 20 世纪 80 年代发展起来的一种测验理论。它用全域分数代替真分数，用概括化系数、G 系数代替信度，是经典测验理论和方差分析相结合的产物。同时，它把因素实验设计、方差分量模型等统计工具应用到心理与教育测量中，对经典测验理论的信度观加以改进，对测验的编制、施测过程中的误差控制、测验评价等提出了一整套新的方法。

概化理论认为，任何测量都是在特定的测量情境下进行的，测量的根本目的并不是获得特定条件下的测量结果，而是要以此来推断更广泛的条件下可能得到的测量结果。

2. 概化理论的相关概念

（1）测量目标

测量目标（object）指的是测量者希望用数据描述和研究的心理特质，包括测量谁和测量什么两层含义。在教育测量工作中，它通常是指考生的某种潜在特质或能力。

（2）测量侧面

测量侧面（facet）是指影响测量过程和测量结果的各种因素。通常情况下，一个测量侧面就是影响测量结果的某一测量条件，测量侧面可以分为随机侧面（随机误差）和固定侧面（系统误差）。比如，在测量被试的写作水平时，评分者是一个随机侧面，而测量工具是一个固定侧面。

（3）测量情境

测量情境（situation）主要由测量目标和测量侧面构成。因而，要研究测量问题，就是对测量情境所包含的测量目标和测量侧面进行回答。测量目标解决"测什么"的问题，测量侧面解决"怎么测"的问题。测量情境对测量的信度、效度有较大的影响，是测量误差的重要来源，测量情境不同，测量的误差结构以及误差量均会不同。因此，要想提高测量质量，对测量情境的调整就显得极为重要。

（4）可靠性

概化理论用可靠性（dependability）的概念来代替传统的信度概念。可靠性是指一个测验的被试得分到所有被试得分的平均分的概化的精确性，这里的平均分指的是施测者同等程度下接收的所有可能条件下的被试平均分。

（5）随机平行测验

概化理论中随机平行测验的概念是相对于经典测验理论中严格平行测验而言的。概化理论认为测量结果只是全域中的一个代表性样例，也就是从观察全域中随机抽取出来的，即使有差异，也可以通过随机抽样的原则来排除，实现随机平行测验的假设。

3. 概化理论的测量设计与统计分析

（1）概化理论的测量设计

用概化理论进行信度估计，可以根据具体情况在测验实施前进行不同的测量设计，在设计时主要根据侧面的个数、各测量侧面间的关系以及测量侧面和观察全域的关系三种情况对测量设计进行分类。

根据侧面的个数，测量设计可以分为单侧面设计（one-facet design）、双侧面设计（two-facet design）以及多侧面设计（multi-facet design）。

根据各测量侧面间的关系，测量设计可以分为交叉设计（crossed design）、嵌套设计（nested design）以及交叉与嵌套混合设计（mixed design）。

根据测量侧面和观察全域的关系，测量设计可以分为固定侧面（fixed facet）和随机侧面（random facet）。

（2）概化理论的统计分析

概化理论的统计分析主要由概化研究（generalizability study）和决策研究（decision study）两个阶段构成。其中，概化研究即 G 研究，决策研究即 D 研究。

G 研究主要采用方差分量分析的方法将观测数据总体方差分解，主要分解出测量目标主效应方差、测量侧面主效应方差以及各种交互效应方差。其目的在于定量估计观察全域中测量目标的方差，以及各测量侧面所产生的测量误差方差，进而实现对各种效应期望均方的估计，为后续的 D 研究打好基础。

D 研究主要是对所收集的信息进行解释或做出决策，包括对测量的信度和效度等的评价，相当于经典测验理论里的测验分数转换与解释环节。其目的主要是考查在不同测验设计下测验的概括力系数变化状况，从而找出控制测验误差的方法，并做出最优的设计决策。

4. 对概化理论的评价

概化理论是为克服经典测验理论和项目反应理论的不足而提出来的。作为一种现代测量理论，它区别于项目反应理论，并在某些方面具有经典测验理论无法比拟的优越性：①概化理论的数学模型是一种随机效应模型，它所要求的随机平行测验假设，比经典测验理论中的严格平行测验假设更容易满足，在理论运用上更加切实可行。②它对测量误差的来源进行分量估计，将方差分析技术引入测量领域，并利用方差分析技术将测验变异分成几个部分，使每个部分对应特定的误差来源，这种将误差来源进行分解的方法使得测量误差更易控制，有效弥补了经典测验理论对误差笼统界定的缺陷。③它强调对测验的整体设计，对引起信度变化的测量条件进行具体考察，并将多种测量条件引起的信度变化反映出来，提升了测量推断的准确性，赋予传统信度观新的内涵。然而，概化理论发展到今天，也存在一些明显的局限与不足。它的计算以方差分析为基础，并以方差分量估计考查各类误差源，数据结构较为复杂，再加上方差分量估计本身具有不确定性，从而导致概化理论在实测研究中较难解释。同时，概化理论提出的可靠性概念是有前提的，它要求被试的知识、态度、技能及其他测量特质具有稳定性，然而在实际情况中，由于被试的个体成熟和练习效应的存在，这种要求往往很难实现。

二、教育评价模式

教育评价模式是在一定教育评价理论或教育评价思想指导下建立的规范化教育评价程序及操作体系。它具体规定了教育评价的目的与功能、评价的基本范围和主要内容、评价的程序和方法、评价的具体实施步骤等核心问题。几十年来，许多研究人员致力于教育评价研究，在理论研究和实践探索中开发出了多种教育评价模式。下面将详细介绍几种具有代表性的教育评价模式。

（一）目标评价模式

1. 目标评价模式的提出

20 世纪 30 年代，在美国进行的关于课程改革的"八年研究"中，泰勒提出了目标评价模式。泰勒认为，教育就是使人的行为方式发生变化和改进的过程，各种行为方式的变化就是教育目标，而教育评价就是衡量教育目标达成程度的过程，是将教育结果与预期教育目标进行对照的过程。因此，教育评价的首要工作便是确立教育目标。教育目标是教育评价工作的出发点和归宿，评价就是将评价对象的行为表现与预期目标不断比对，以核查教育活动是否偏离了教育目标，从而获得反馈信息，促使教育活动尽可能向预期目标迈进。在评价方法和手段上，泰勒反对将评价等同于纸笔测验，认为纸笔测验只是评价的重要手段之一。除此之外，任何一种可以评价学生行为变化的方法，比如观察法、问卷调查法、作品分析法等，都可以用来衡量学生达成教育目标的程度。

2. 目标评价模式的实施步骤

泰勒认为，课程设计要解决四个问题：学校应该达到哪些教育目标？如何选择有可能达到这些目标的学习经验？如何有效地组织学习经验？如何评价学习经验的有效性？评价过程实质上就是将教育结果与预期教育目标对照，以确定课程与教学计划实际达到教育目标程度的过程。因此，该模式的实施步骤也主要围绕教育目标进行。具体实施步骤如下：①确定教育活动的一般目标和具体目标；②根据行为和内容对每一个目标加以定义和分类，并用行为化的语言表述目标；③确定应用目标的情境；④设计呈现应用目标情境的方式；⑤设计和选择适当的评价手段和方法；⑥收集并分析评价对象的信息资料；⑦对已收集的资料与所确定的行为目标进行比较。

3. 对目标评价模式的评价

目标评价模式是历史上第一个较为完整并产生巨大影响的教育评价模式。它以目标为核心，针对性强，实效性好，既有利于预期目标的达成，也有利于在教学的实际结果与预期目标的对比中找出差距，为修订教育目标和课程计划提供了依据。同时，该模式强调对评价目标进行具体明确的行为表述，避免了教育目标的抽象化、模糊化。它有一套逻辑严密的评价程序，为评价工作者提供了一套可遵循的操作路线，操作性强，简单易行。但是，目标评价模式也有自身的局限性：①它是一种注重结果的终结性评价模式，忽略了产生结果的活动过程本身的价值，大大削弱了评价对教育活动本身的改进功能。②它只关注具体的、行为化的目标，忽视了评价对象身上复杂的、不易测量的内容，导致教育评价的简单化和机械化。③它只关注预期目标的实现，而忽视了非预期目标的价值，强调以目标为中心开展评价，却忽视了对目标本身合理性的评判。

（二）目标游离评价模式

1. 目标游离评价模式的提出

20 世纪 60 年代，针对泰勒目标评价模式中过于强调目标的弊端，美国学者斯克里文（M. S. Scriven）提出了目标游离评价模式。斯克里文认为，评价中最重要的准则不是方案实现预期目标的程度，而是方案实际上满足消费者需要的程度。评价主体的主要任务就是了解消费者的需要，并把这些需要作为判断教育活动方案优劣的基础。为此，在教育评价中应从关注预期效果转向关注教育活动的实际效果，评价主体考虑的重点应由"方案想干什么"转向"方案实际干了什么"，即目标的游离。因为实际进行的教育活动除了会产生预期效果外，还会产生许多非预期效果，这些非预期效果的影响有时是至关重要的。为了全面、真实地了解活动的效果，减少方案制订者的主观意图对评价的影响，不应该把评价目的告诉评价主体，以保证评价主体的价值中立。目标游离评价模式提出后曾引起很大的反响，但它并不是目标评价模式的替代品，而是一种有力的附加程序。在实际评价活动中，往往需要将这两种评价模式结合起来使用。

2. 目标游离评价模式的实施步骤

斯克里文提出了目标游离评价模式的 18 个实施步骤，同时也说明了这些步骤并非特定的执行程序，在评价活动中，有时需要循环运行此程序。具体实施步骤如下。

1）说明。尽可能客观地描述评价对象的特点。

2）当事人。确定评价是谁委托进行的，包括评价委员会、评价的资助者和发起者及方案的设计者等。

3）评价对象和评价的背景。明确评价的相关人员，了解他们对评价的期望和可采用的评价形式等。

4）资源。详细列出可以支持评价进行的资源目录，包括过去的经验、技术手段等。

5）功能。对活动进行功能分析，分析方案参与者的期望与实际表现之间的关系。

6）输送系统。分析评价的可能性，了解评价活动如何"输送"到"市场"、如何付诸实施、如何修正和更新等。

7）消费者。分辨出使用和接受评价方案的群体，包括预期的目标群体和实际的消费群体等，检查哪些人从中获益。

8）需要与价值。判断可能采用方案的人员的需要，包括发起者、鼓动者等的需要，判断出目标的价值。

9）标准。确定评价的标准，包括预先存在的有价值的内容和从实际活动中衍生出来的具有价值的内容等。

10）历程。检查实施的历程，以发现方案运用中所受到的限制，包括成本、利益、法律、管理等方面的限制。

11）成果。综合检查方案所产生的预期和非预期效果。

12）概括。综合检查方案可以用于其他方案规划者、接受者，以及其他地方、时期和情境的可能性。

13）成本。方案执行过程中耗费的各种人力、物力、财力资源。

14）比较。鉴别评价方案和其他可供选择的方案，通过成本-效益分析，选用成本低、效益佳的方案。

15）重要性。综合上述所有项的资料，确认有效程序。这是评价中最困难的任务之一。

16）建议。对该方案在未来情境中的使用提出建议。

17）报告。对所有评价活动进行总结，得出结论，报告给有关人员。

18）后设评价。对评价工作进行评价，即元评价。最好是在方案付诸实施之后和最后报告之前进行，并用它来强化初评以及通知当事人了解方案的优点和缺点。

3. 对目标游离评价模式的评价

目标游离评价突破了目标的限制，开始关注评价对象以及利益相关者的意见和愿望，被认为是一种更具民主性的评价模式。它将形成性评价与终结性评价有机结合起来。在斯克里文看来，评价基本上是一个缩减资料以形成整体判断的过程。他所列出的评价步骤并非一次性的，而应该循环执行好几次，早期的循环是形成性的，而最后的循环则是终结性的。另外，该模式也重视对评价的再评价，有助于提高评价的信度和效度，有助于深化评价主体、消费者等对各种问题的认识。但是，目标游离评价模式也有自身的局限性：①难以做出合适的价值判断。该模式的评价准则是结果与消费者需要之间的一致性程度，而消费者的需要是多种多样的，评价主体往往难以确定哪些是真实的、主要的需要，难免会做出不合适的判断。②难以协调与管理者的关系。它以管理对象的需要替代管理者的目标，往往会遭到管理者的反对。

（三）背景—输入—过程—成果模式

1. 背景—输入—过程—成果模式的提出

1957 年，苏联发射了人类历史上第一颗人造卫星，这个消息使美国上下震惊，随即一场席卷全美的教育改革运动开展起来。在这场改革中，美国政府投入巨额资金，并要求经费资助的项目都必须接受评价，这就引发了对教育评价的广泛需求，促进了教育评价活动的普遍开展。在此背景下，斯塔弗尔比姆于 1966 年提出了背景—输入—过程—成果模式（context-input-process-product model，CIPP model），该模式由背景评价、输入评价、过程评价、成果评价这四种评价构成。斯塔弗尔比姆认为，评价最重要的意图不是证明，而是改进。评价不应该局限于确定教育目标的达成程度，而应该为决策提供有用的信息。此模式关于教育评价的基本主张有四点：①教育评价应从目标导向转为决策导向，为教育改革服务；②教育评价不仅要关注目标，还要关注目标的合理性，关注目标是怎样筛选出来的；③教育评价不仅要关注目标达成度，还要关注目标是怎样达成的，即评价不仅是对结果的评价，还应包括对过程的评价；④评价信息既要包括叙述性信息，也要有判断性信息，既有描述优缺点的信息，又有判断是否满足需要的信息，评价主体应针对不同的情境需要，提供不同的信息资料。

2. 背景—输入—过程—成果模式的实施步骤

斯塔弗尔比姆认为，人们在计划和执行教育决策过程中一般涉及计划决策、组织决策、实施决策和再循环决策，而教育评价是为教育决策提供信息的过程，因此评价也应该有相应的背景评价、输入评价、过程评价和成果评价四种。这四种评价也构成了背景—输入—过程—成果模式的四个实施步骤。

1）背景评价。背景评价是对目标进行的诊断性评价，主要是在了解整体情况的基础上，判断目标的优点与不足，为确定和改进目标提供依据，从而为计划决策服务。具体来说，背景评价需要对社会需要、评价对象的状况、目标对需要的满足程度、目标与实际效果之间的差异进行分析，确认目标与使用者需要之间的差距，进而调整现有目标。

2）输入评价。输入评价是对教育方案可行性进行的评价，主要是对实现目标所需要的条件及可能获得的条件进行评价，预测各方案的优劣，从而为组织决策服务。具体来说，它是在背景评价的基础上，对实现目标所需的成本费用、可利用的人力和物力资源、解决问题的策略、相应的程序设计及各备选方案的优缺点等加以分析，以便选出实现目标的最佳方案。

3）过程评价。过程评价是对教育方案实施过程进行的形成性评价，主要是获取方案实施情况的反馈信息，作为修改方案的依据，从而为实施决策服务。具体来说，过程评价要将方案执行的过程与预期过程比较，对是否按计划实施方案、是否以有效的方式利用现有的资源、最初方案是否周全以及是否有需要进一步改进的地方等进行全程跟踪和分析，以便找出问题并为优化方案提供依据。

4）成果评价。成果评价是对教育方案实施结果的评价，主要是通过收集与结果有关的各种数据资料，确定教育方案满足人们需要的程度，并决定是继续使用，修改后使用，还是终止使用该方案，从而为再循环决策服务。具体来说，成果评价要确认方案对使用者需要的满足程度，考查方案的实际效果，比较效果与目标之间的差异，并向决策者提供判断的信息。

3. 对背景—输入—过程—成果模式的评价

背景—输入—过程—成果模式将目标纳入评价活动之中，使目标本身的合理性首先受到评价，使评价更加全面和科学。它以决策为导向，重视形成性评价和过程性评价，使评价活动贯穿教育活动的全过程，并强调把诊断性评价、形成性评价和过程性评价整合在一起，为教育决策持续提供反馈信息，保证了决策的科学性和合理性。但是，背景—输入—过程—成果模式也有自身的局限性：①决策者控制评价的实施，削弱了评价专家的权力，降低了评价的科学性。②该决策模式一般用于大规模的评价方案中，需要各类信息资源的配合、充裕的经费以及科学的分析技术，这也导致该模式适用范围受限。③该决策模式适用于条理性较好的教育环境中，其效能的发挥要建立在决策的合理性、决策过程的民主性和公开性的基础之上。从这个方面来说，背景—输入—过程—成果模式很难适用于充满未知的、复杂的教育活动。

（四）应答模式

1. 应答模式的提出

应答模式由斯塔克（R. E. Stake）于 1974 年提出。斯塔克认为，如果教育评价更直接地指向方案的活动而非方案的内容，如果它能满足评价听取人对信息的需求，或者在反映方案得失的评价报告中更能反映人们不同的价值观念，那么，这种评价模式即可称为应答模式。在这种模式中，评价的目的不是表述目标的完成情况，而是对教育活动中存在的问题做出有效的反应，以有助于改进工作。因此，评价主体不需要事先确定目标，而应该在秉持价值观多元化的前提下，充分了解有关人员的需要，以他们关注的现实和潜在问题为出发点，根据他们的意见及时地调整教育方案，对其期望做出应答，从而满足各种当事人的需要。在评价方法上，应答模式强调使用自然条件下的观察、访谈等定性方法，旨在对活动过程进行仔细的考察，收集全面而可靠的信息资料。当然，它也不排斥像测验这种定量方法，促进了定性与定量方法的结合。

2. 应答模式的实施步骤

斯塔克提出了评价过程中评价主体和听取人之间相互作用的 12 个步骤。这些步骤并非一成不变，实际上，许多步骤是可以相互交错、同时发生的。具体实施步骤如下：①确定评价范围。由评价人员和当事人确定评价方案的范围。②了解评价活动。评价人员要了解整个评价活动及其主要特点。③确定评价目的和重点。评价人员要明确评价的目的和不同层面参与者所关心的问题，由此确定评价的重点。④形成议题和问题。评价人员要分析各种观点和要求，综合并列表说明要研究的问题。⑤确定所需的资料。根据需要研究的问题选择资料。⑥选择观察者、判断者和评价工具。根据研究问题的性质和收集资料的需要来选择观察人员和判断者，并为他们准备好评价所需的各种工具。⑦观察指定的前提条件、过程因素和结果。评价人员要在课程评价设计和实施过程中进行观察，同时要随时注意收集各种资料，从事判断分析活动。⑧理论总结。对方案进行描述性材料的准备，同时选择有代表性的个案进一步研究。⑨检查其有效性。通过不同方法检查各方面证据材料的有效性。⑩筛选组合。对各种资料进行整理，以供评价听取人使用，并分别收集不同人的反应，以照顾不同团体的需求。⑪准备正式报告。根据当事人的需要收集信息，准备报告。⑫与方案当事人、评价听取人和方案执行人员进行交谈。通过交谈、沟通、了解，激发各类人员的兴趣，以形成最好的评价。

3. 对应答模式的评价

应答模式强调价值取向的多元化，重视评价主体与评价对象之间的沟通，反映各类人员的需求，不仅能够充分发挥人们在评价中的作用，还能够让评价对象感到自己受到充分的信任和尊重，容易与评价主体产生心理共鸣。斯塔克认为，传统的正式评价往往过于严肃，常使评价活动毫无新意，同时抑制了评价主体的创造性。因此，该模式主要采用自然主义的方法，比如采用观察、访谈等定性的方法搜集和分析信息，不要求准确但求有效。但是，应答模式也有自身的局限性：①应答模式以问题为导向，但是实际操作过程中有些问题往往不可能被明确地提出，而评价主体往往出于某种考虑也会对其视而不见，导致评价的片面性。②应答模式主要通过评价主体与评价对象的沟通来进行，而且要对不同的集体准备不同的报告，必然要耗费大量的人力、物力和时间，且不同的人往往有不同的价值观和需求，这些都给评价的实施带来了相当大的困难。③应答模式因注重主观的定性分析，常忽略定量的分析和判断，使评价结论流于主观，其客观性和可靠性常常受到质疑。

（五）自然式探究评价模式

1. 自然式探究评价模式的提出

自然式探究评价模式产生于 20 世纪 80 年代，它是在广泛审视和深刻反思已有评价模式优劣的基础上，以现象学、解释学、日常语言分析以及符号相互作用理论等当代哲学为理论基础而建构起来的一种评价模式，主张采用自然主义的思想和方法进行教育评价。该模式的代表人物是美国学者古贝（E. G. Guba）和林肯（Y. S. Lincoln），二者合著的《第四代评估》（*Fourth Generation Evaluation*）已经成为自然式探究评价模式的代表作之一。古贝和林肯认为，区别于以前评价中的"测量""描述""判断"等特点，自然式探究评价模式的突出特点是"共同建构"。他们认为，之前的评价理论存在一些共同的问题：①存在管理主义倾向，即评价主体与管理者之间的关系出现了问题，评价主体由于受制于管理者，在评价中更多考虑的是管理者的要求；②忽视价值的多元性，即在评价中重视评价主体的价值观，而忽视评价对象的价值观，评价对象常常因自己的意愿没有受到重视而受到伤害，进而采取不合作的态度；③过分依赖科学的范式，即评价主体过于依赖"数的测量"，热衷于"硬"数据资料的收集，而忽视"质"的探究，导致评价缺乏必要的灵活性和弹性。基于此，自然式探究评价模式应运而生。

古贝和林肯认为，评价在本质上是一种心理建构过程，它所表述的不是评价对象真正的、客观的状况，而是评价主体对评价对象的一种认识，评价结果是评价对象某方面的状态在评价主体头脑中的反映，是评价主体的心理建构。评价的出发点在于利益相关者的主张、焦虑和争议（claims, concerns and issues，CC&I），因此要坚持价值多元性的理念，尊重教育价值观的差异，协调评价主体之间以及评价主体与评价对象之间对评价标准认识的分歧，广泛地收集信息，用协商的方法逐步缩小意见分歧，最后形成一致的看法。在方法论上，该模式主张采用建构主义的调查范式，强调质性研究方法和多元评价技术。由此可见，自然式探究评价模式是响应式聚焦（responsive focusing）和建构主义方法论（constructivist methodology）的结晶。响应式聚焦把利益相关者的CC&I作为组织要素，建构主义方法论旨在使持有不同甚至相冲突观点的利益相关者达成一致的判断意见。建构主义立场为合理考虑利益相关者的 CC&I 提供了依据，而利益相关者的CC&I 以及它们实际上所包含的一切，组成了建构的"材料"。[①]

2. 自然式探究评价模式的实施步骤

自然式探究评价模式的操作步骤是在解释学辩证循环的原则和自然主义调查方法论的基础上建立起来的，共分为 12 个步骤。尽管这些步骤看起来是依照次序线性排列的，但并不是说线性排列的每一步都严格承接上一步，有时需要来回往复甚至跳跃几个步骤，要根据具体情况灵活调整。具体实施步骤如下。

1）订立协议。与委托人或赞助人签订合同。

2）组织评价。选择或训练评价主体；做好进入评价现场的准备；做好评价的理论准备；等等。

3）确定利益相关者。确定评价主导者、受益者和受害者；形成评价策略；判断评价的优势和不足；就评价的某些外部条件达成一致。

4）开展初步的共同建构。建立解释性的对话循环；塑造潜在的连接性建构；检查可信性。

5）通过引入新的信息，提高组织成员应对新信息的能力，以检验并扩大各利益相关者之间的建构。在新信息基础上启动解释性对话循环；进行访谈、观察和文献分析，收集资料；形成评价主体的初步建构。

6）挑选出已解决的 CC&I，即识别大多数利益相关者一致决定的 CC&I。

7）把未解决的 CC&I 按次序进行排列。

8）收集有关未解决的 CC&I 的相关信息。收集信息时，可采用更进一步的解释学循环、收集现存信息、使用新的工具、开展专题研究等方法。

9）准备谈判。说明未解决的 CC&I；提出支持或反对的意见；训练协商人员；审查协商方案。

10）进行谈判。选择有代表性的解释学循环；形成共同建构；检查建构的可信度；决定采取的行动。

---

① 埃贡·G. 古贝，伊冯娜·S. 林肯. 第四代评估[M]. 秦霖，蒋燕玲，等译. 北京：中国人民大学出版社，2008：132-133.

11）提出报告。包括个案报告和总体报告，其中个案报告是最好的方式，因为最开始各利益相关者的 CC&I 不同，个案报告更适合满足不同利益相关者的需要。

12）再循环，即整个过程的再次循环。

3. 对自然式探究评价模式的评价

自然式探究评价模式是对应答模式的继承和发展。它认为真正的评价应该是非预期的，应尊重多元的价值观，提倡在评价活动中要努力促使所有的利益相关者都积极参与，充分表达自己的观点。评价活动应成为由评价主体不断协调各种价值标准间的分歧，缩短不同意见间的距离，最后形成公认的一致看法的过程。这也改变了评价主体与评价对象之间的关系，形成了自然式探究评价模式"回应"和"协商"的标志。可以说，作为"第四代评估"的代表，自然式探究评价模式的评价理念和评价方法体现了教育评价未来的发展方向。但是，它提倡的平等协商和建构主义方法论在实施中有着比较大的灵活性和模糊性，如果处理不好，很容易背离其共同建构的初衷，导致评价的实效性不强。因此，在实践中如何遵循自然式探究评价模式的理念，开发有效的实施策略，将是未来评价模式发展的重要方向。

本章小结

教育测量与评价是教育科学领域中的一门应用科学，是当今世界教育科学研究的三大领域之一，在教育教学过程中具有重要而广泛的应用价值。本章首先阐释了教育测量与评价的内涵，紧接着论述了教育测量与评价的功能与原则，厘清了教育测量与评价的分类，最后详细介绍了几种主要的教育测量理论和教育评价模式，为后面章节的学习奠定了理论基础。

练习思考

1. 简述教育测量和教育评价的含义。
2. 简述教育测量与教育评价之间的区别与联系。
3. 简述教育测量与评价的功能。
4. 简述几种主要的教育测量理论的优缺点。
5. 简述几种主要的教育评价模式的实施步骤及优缺点。

第二章

教育测量与评价的发展历史

学习目标

- 了解我国教育测量与教育评价发展的历史脉络；
- 认识我国古代选士制度对现代教育测量发展的意义；
- 理解西方教育测量独立的历程及教育测量运动的意义；
- 掌握西方教育评价发展的几个阶段及其主要成就。

知识导图

在教育评价概念正式提出之前，教育测量与教育评价是同一含义，从这个意义上来说，教育测量与评价的源流实质上就是教育测量的源流。教育测量最早萌芽于我国古代的考试制度，但其走上科学化道路则始于西方。20世纪初，美国学者用测验取代了传统的考试，教育测量开始走上独立的科学化发展道路，一场教育测量运动兴起了。20世纪30年代，教育测量在实践中暴露出种种弊端，人们开始批判教育测量。于是，泰勒在1942年正式提出了"教育评价"的概念，自此教育评价开始兴起并走上了繁荣发展的道路。本章将按照教育测量的发展与教育评价的发展这两条线索展开论述，努力还原教育测量与评价的历史全貌。

第一节　教育测量的发展历程

我国古代选士制度完善，形成了一整套包括教育、考试、选才在内的严密制度，开创了教育测量的先河。其中，影响最大的是科举制度，它为教育测量的发展奠定了坚实的基础。西方则在工业革命和心理测量研究的推动下，孕育了一场教育测量运动，使教育测量真正走上独立的科学化发展道路。

一、我国教育测量的发展

（一）古代选士制度的发展

1. 西周的选士制度

西周时期，统治者吸取了殷商灭亡的教训，提出了选贤任能的思想，并建立了

"考校"和"考选"相结合的选士制度。《礼记·学记》中记载了西周的视学考试制度："比年入学，中年考校。一年视离经辨志，三年视敬业乐群，五年视博习亲师，七年视论学取友，谓之小成。九年知类通达，强立而不反，谓之大成。"[①]这是我国关于学校教育考试制度的最早记录。可见，作为世界上最早的人才选拔制度，西周的选士制度已基本具备了一套程序和规则，为我国古代教育测量的发展奠定了基础。

2. 汉代的察举制度

春秋战国时期，我国社会处于大变革、大动荡的时代，原来的"考校"选士制度也逐渐被破坏。秦王朝统一中国后，虽然在封建制度构筑上有不少创新，但在培养和选拔人才方面却大为逊色。西汉建立之后，统治者高度重视人才的选拔，出现了察举、征辟、任子与纳赀等人才选拔方式，其中最制度化的是察举制。察举制是一种由地方（也包括中央各部门）长官负责考察和举荐人才，皇帝策问，朝廷予以录用为官的选士制度。该制度既是春秋战国时期养士制度的发展，又是后来科举制度的前身。

察举制的科目主要有常科和特科两类。其中，常科是经常性举行的科目，一般每年由州郡长官按规定的名额和标准向朝廷推荐人才；而特科是由皇帝根据需要临时指定科目。在常科中，最主要的科目是孝廉。通过举孝廉，一方面能选拔出"孝顺亲长、廉能正直"的官吏，加强中央集权的力量；另一方面可以教化社会，形成"在家为孝子，出仕做廉吏"的社会风尚。常科还有秀才、明经等科目。特科一般是在国家遇到灾害或有重大问题需要探讨时，由皇帝亲自策问，其目的是选出"贤良方正"之才。在策试方法上，察举制主要采用对策和射策两种方法。其中，对策是由主考官在考试题目中随机抽取一题，考生给出答案；而射策则是考生在考试题目中随机抽取一题，然后给出答案。策试结束后，从优到劣将考生分为甲科、乙科（有时也细分为甲、乙、丙三科或上第、中第、下第等），并以此为依据授予官职。可见，两汉时期考试制度初步成型，推动了我国古代育士与选士制度的发展。

3. 魏晋南北朝的九品中正制

魏晋南北朝时期，王朝更迭频繁，封建门阀制度高度发展，士族地主把持朝政大权。为维持其特权，在地主阶级内部"严士庶之别"，九品中正制开始实行。九品中正制的具体做法是在地方政府设中正官，他们将士人按才能评定为九等，即上上、上中、上下、中上、中中、中下、下上、下中、下下，朝廷按等选用。在刚开始实施九品中正制时，中正官一般比较认真负责，以才德分品第。到魏末晋初时，士族势力恶性膨胀，为限制庶族地主的政治权利，中正官开始只按门第高低列等，以致出现了"上品无寒门，下品无士族"的局面，九品中正制也最终演变为士族官僚扩充势力的工具。到了南北朝时期，士族势力逐渐下降，九品中正制也逐步走向衰落。

总之，从西周到魏晋南北朝，教育考核活动以考查、考试为主，没有确定的标准，主观性比较强，考核内容比较单一，主要考核学生对经书知识的掌握程度。同时，考核也主要是为国家取士服务，这一传统导致我国学校教育成了人才选拔制度的附庸，学校教育被严重异化。

---

① 转引自孙希旦. 礼记集解[M]. 北京：中华书局，1989：642.

4. 隋朝至清末的科举制度

隋王朝建立初期，为了加强中央集权，隋文帝把任用官吏的权力收归中央，并于583年废除了九品中正制。606年，隋炀帝始设进士科，科举制度正式登上历史舞台，考试作为我国古代教育测量的基本形式得以确立。

到了唐朝，科举制度得到进一步发展，考试科目繁多，有常科、制科和武科。但经常举行的是常科中的秀才、明经、进士、明德、明字和明算六科。其中，明德、明字、明算等科所选人才需求量不多，统治阶级不太重视，故不常开。秀才科因标准过高过难，于高宗初年停止。因此，最常见的是明经和进士两科。明经科重经义，考试内容为儒家经典及其注疏。进士科重时务策，也试经义，虽然难度高于明经科，但因其仕途宽广，十分受读书人的欢迎。[①]

在唐代，参加科举考试的考生主要有制举、生徒、乡贡三类。其中，制举主要参加制科考试，而生徒和乡贡主要参加常科考试。生徒是指国子学、太学以及各地官学的在校学生，只要学校考试合格，可直接到尚书省参加省试。乡贡是指不在学校的读书人，由个人向所在州县提出申请，考试合格后，由各州县送至尚书省参加省试，被推荐参加省试的贡生称为举人。生徒和乡贡通过省试后，就中了进士。但若想当官，还要经过吏部的选试，内容主要包括身、言、书、判四个方面，即体貌丰伟、言辞辩证、楷法遒美、文理优长。

唐代科举考试的方法主要有帖经、墨义、口试、策问、诗赋五种。帖经是将书本上的某行贴上几个字，要求考生将贴住的字填写出来，类似于现在的填空题。墨义是对经文及其注疏的回答，类似于现在的简答题，用笔回答称为"墨义"，用口回答称为"口义"。口试就是当场提出一些问题，跟现在的口试同义。策问是比帖经和墨义高一层次的考试方法，类似于现在的论述题。诗赋是一种加试方法，即在经义策问的基础上加试一诗一赋，又称为"帖诗"。

唐宋以后，由于政治的需要，统治者越来越重视科举考试，科举制度也越来越完善。以科举考试的分级为例，唐朝科举一般分为发解试与省试两级，宋代增设殿试，明清时增至四级：童试，在各府进行，及格者为秀才；乡试，在行省进行，秀才才能参加，及格者为举人；会试，在乡试的第二年进行，三年一次，及格者为贡士；殿试，在国都举行，贡士才能参加，以皇帝亲试的名义举行，并由八位大臣代替皇帝评卷，及格者为进士，分别授予一定的官职。除了考试制度逐渐完善之外，科举考试的组织方式也越来越严密，采取了"锁院""糊名""誊录"等制度，以提升科举考试的公平性。

科举制度自隋唐产生到清末被废除，是我国古代持续时间最长、影响范围最广的一种选士制度。它打破了贵族门阀对政治的垄断，采用分科进行考试，有利于选拔不同的专业人才，彰显出一定的公平性。作为一种选拔人才的考试制度，科举制度不仅对我国教育发展产生了深远影响，也对现代教育测量的发展与西方文官制度的建立产生了重要影响。比如，法国于1791年参照科举制度建立了自己的文官考试制度，而英国在科

---

① 刘志军. 教育评价[M]. 北京：北京师范大学出版社，2018：7.

举制度的影响下，也于 1854 年建立了文官考试制度。[①]可以说，科举制度在世界教育测量史上留下了极为光彩夺目的一页，但因缺乏对人的全面、科学的考察，加之文化、政治、技术等种种因素的限制，最终并没有走上科学化发展的道路。

纵观我国古代教育选士制度的发展历程，可以看到，我国古代教育测量活动有两个突出特点：①教育测量与选士制度紧密结合，考试是学生入仕的重要途径；②这一时期的教育测量制度以科举考试最为完备，在历代科举考试的演化中，人们对考试的意义及其与学校教育的关系的认识也越来越清晰，在科举考试的组织、管理、方法、评分等方面逐渐形成了一整套较为严密的制度，为现代教育测量制度的形成与发展奠定了一定的实践基础。

（二）20 世纪初教育测量制度的初步建立

清朝末年，我国思想界发生了急剧变化，改良主义思潮逐渐形成，出现了百日维新改革。清政府为了维护其摇摇欲坠的统治地位，于 1901 年开始推行新政。在教育方面，开始设立新式学堂，建立新的学制。这些改革措施一方面加速了科举制的衰亡，同时也促进了新的教育测量制度的出台。1903 年，在张之洞等的拟定下，颁布了《奏定学堂章程》，明确学制为初、中、高三段共七级，对各级各类学校的培养目标做出了具体规定，并以此为依据对学生进行测评。同时，明确考试分不定期的临时考试及学期、年终、毕业、升学等五种考试形式。[②]为了加强对教育的管理和督察，清末还建立了督导制度，并设立相应机构。1905 年，清政府下令废除科举制，成立了统辖全国教育的行政机关，即学部。1906 年，在学部设视学官。视学的督导范围包括各级教育行政部门的工作及各类学校的教育、教学和卫生、设施、经费等各个方面。视学在巡视的基础上写出报告，作为对教育行政官员和办学人员升降奖惩的依据。可见，20 世纪初，我国初步建立了现代教育测量制度。

（三）民国时期教育测量的蓬勃发展

随着科举制度的废除和西方教育测量运动的发展，在内与外、主动与被动两种力量的共同作用下，西方教育测量的理论很快传入中国。从五四运动到 1928 年，我国教育测量的发展达到了一个新高潮。

1915 年，外国学者在广州用包括机械记忆、条理记忆、交替、比喻等几项内容的心理测验的中译本对 500 多名小学生进行了测试，用以比较中美儿童的智力差异。[③]1916 年，樊炳清率先将西方的比奈-西蒙智力量表介绍到我国。1918 年，俞子夷编制了《小学国文毛笔书法量表》，这是我国最早的标准化教育测验。[④]1920 年，廖世承和陈鹤琴在南京高等师范学校开设心理测验课程，并用心理测验量表对学生进行了测验，这是我

①　涂艳国. 教育评价[M]. 北京：高等教育出版社，2007：43.
②　刘尧. 中国教育评价发展历史述评[J]. 北京工业大学学报（社会科学版），2003，（3）：88-92.
③　张厚粲，余嘉元. 中国的心理测量发展史[J]. 心理科学，2012，35（3）：514-521.
④　程家福，王仁富，武恒. 简论我国心理测量的历史、现状与趋势[J]. 合肥工业大学学报（社会科学版），2001，（S1）：102-105.

国正式运用科学心理测验的开始。1921 年，陈鹤琴和廖世承合著《智力测验法》一书，这是我国最早介绍心理测量的著作。1922 年，费培杰也将比奈 1911 年的智力量表翻译成中文。1924 年，陆志韦修订了斯坦福-比奈智力量表。除此之外，我国学者还自行编制了许多测验，比如廖世承的团体智力测验、刘廷芳的中学智力测验、刘湛恩的非文字智力测验、陈鹤琴的图形智力测验、艾伟的小学各科测验等。

然而，事物的发展往往是曲折前进的。我国教育测量在发展过程中也出现了偏差：一是因为人们赶时髦，东也测，西也测，把测验弄得非驴非马；二是因为搞测验的人夸大了测验的功能，对测验结果翻译不慎重，导致了社会的反感，以至于 1929～1930 年，我国测验竟然一蹶不振。[①]面对教育测量研究和实践的混乱局面，在艾伟、陆志韦、陈鹤琴、萧孝嵘等的倡导下，1931 年中国测验学会成立。在中国测验学会的指导下，我国测验理论研究得到了加强，一些理论探讨文章陆续发表，比如左任侠的《智力是什么？》《常态曲线之基本原则》等论文。1932 年，中国测验学会还创办了《测验》杂志来推动教育测验理论研究的进展。

可以说，在 20 世纪头 30 年里，我国的教育测验水平较高。麦柯尔（W. A. McCall）曾评价我国在这一时期的教育测验："至少都与美国的标准相符，有许多甚至比美国的还好。"[②]然而，随着日本全面侵华战争的爆发，我国教育测量的发展几乎处于停滞状态，这一状态一直持续到 1949 年中华人民共和国成立。

二、国外教育测量的发展

（一）西方笔试制度的引入

国外考试制度的发展比较晚，主要有口试和笔试两种形式。19 世纪上半叶之前，国外主要采用口试的形式对学生进行逐个询问，以考核学生的知识掌握情况。但是，学生人数逐渐增多，口试比较浪费时间，加之口试的随意性和主观性都很强，因此给成绩评定带来了很多困难。1702 年，英国剑桥大学率先以笔试代替口试，开创了西方笔试的先河。1845 年，在著名教育家贺拉斯·曼（Horace Mann）的倡导下，美国马萨诸塞州波士顿市教育委员会在波士顿文法学校采用笔试的方法来考查学校毕业生，笔试第一次在西方得到了官方认可。此后，笔试在西方逐渐流传开来。到 19 世纪后半期，笔试最终取代口试，成为西方学校考试的主要形式。

从口试到笔试的转变，是一个了不起的进步。相对于口试，笔试具有以下优势：①口试不能用相同的题目考查不同的应试者，使考试失去了统一标准，而笔试可以让应试者做相同的题目，进行公平竞争；②口试耗费时间且效率低，在相同的时间里，笔试能收集更多的信息资料；③口试不能保存考试记录，而笔试可保存原始资料，以便事后进行有针对性的改进；④口试成绩在很大程度上受考官情绪、考场氛围、应试者性格等因素影响，而笔试则比较客观，可以减少考官对应试者的偏袒或歧视问题。因此，西方

---

① 陈玉琨，李如海. 我国教育评价发展的世纪回顾与未来展望[J]. 华东师范大学学报（教育科学版），2000，（1）：1-12.

② 转引自刘本固. 教育评价的理论与实践[M]. 杭州：浙江教育出版社，2000：16.

引入笔试制度，在一定程度上提高了考试的客观性。

（二）现代教育测量的独立

19 世纪中叶以后，资本主义在欧美的发展进入全盛时期。工业生产发展，迫切需要大量劳动力，并需要对雇工能力的高低进行鉴定。同时，社会分工日益精细，工厂需要大量的熟练工人及各种专门人才，雇主也急需了解工人训练或职业辅导的效果。面对这些社会需求，考试的标准化和客观化问题受到了人们的关注。为此，西方学者进行了大量研究，并提出以测验代替考试的主张。

1864 年，英国学者乔治·费舍尔（George Fisher）提出了标准测验的观念。他广泛收集学生主要科目的作业样本，按"五分制"的评分标准制定了一本《量表集》（Scale Book）。在量表中，他对各科作业样本都评定了一定分数，当需要评定某一学生的作业时，就用该作业与样本比较，以判断优劣并给出相应的分数。可以说，费舍尔的《量表集》是第一个依据标准进行评分的量表，是人们用科学方法解决考试问题的首次尝试，费舍尔也因此被称为"考试客观化的先驱者"。

在教育界，真正引起人们对测量问题的关注的是美国学者莱斯（J. M. Rice）。当时，美国学校课程设置固守传统的读法、算法、拼法、写法，教学方法注重练习、背诵，较为死板，引起了教育界有识之士和家长的不满，他们主张学校应增设一些实用学科。在传统与革新之间，人们展开了激烈的争论。于是，莱斯提出用客观测验的方法来解决这种争论。1897 年，他发表了对 20 所学校 1.6 万名学生所做的拼字测验结果，结果表明每天花 45 分钟练习拼字的学生测验成绩同每天花 15 分钟练习拼字的学生测验成绩没有多大区别。这一结论立刻引起了巨大的轰动，不仅促进了当时的课程改革，而且引起了人们对教育测验的关注和研究。[1]除此之外，莱斯还编制了算术、拼音、语言等测验，被后人称为"教育测量的先驱者"。

此外，教育测量的发展还受到心理测量理论和方法的影响。1879 年，"心理学之父"冯特（W. Wundt）在德国莱比锡大学建立了第一个心理学实验室，他以实验的方法研究复杂的心理现象，摸索出一套周密的实验方案和测量方法。1882 年，弗朗西斯·高尔顿（Francis Galton）在伦敦设立了人类学测验实验室，他创造并应用一些简单量表，以统计学的方法对人类个别差异进行分析，成为这一时期心理测验的代表。1898 年，比奈（A. Binet）提到了许多测验方法，比如画方形、比较线的长短、记忆数目、词句重组等，这些测验方法后来都被用在了他的智力量表中。[2]后来，美国应用心理学先驱卡特尔（J. M. Cattell）将实验心理学和测验结合起来，编制了 50 多种测验，并于 1890 年首次提出"心理测验"这一术语。[3]这些心理测验理论和方法研究对教育测验的科学化发展起到了推动作用。

1904 年，"教育测量学之父"桑代克（E. L. Thorndike）所著的《心理与社会测量学导论》（An Introduction to the Theory of Mental and Social Measurements）一书出版。

---

① 转引自刘志军. 教育评价[M]. 北京：北京师范大学出版社，2018：12.

② 王汉澜. 教育测量学[M]. 开封：河南大学出版社，1987：9.

③ 郭树平，王景英. 教育测量学[M]. 长春：东北师范大学出版社，1988：2.

这标志着现代教育测量的独立，使教育测量走上了科学化发展的道路，同时也拉开了西方教育测量运动的序幕。该书系统介绍了统计方法和编制测验的基本原理，并提出了一个基本观点：无论什么东西，只要存在，总存在于数量之中。1922 年，美国测量学家麦柯尔对此做了进一步补充："任何东西，存在于数量中的，都可以被测量。"[①]于是，人们把"凡存在的东西必有数量；凡有数量的东西都可以测量"这一论断视作一切测量的公理，激励了众多研究者投身于教育测量的研究。

（三）教育测量运动的发展

20 世纪初，在桑代克的影响下，西方教育测量运动轰轰烈烈地开展起来。1907年，美国在大规模教育调查中应用了教育测验这一工具，对教育测验的发展和推广产生了很大影响。1908 年，美国教育家斯通（C. Y. Stone）在桑代克的指导下编制出了最早的标准测验——客观化测试算术的方法。1909 年，桑代克又运用统计学的等距原理发明了编制量表的单位，并编写了书法量表、拼字量表、作文量表、图画量表等。1920年，宾特纳（R. Pintner）编制的《测验汇集》问世，满足了教育调查的综合需求。

在桑代克等人的大力倡导下，各种标准化测验的编制迅速发展起来。在智力测验方面，比奈和其助手西蒙（T. Simon）于 1905 年编制了第一个智力量表，即比奈-西蒙智力量表。该量表在 1908 年修订时，引入了"智力年龄"的概念，并于 1911 年再次修订。比奈-西蒙智力量表奠定了智力测量的基础，比奈也被称为"智力测量的鼻祖"。后来，美国心理学教授推孟（L. M. Terman）在对比奈-西蒙智力量表进行了长达 5 年的研究后，于 1916 年提出了斯坦福-比奈智力量表。该量表引入了智力商数，使测量结果更加明确。在成就测验方面，第一版《斯坦福成就测验》（*Stanford Achievement Test*）于 1922 年出版，并迅速风行于世。在人格测试方面，1921 年，华纳德（G. G. Fernald）着手试做人格测验。随后，哈特松（H. Hartshorne）与梅（M. May）等组织了人格教育委员会，着手研究人格测量工具，并不断对其加以改进，使之更加精密。[②]这一阶段，教育测量运动的发展达到了如火如荼的程度。

在长达 20 多年的教育测量运动中，测验研究取得的成绩主要有：①测验的范围广、类型多，有学业成就测验、智力测验、人格测验等。②编制了大量测验量表。据统计，1904～1928 年，美国已有教育与心理测验 3000 多种[③]。③追求教育测量的客观性和科学性。但是，随着教育测量运动的发展，教育测验的弊端也逐渐暴露出来。美国教育界对教育测验提出了如下批判意见：无论是知识测验还是人格测验，都只能做片面的测定，不能全面了解人格与知识的发展过程；测验只注重客观的信度，不足以说明效度；教师为测量成绩所采用的学业测验，根本就是教科书中心主义；测验容易培养个人主义和被动式的学习态度。因此，从 20 世纪 30 年代起，人们开始批判教育测量，教育评价思想得以酝酿。

---

① 转引自黄光扬. 教育测量与评价[M]. 2 版. 上海：华东师范大学出版社，2012：14.
② 朱德全. 教育测量与评价[M]. 北京：高等教育出版社，2016：32-33.
③ 黄光扬. 教育测量与评价[M]. 2 版. 上海：华东师范大学出版社，2012：15.

第二节　教育评价的发展历程

一般认为，现代教育评价诞生于 20 世纪 30 年代美国的"八年研究"。于是，西方在反思教育测量弊端的同时迎来了教育评价的专业化发展，而我国则在引进西方先进理论与方法的基础上，探索并构建起了具有中国特色的教育评价体系。因此，本节将先介绍国外教育评价的发展，再介绍我国教育评价的发展。

一、国外教育评价的发展

（一）泰勒模式时期（1930～1945 年）

1929～1933 年，资本主义世界发生了一场空前的经济危机。严重的经济危机导致了教育的危机，许多学校关门，班级减少，教师被解聘，大批青少年到处流浪。为了解决这些问题，美国进步主义教育协会负责人艾钦（W. M. Aikin）于 1933～1940 年领导了一场长达八年的中学课程改革运动，即美国历史上著名的"八年研究"。

该研究挑选了 300 所大学和 30 所中学进行联合实验。参加实验的中学被称为"进步学校"，没有参加实验的中学被称为"传统学校"。参加实验的 30 所中学的学生在高中毕业后可直接免试升入美国的 300 所大学。为了对课程改革实验进行跟踪研究与评价，1934 年，美国进步主义教育协会邀请泰勒主持"八年研究"的评价工作，成立了以泰勒为首的教育评价委员会。该委员会通过对比 1475 名进步学校毕业生与同数目传统学校毕业生，发现进步学校的毕业生在知识兴趣、思考力、应变能力、社会态度等方面要明显优于传统学校的毕业生，只是在记忆力方面，要比传统学校的学生差一些，但并无显著性差异。这一结果为现代教育评价制度的建立打下了良好的理论基础。

1942 年，泰勒发表了"八年研究"的结果报告，即《史密斯-泰勒报告》。在报告中，泰勒及其同事对教育测验运动进行了反思，认为传统测验：是片断的，不能了解知识和人格发展的过程；只关注客观的信度，不足以说明测验的效度；测验内容是教科书中心式的，只能测量学生对内容的机械记忆，不能反映学生解决问题的能力；容易使学生养成个人主义与被动式的学习态度等。为了将其思想与早期的测量思想区别开来，泰勒首次提出了"教育评价"的概念，并将教育目标作为评价过程的核心和关键，对实施评价的方法、步骤以及评价结果的运用等，做出了可操作的详细说明。这便是泰勒创立的"目标评价模式"，又称"泰勒模式"。该模式一经提出便受到了人们的推崇，成为当时在西方各国占据统治地位的教育评价模式，至今仍然是世界上常用的评价模式之一。由于泰勒在教育评价上的开创性成就，他也被称为"教育评价之父"。

泰勒对教育评价的贡献是巨大的，他不仅把测验与评价做了区分，开创了教育评价学科的先河，而且摒弃了进步教育"儿童中心"的偏激主张，强调要以教育目标作为衡量学生发展的尺度，避免了评价的主观性和随意性，提高了教育评价的科学性。在泰勒等的努力下，"评价"取代了"测验"，使教育评价的发展有了新的指导思想。

（二）稳定发展时期（1946～1957 年）

这一时期，泰勒模式依然是教育评价发展的指导思想，只是在评价方法和技术上有了一定的进展，使得教育评价在泰勒评价理论的基础上朝着科学化、可操作化的方向迈进了一大步。

在评价方法上，标准化测验迅速发展，出现了许多新的全国性标准化测验。1947年，在林德奎斯特（E. F. Lindquist）和泰勒等的帮助下，美国建立了教育测验服务机构，促进了教育测验的进一步发展。1949 年，泰勒撰写《课程与教学的基本原理》（*Basic Principles of Curriculum and Instruction*）一书，阐述了其课程设计和评价理论。1953 年，林德奎斯特发展和应用了实验设计原理。1954 年，美国心理学会（*American Psychological Association*，APA）发布了《心理测量和诊断技术的具体建议》（*Technical Recommendations for Psychological Tests and Diagnostic Techniques*）的报告。1955 年，美国教育研究协会（*American Educational Research Association*，AERA）和国家教育测量委员会（*National Council on Measurement in Education*，NCME）发布了《成就测验的技术建议》（*Technical Recommendations for Achievement Tests*）的报告。

除了标准化测验快速发展外，20 世纪中叶以后，还逐步出现了与泰勒模式相适应的评价技术。1948 年，美国心理学会在波士顿召开心理学会例会后，正式提出建立教育目标分类体系的研究课题。随后，布卢姆（B. S. Bloom）、克拉斯沃尔（D. R. Krathwohl）、辛普森（E. J. Simpson）等相继完成了认知领域目标、情感领域目标、动作领域目标的分类。这些研究成果为确立课程标准、编制课程及评价课程提供了一个共同参照的目标框架，增加了教育评价的可操作性，使教师的教、学生的学与教育评价之间相互联系、相互促进、相互融合。同时，这些研究成果也进一步促进了教育测量学科与教育评价学科的整合，如许多系统的教育测量不仅对结果进行质与量的合理解释，也常常做出某种价值分析与判断。这一时期出版的一些著作也反映了教育测量与教育评价内容的整合，而这种整合恰恰也顺应了教育测量和教育评价的发展趋势。[①]

（三）反思批判时期（1958～1972 年）

1957 年，苏联发射了第一颗人造地球卫星。美国人在震惊之余很快得出结论，科技落后的根源是教育质量不高。1958 年，美国联邦政府颁布《国防教育法》，投入巨额资金，用于发展新的教育计划，提出要加强数学、科学和现代外语这三门基础课程的学习，并要求对新教育计划的实施效果进行评价。1965 年，联邦政府又投入 10 亿美元用来进行教育改革，从而增加教育机会，让更多人接受教育。为了使投入资金发挥应有作

---

① 黄光扬. 教育测量与评价[M]. 2 版. 上海：华东师范大学出版社，2012：18-19.

用，美国又重新修订了初等和中等教育法案，明确规定教育经费的分配要以学区每年的评价结果为依据，且在评价时要使用合适的标准。于是，随着 20 世纪 50 年代后期和 60 年代早期教育改革的进行，教育评价也进入了一个新的发展时期。

在这一时期，人们在按照泰勒模式对教育改革效益进行评价时发现了一些问题。一些学者认为泰勒模式有一个根本的缺陷：教育评价如果单纯以目标为中心，那么又该怎样保证教育目标本身的合理性？除了预期目标之外，任何教育活动或多或少都会有一些非预期的结果，又该如何评价这些非预期的结果呢？还有一些学者认为，教育过程是受教育者自我实现的过程，每个受教育者都是自身和生活的创造者，如果用统一的目标来衡量不同学生的发展，也没有多大的意义和参考价值。这些争论的出现，使学者们开始对泰勒模式进行批判，提出了一些新的评价思想和评价模式，比如斯塔弗尔比姆的背景—输入—过程—成果模式、斯克里文的目标游离评价模式、斯塔克的应答模式等。学者们的反思和批判，打破了泰勒模式一枝独秀的现状，但这些模式主要是对目标评价模式的适用性、目的与功能等方面进行批判，对其基本思路并没有太大的触动，实质性内容不多，理论建构不完善，对实践的指导力度不够。因此，从根本上讲，这些模式可以看作是对泰勒模式的不同改进。

（四）重新建构时期（1973 年至今）

20 世纪 70 年代初，随着对教育改革的深刻反思，泰勒模式受到猛烈冲击，人们渴望发展新的评价理论和方法。1972 年，14 位学者聚集到英国剑桥大学，讨论评价理论与评价方法的创新问题。他们认为，在以往的教育评价中，心理测验方法一直占据着主导地位，但测验本身无法解决教育评价中的复杂问题，提倡用文化人类学的研究范式来取代旧的范式。同时，评价也不是对预期教育结果进行测量和描述，而是对整个教育评价方案进行全面深入的分析和研究，并在此基础上提出了质性评价的方法，即古贝和林肯所说的"第四代评估"。

"第四代评估"理念是伴随着美国 20 世纪 80 年代的教育改革发展起来的。1983 年，美国公布了《国家处在危机中：教育改革势在必行》（*A Nation at Risk: The Imperative of Educational Reform*）的调查报告。该报告认为，尽管美国政府从 1957 年就开始重视教育，但 20 多年来基础教育质量并没有提高。这促使美国政府加速了教育改革的步伐。1989 年，美国颁布了"2061 计划"——《面向全体美国人的科学》（*Science for All Americans*）报告，详细阐述了全面改革基础教育的目标、步骤和科学依据。新的教育改革必然要求新的评价理论和评价方法，以自然主义质性评价为主的"第四代评估"应运而生。1989 年，古贝和林肯所著的《第四代评估》一书出版，一个新的评价时代开启了。他们主张采用建构主义的方法论，强调以多元价值标准来共同建构评价过程，倡导评价主体之间通过协商和沟通来达成统一共识。从此，教育评价开始沿着"回应—协商—共识"的主线发展起来。

总之，20 世纪 70 年代之后，国外教育评价的发展出现了空前繁荣的景象。人们在反思和批判的基础上，提出了与以往教育评价不同的理念和方法，创办了一批专业的教育评价杂志，开设了专门的教育评价课程，用以传播教育评价知识、培养教育评价人才，还建立了专门从事教育评价理论和方法研究的机构。这些举措也必将促进现代教育评价的纵深发展。

二、我国教育评价的发展

中华人民共和国成立后，由于种种原因，我国教育评价的发展几乎处于停滞状态。直到 1977 年国家恢复高考制度，我国现代教育评价才得以慢慢恢复和重建起来。1985 年，国家颁布了《中共中央关于教育体制改革的决定》，标志着我国教育评价研究与实践进入了起步探索时期。1990 年，我国第一个关于教育评价的专门文件《普通高等学校教育评估暂行规定》颁布并实施，这标志着我国教育评价开始走向规范化发展的道路。2001 年，教育部正式启动了新一轮基础教育课程改革，颁发了《基础教育课程改革纲要（试行）》等一系列政策文件，标志着我国教育评价的发展进入了全面改革时期。2010 年，《国家中长期教育改革和发展规划纲要（2010—2020 年）》颁布，该文件对教育评价改革和发展提出了一系列具体的要求，明确了教育评价的建设方向。从此以后，我国教育评价的发展进入了深化提质时期。

因此，根据不同时期的重大历史事件和重要政策文件，我国现代教育评价的发展可分为五个时期：恢复重建时期（1977～1984 年）；起步探索时期（1985～1989 年）；蓬勃发展时期（1990～2000 年）；全面改革时期（2001～2009 年）；深化提质时期（2010 年至今）。

（一）恢复重建时期（1977～1984 年）

1977 年 8～9 月，教育部在北京召开全国高等学校招生工作会议，会议确定了《关于 1977 年高等学校招生工作的意见》。该文件规定自 1977 年起，恢复高校统一招生考试制度。高校统一招生考试制度的恢复极大地刺激了我国教育评价研究的发展，不仅为我国教育评价理论研究提供了发展动力和研究素材，也为中小学教学评价的恢复与改进指明了方向。

1. 教育评价理论与实践的初探

随着国家的工作重心由政治转向经济，我国中小学及大学的教育教学秩序全面恢复。1982 年，卫生部率先以统考的形式对其所属的医学院进行了教学质量检测活动；华东师范大学心理系和上海市教育科学研究院联合进行了新的学科考试研究，这是我国学科评价的开端；林传鼎与龚耀先分别修订了韦克斯勒儿童智力量表和韦克斯勒成人智力量表；宋伟真等修订了明尼苏达多相人格测验（Minnesota multiphasic personality inventory，MMPI）全国常模等。1983 年，在武汉市召开的有关会议提出要对重点学校进行评议后，有些学校结合实践着手研究适合我国国情的评价制度及评价高校工作状态的理论和方法。

2. 对外交流与实践活动的开展

1983 年，加拿大维多利亚大学派专家来我国华东师范大学作"教育评价"专题学术报告。同年，国际教育成就评价协会（International Association for the Evaluation of Educational Achievement，IEA）时任主席胡森（T. Husen）受邀来我国作《当前世界教育发展的趋势和评价》（*Current Trends and Evaluation of World Education Development*）的专场报告，全面介绍了世界教育评价研究与实践的动态。1984 年，我国正式加入国际教育成就评价协会，并确定河北、山西、北京和天津等省市参加国际教育成就评价协会组织的第二次自然科学教育成就评价研究活动。这些活动加强了我国同国外在教育评价方面的联系和交流，使我国能更好地学习国外先进经验。

这一时期，我国教育评价研究处于恢复和重建状态，没有形成统一的理论。在引介国外研究成果的基础上，教育部有组织地召开了有关教育评价的学术研讨会，交流经验，反省不足，积极地寻找发展对策。

（二）起步探索时期（1985～1989 年）

1985 年，《中共中央关于教育体制改革的决定》颁布，明确提出："教育管理部门还要组织教育界、知识界和用人部门定期对高等学校的办学水平进行评估。"1986 年，国务院出台了《关于第七个五年计划的报告》，报告中指出："要加强教育事业的管理，逐步建立系统的教育评价与监督制度。"在国家引导和扶持之下，我国教育评价理论研究和实践探索才开始逐步发展起来。

1. 高等教育评估研究的强化

1985 年 6 月，教育部在黑龙江镜泊湖组织召开了高等工程教育评估专题讨论会。这是我国召开的第一次全国性的教育评价研讨会，标志着我国教育评价研究和实践的真正起步。1985 年，国家教育委员会颁布了《关于开展高等工程教育评估研究和试点工作的通知》，并专门成立了全国高等教育评估组，全面负责高等工程教育的评价研究和试点工作。1988 年，我国第一本高等教育评估领域的专业期刊《高教评估信息》（后改名为《高教评估》，1994 年重新定名为《中国高等教育评估》）创刊。为了进一步促进高等教育评估研究，我国还加强了对外交流活动。1986 年，华东师范大学邀请布卢姆来华举办教育评价专题学术报告会。同年 11 月，中国高等工程教育评估考察团赴美国和加拿大考察，并将考察资料选辑出版。随后，在全国高等教育评估组的组织下，我国又分别于 1987 年和 1990 年召开了中美教育评估研讨会。

2. 教育评价研究成果的出版

在教育评价研究、试点工作以及国内外学术交流活动的基础上，我国学者出版了一大批有影响的教育评价研究著作，初步构建起了具有中国特色的教育评价理论和方法体系。1987 年，陈玉琨所著的《教育评估的理论与技术》出版，这是我国教育评价领域里的第一本专著；1988 年，刘本固所著的《教育评价学概论》出版；1989 年，瞿葆奎主编的《教育学文集（第 16 卷）·教育评价》出版，这是我国第一本全面介绍西方教育评价理论的文集。①除此之外，1988 年，邱渊等翻译了布卢姆的《教育评价》，李

---

① 陈玉琨学术思想研究课题组. 追踪前沿 立足实践 创新理论——陈玉琨学术思想发展轨迹研究[J]. 国家教育行政学院学报，2005，（11）：15-21.

守福翻译了梶田叡一的《教育评价》等。这些著作为我国教育评价的发展打下了坚实的理论基础。

这一时期，我国在全国范围内开展了全方位、多层次的教育评价实验和实践活动，教育评价工作也从单一的教学质量评价发展到对学术水平、学科发展方向等方面的评价。教育评价交流活动得到进一步加强，第一本教育评价专业杂志得以创办，国内外专家开始共同研讨教育评价问题，出现了一大批有特色、有质量的教育评价研究著作，初步构建了我国教育评价理论和方法体系。

（三）蓬勃发展时期（1990～2000 年）

1990 年，在总结以往教育评价理论研究成果和试点工作经验的基础上，我国正式颁布《普通高等学校教育评估暂行规定》。这是中华人民共和国成立以来我国第一个关于教育评价的行政性法规，是教育评价一般规律与我国教育国情相结合的产物，标志着我国教育评价开始走上规范化、繁荣发展的道路。

1. 教育评价制度的逐步规范

1991 年，我国颁布了《教育督导暂行规定》，初步确立了教育督导制度。1993 年中共中央、国务院颁布了《中国教育改革和发展纲要》，明确指出："建立各级各类教育的质量标准和评估指标体系。各地教育部门要把检查评估学校教育质量作为一项经常性的任务。"这一纲领性的规定对我国教育评价研究与实践的发展起到了重要作用。1995 年，我国颁布的《中华人民共和国教育法》更是明确规定"国家实行教育督导制度和学校及其他教育机构教育评估制度"，教育评价的法律地位得以确立。1999 年，《中共中央、国务院关于深化教育改革全面推进素质教育的决定》明确指出："加快改革招生考试和评价制度，改变'一次考试定终身'的状况"，"逐步建立具有多种选择的、更加科学和公正的高等学校招生选拔制度"，"建立符合素质教育要求的对学校、教师和学生的评价机制"。随后，我国又出台了一系列教育评价政策，使教育评价制度在不断完善的同时，逐渐走向规范化和常态化。

2. 学术组织与研究机构的成立

1990 年，全国普通教育评价专业委员会成立，并定期召开普通教育评价学术研讨会。1991 年，天津大学成立了"中国高等教育评估研究协作组"，以集中力量协调并规划我国教育评价研究工作。1994 年，我国成功举办"中国高等教育学会高等教育评估研究会成立大会暨第五次学术讨论会"，为高等教育评估研究的深入发展做了组织上的重要准备。此外，各省还成立了地方教育评价学会。同年，受国务院学位委员会的委托，北京理工大学成立了"高等学校与科研院所学位与研究生教育评估所"，主要承担学位与研究生教育评估及有关咨询服务工作。1998 年，教育部考试中心成立，各省先后也成立了教育考试院。这些教育评价研究组织和机构的成立，极大地促进了我国教育评价的繁荣发展。

3. 教育评价研究成果层出不穷

在教育评价制度和教育评价机构组织的保障和引导下，我国教育评价理论研究和学术刊物也得以迅速发展。1990 年后，我国创办了以《中国考试》为代表的教育评价专业杂志，为教育评价的研究与交流搭建了良好的平台。与此同时，有关教育评价的教材与专著也陆续出版，比如，王汉澜的《教育评价学》、候光文的《教育评价概论》、吴钢的《现代教育评价基础》等。这些著作普及了教育评价知识，推动了教育评价实践的发展。

这一时期，我国教育评价工作步入正轨并进入蓬勃发展时期，教育评价制度开始向正规化、系统化的方向迈进，一系列专门文件相继出台，为我国教育评价制度及政策体系的不断完善提供了经验支撑。随着教育评价专业机构和学术期刊的创建，我国教育评价研究也从以往的理论借鉴迈向了创新发展的新征程，研究水平不断提高。

（四）全面改革时期（2001～2009 年）

20 世纪 80 年代中后期之后，我国教育评价发展十分迅速，取得了骄人成绩。然而，伴随着快速发展，教育评价也暴露出不少问题，比如评价功能过分强调甄别与选拔，评价重心过分关注活动结果、评价主体单一、标准机械、内容片面、方法单调等。[①]到 20 世纪末，这些问题越来越突出，已经成为我国全面推进素质教育的严重阻碍。为了克服这些障碍，我国开始全面改革教育评价体系。2001 年，教育部正式启动了新一轮基础教育课程改革，颁发了《基础教育课程改革纲要（试行）》等一系列政策文件，标志着我国教育评价的发展进入了全面改革时期。

1. 发展性教育评价体系的确立

《基础教育课程改革纲要（试行）》在课程改革的目标方面做出明确规定："改变课程评价过分强调甄别与选拔的功能，发挥评价促进学生发展，教师提高和改进教学实践的功能。""建立促进学生全面发展的评价体系。评价不仅要关注学生的学业成绩，而且要发现和发展学生多方面的潜能，了解学生发展中的需求，帮助学生认识自我，建立自信。发挥评价的教育功能，促进学生在原有水平上的发展。""建立促进教师不断提高的评价体系。强调教师对自己教学行为的分析与反思，建立以教师自评为主，校长、教师、学生、家长共同参与的评价制度，使教师从多种渠道获得信息，不断提高教学水平。""建立促进课程不断发展的评价体系。周期性地对学校课程执行的情况、课程实施中的问题进行分析评估，调整课程内容、改进教学管理，形成课程不断革新的机制。"这些要求集中体现了发展性教育评价理念，明确了评价改革的发展方向。2002 年，《教育部关于积极推进中小学评价与考试制度改革的通知》中明确指出："中小学评价与考试制度改革的根本目的是为了更好地提高学生的综合素质和教师的教学水平，为学校实施素质教育提供保障。"同时，要"建立以促进学生发展为目标的评价体系"。于是，我国中小学开展了广泛的学生评价、教师评价、课堂教学评价、学校评价的实践探索，初步建立了全面、多元、开放、民主的发展性教育评价体系，开创了教育评价的新时代。

2. 学生综合素质评价的提出

2004 年 2 月，《教育部关于国家基础教育课程改革实验区 2004 年初中毕业考试与普通高中招生制度改革的指导意见》中明确规定："应对初中毕业生综合素质进行评

---

① 周卫勇. 走向发展性课程评价——谈新课程的评价改革[M]. 北京：北京大学出版社，2002：10.

价，评价结果应作为衡量学生是否达到初中毕业标准和高中阶段学校招生标准的重要依据。"这是我国首次以政策文件的形式提出了对学生进行"综合素质评价"，初步规定了综合素质评价的内容与结果呈现方式，并要求将综合素质评价结果作为学生毕业和升学的重要依据。2007 年，《关于做好 2007 年普通高等学校招生工作的通知》中明确要求："高中新课程实验省（区、市）要逐步建立并完善高中学业水平考试和综合素质评价制度，认真研究设计与之相衔接的高考综合改革方案。"2008 年，《教育部关于普通高中新课程省份深化高校招生考试改革的指导意见》中再次强调："各地要加快建设在国家指导下由各省份组织实施的普通高中学业水平考试和学生综合素质评价制度。"此后，一些高中开始了综合素质评价的试点工作。

3. 高校招生考试制度的改革

1999 年 3 月，《教育部关于进一步深化普通高等学校招生考试制度改革的意见》提出推行"3+X"科目设置方案，即"语文、数学、外语+综合能力测试"，其中综合能力测试又分为文理综合、文科综合和理科综合三种。2001 年，《基础教育课程改革纲要（试行）》明确指出："高等院校招生考试制度改革，应与基础教育课程改革相衔接。要按照有助于高等学校选拔人才、有助于中学实施素质教育、有助于扩大高等学校办学自主权的原则，加强对学生能力和素质的考查，改革高等学校招生考试内容，探索多次机会、双向选择、综合评价的考试、选拔方式。"这为高考改革指明了方向，并制定了相应原则、内容和方式。2007 年，首批进行高中课改的广东、海南、山东、宁夏四省（自治区）率先启动新课程高考改革，随后各省（自治区、直辖市）高考模式逐渐形成，比如海南实行"3+3+基础会考"、河南实行"3+文科综合/理科综合"、江苏实行"3+学业水平测试+综合素质评价"、山东实行"3+X+1"等。

除了高考科目的改革之外，2003 年，我国自主招生政策开始实施[①]。这项政策的实施，对 21 世纪高考评价改革发挥着至关重要的作用，它结束了高校统一招考的历史，赋予高校极大的自主权和选择权。2004 年，高中新课程改革推行后，高中学业水平考试逐步取代会考，成为衡量学生学业质量的水平性考试。从此，高中学业水平考试与高考捆绑在一起，形成了高考、高中学业水平考试成绩和综合素质评价"三位一体"的高考评价体系。在实践中，各省（自治区、直辖市）新课程改革后的高考方案都以"分类考试、综合评价、多元录取"为纲领，构建新的高考评价体系。[②]

4. 教育评价研究成果的丰富

21 世纪以来，围绕课程发展面临的各种评价问题，我国教育评价工作者开展了大量的理论研究，在不断完善教育评价学科体系的基础上，对相关问题也进行了深入研究，出版了一大批高质量著作。在教育评价理论与实践研究方面，主要有金娣和王钢的《教育评价与测量》、王景英的《教育评价理论与实践》、黄光扬的《教育测量与评价》、翟天山的《教育评价学》等；在新课程评价改革研究方面，主要有陈玉琨的《课程改革与课程评价》、新课程实施过程中培训问题研究课题组的《新课程与评价改革》、李雁冰

---

① 2020 年 1 月发布了《教育部关于在部分高校开展基础学科招生改革试点工作的意见》，标志着我国自主招生政策随之退出历史舞台。

② 李雄鹰，顾胡庆，秦晓晴. 高考评价改革 40 年的实践与省思[J]. 教育科学研究，2018，（6）：5-10, 34.

的《课程评价论》、刘志军的《走向理解的课程评价》等。

这一时期，随着新一轮基础教育课程改革的进行，我国教育评价发展也进入了全面改革时期。中小学教育评价与考试制度改革在重塑旧制度的基础上，形成了以发展性评价理念为主的新体系。高考改革进一步推行，高校招生考试制度得以不断完善。与此同时，我国教育评价工作者也开展了大量理论研究，不仅探讨了宏观领域的教育评价，教师评价、课程评价等微观领域的研究也逐渐发展起来，形成了一大批高质量、有特色的研究成果，推动着我国教育评价朝着高质量发展的方向迈进。

（五）深化提质时期（2010 年至今）

2010 年 7 月，中共中央、国务院出台了《国家中长期教育改革和发展规划纲要（2010—2020 年）》。该纲要回应了教育评价存在的主要问题，提出了"整合国家教育质量监测评估机构及资源，完善监测评估体系""探索与国际高水平教育评价机构合作，形成中国特色学校评价模式""明确各级政府责任，规范学校办学行为，促进管办评分离""逐步形成分类考试、综合评价、多元录取的考试招生制度"等一系列教育评价改革要求，明确了我国教育评价今后的建设方向，标志着我国教育评价发展进入了深化提质时期。

1. 学生综合素质评价的全面实施

从 2007 年开始，一些地区就在高考改革中进行了学生综合素质评价的局部尝试与探索。2014 年 9 月，《国务院关于深化考试招生制度改革的实施意见》中明确提出："建立规范的学生综合素质档案，客观记录学生成长过程中的突出表现，注重社会责任感、创新精神和实践能力"，"探索基于统一高考和高中学业水平考试成绩、参考综合素质评价的多元录取机制"。2014 年 12 月，《教育部关于加强和改进普通高中学生综合素质评价的意见》中又以下定义的方式明确指出："综合素质评价是对学生全面发展状况的观察、记录、分析，是发现和培育学生良好个性的重要手段，是深入推进素质教育的一项重要制度。"可以说，这两个政策文本为全面实施学生综合素质评价提供了直接依据，标志着我国综合素质评价工作步入新的发展阶段。总之，全面实施高中学生综合素质评价，已成为我国一项基本教育政策，受到人们越来越多的关注和重视，为高校招生录取提供了重要参考。[①]

2. 高校招生考试制度改革的深化

2014 年 9 月，随着《国务院关于深化考试招生制度改革的实施意见》的颁布，我国新一轮高考改革正式开启。这次高考改革主要涉及以下几个方面：首先，改革招生录取机制。改革原有加分政策，奥林匹克竞赛中获奖的学生不再具有保送资格，且所有项目加分不得超过 20 分；规定高考将逐渐采取平行投档的录取方式，取消高校录取批次，推进并完善平行志愿投档方式，增加高校和学生的双向选择机会。其次，改革考试评价内容和形式。科目设置逐渐从"3+文科综合/理科综合"朝"3+3"模式过渡，即语

---

① 王洪席. 我国综合素质评价政策的演进历程及特征分析——基于（1999—2014 年）政策文本的分析[J]. 课程·教材·教法，2016，36（12）：28-34.

文、数学、外语 3 门统考科目，加考生根据个人兴趣和特长从历史、地理、思想政治、物理、化学、生物 6 科中选择 3 个科目，文理不再分科，外语实行一年两考；实行高职院校与普通高考分类考试的办法，在评价方式上采用"文化素质+职业技能"的方法，重点考查学生应具备的职业素养和技能。最后，采用多元录取、综合评价的机制。根据学生的高考和学业水平考试成绩，结合其综合素质评价进行学生的评价与选拔，力求全方位、多层次、综合评价学生的学业和能力水平发展情况。除此之外，新一轮高考评价还涉及高中课程改革、保送生、自主招生政策的改革与实践。这些改革举措，为国家合理选才、促进学生成长和实现社会公平做出了重要贡献。

3. 教育管办评分离的深入推进

2010 年，《国家中长期教育改革和发展规划纲要（2010—2020 年）》中明确提出："促进管办评分离，形成政事分开、权责明确、统筹协调、规范有序的教育管理体制。"可见，管办评分离已成为我国教育管理体制改革的重要内容。2013 年，党的十八届三中全会通过的《中共中央关于全面深化改革若干重大问题的决定》中再次强调："深入推进管办评分离，扩大省级政府教育统筹权和学校办学自主权，完善学校内部治理结构。"2014 年，国务院教育督导委员会办公室印发的《深化教育督导改革转变教育管理方式的意见》中强调"深化教育督导改革是转变政府职能的突破口"，这对推进教育管办评分离具有重要意义。2015 年，《教育部关于深入推进教育管办评分离 促进政府职能转变的若干意见》中对推进教育管办评分离做出了明确要求："以落实学校办学主体地位、激发学校办学活力为核心任务，加快健全学校自主发展、自我约束的运行机制；以进一步简政放权、改进管理方式为前提，加快建设法治政府和服务型政府，主动开拓为学校、教师和学生服务的新形式、新途径；以推进科学、规范的教育评价为突破口，建立健全政府、学校、专业机构和社会组织等多元参与的教育评价体系。"可见，深入推进教育管办评分离不仅有利于健全中国特色教育管理制度、现代学校制度和教育评价制度，还有利于完善现代教育治理体系，提升教育治理能力。

4. 新时代教育评价的创新发展

2018 年 9 月 10 日，习近平总书记在全国教育大会上明确指出："要深化教育体制改革，健全立德树人落实机制，扭转不科学的教育评价导向，坚决克服唯分数、唯升学、唯文凭、唯论文、唯帽子的顽瘴痼疾，从根本上解决教育评价指挥棒问题。"[1]这段重要论述一针见血地指出了长期以来我国各级各类教育评价中比较突出、深受诟病的"五唯"（唯分数、唯升学、唯文凭、唯论文、唯帽子）等问题，为我国新时代教育评价制度改革指明了方向。2020 年 6 月 30 日，中央全面深化改革委员会第十四次会议审议通过了《深化新时代教育评价改革总体方案》。该总体方案对我国新时代要构建什么样的教育评价体系做出了明确回答，即：遵循教育规律，针对不同主体和不同学段、不同类型教育特点，改进结果评价，强化过程评价，探索增值评价，健全综合评价，着力破除唯分数、唯升学、唯文凭、唯论文、唯帽子的顽瘴痼疾，建立科学的、符合时代要求

---

① 新华社. 习近平出席全国教育大会并发表重要讲话[EB/OL]. （2018-09-10）[2022-09-07]. http://www.gov.cn/xinwen/2018-09/10/content_5320835.htm?tdsourcetag=s_pcqq_aiomsg.

的教育评价制度和机制。因此，破除旧的"五唯"评价体系，构建"四个评价"一体化的教育评价体系，将是我国未来一个时期教育评价发展的重要议题。

另外，大数据、云计算、区块链、人工智能等新一代信息技术正在催生教育新生态，也为新时代教育评价改革的发展带来了新机遇。2020 年，《深化新时代教育评价改革总体方案》中明确指出："创新评价工具，利用人工智能、大数据等现代信息技术，探索开展学生各年级学习情况全过程纵向评价、德智体美劳全要素横向评价。"2022年，教育部颁布的《普通高中学校办学质量评价指南》中又明确指出："坚持线上评价与线下评价相结合。充分发挥现代信息技术在评价中的重要作用，建立学校常态化评价网络信息平台及数据库，完善学生综合素质评价档案。"同年 10 月，党的二十大报告中也明确提出"推进教育数字化"[1]，其中就包括要推进信息技术与教育评价的深度融合，以实现教育评价的数字化转型。因此，新一代信息技术与教育评价的融合创新是深化新时代教育评价改革的必然选择，为构建科学合理、符合时代要求的教育评价体系提供了可能。

总之，新时代教育评价是教育目的与方法的有机统一，不仅是教育质量科学监测和评估的管理问题、技术问题，而且是实现立德树人根本任务，培育德智体美劳全面发展的时代新人的价值问题、使命问题。面对新时代经济社会发展需求，党的二十大报告明确提出"完善学校管理和教育评价体系"，对构建中国式教育评价体系、加快推进教育现代化、建设教育强国、办好人民满意的教育具有重要意义。[2]因此，教育评价要与时俱进，勇于探索，敢于创新，努力改进结果评价，强化过程评价，探索增值评价，健全综合评价，构建富有时代特征、彰显中国特色、具有世界水平的教育评价体系，提升中国教育的吸引力、竞争力、影响力，培养德智体美劳全面发展的社会主义建设者和接班人。

本章小结

本章按照教育测量的发展和教育评价的发展梳理了教育测量与评价的发展历史。其中，在教育测量的发展中，我国的教育测量主要经历了古代选士制度的发展、20 世纪初教育测量制度的初步建立以及民国时期教育测量的蓬勃发展；而国外教育测量的发展主要经历了西方笔试制度的引入、现代教育测量的独立以及教育测量运动的发展。在教育评价的发展中，国外主要经历了泰勒模式时期（1930～1945 年）、稳定发展时期（1946～1957 年）、反思批判时期（1958～1972 年）以及重新建构时期（1973 年至今）；而我国教育评价的发展主要经历了恢复重建时期（1977～1984 年）、起步探索时期（1985～1989 年）、蓬勃发展时期（1990～2000 年）、全面改革时期（2001～2009年）以及深化提质时期（2010 年至今）。通过梳理教育测量与评价的历史演进，可以帮助学习者对教育测量与评价形成一个整体性的认知和把握，有利于后续章节知识的学习。

---

① 习近平. 高举中国特色社会主义伟大旗帜 为全面建设社会主义现代化国家而团结奋斗——在中国共产党第二十次全国代表大会上的报告. （2022-10-25）[2023-03-07]. http://www.gov.cn/xinwen/2022-10/25/content_5721685.htm.

② 习近平. 高举中国特色社会主义伟大旗帜 为全面建设社会主义现代化国家而团结奋斗——在中国共产党第二十次全国代表大会上的报告. （2022-10-25）[2023-03-07]. http://www.gov.cn/xinwen/2022-10/25/content_5721685.htm.

练习思考

1. 简述我国古代选士制度的发展历程及其特点。
2. 简述现代教育测量独立的影响因素。
3. 简述教育测量运动的发展过程及其影响。
4. 简述"八年研究"的发展过程及其意义。

第三章

教育测量的质量指标

学习目标

● 了解误差的种类、来源以及控制误差的方法；
● 理解信度、效度、难度和区分度的含义及应用；
● 掌握不同类型信度和效度的估算方法及适用条件；
● 掌握测验项目难度和区分度的计算方法。

知识导图

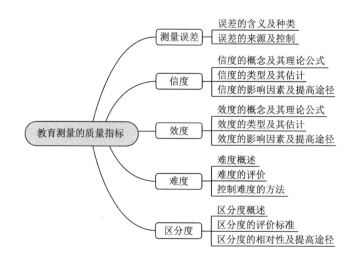

自 1904 年美国心理学家桑代克提出"教育测量"一词以来，教育测量就成了衡量教育质量优劣的主要方式。一般而言，教育测量的质量指标通常包括四个方面：信度、效度、难度、区分度。其中，信度与效度指标是针对整个测验来说的，难度与区分度指标是针对测验项目来说的。教育测量的客观性和科学性主要受误差的影响。因此，本章内容主要从测量误差、信度、效度、难度及区分度五个方面展开。

第一节　测 量 误 差

凡是测量均会产生误差。教育测量的对象是具有自我主观意识的个体，因此，与其他测量相比，教育测量更加困难和复杂，产生误差的可能性也更大。当今时代，教育测量已被人们广泛应用，我们必须认识到教育测量的误差问题，尽最大可能减小误差，以提高教育测量的客观性和科学性。

一、误差的含义及种类

（一）误差的含义

简单地说，误差就是指偏差。教育测量的误差就是指在测量过程中，由与测量目的无关的变因引起的不准确或不一致的效应。[①]这种不准确或不一致的效应通常是指实测值与真值的差，这种关系可以表示为误差分数=实得分数-真分数，用公式表示为$E=X-T$（真分数数学模型的变式）。

（二）误差的种类

误差是由测量的无关变因引起的，是导致测量结果不准确或不一致的因素，不准确与不一致的关系可以用打靶来形象地说明，如图 3-1 所示。

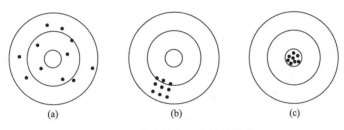

图 3-1　准确性与一致性的关系

从图 3-1 中可以看出，图 3-1（a）的弹着点较为分散，说明准确性、一致性均差；图 3-1（b）的弹着点虽然集中，但偏离靶心，说明一致性较好，但准确性较差；图 3-1（c）弹着点集中且在靶心，说明准确性和一致性都较好，误差极小，可忽略不计。

图 3-1（a）和图 3-1（b）反映了误差的两种类型：随机误差和系统误差。随机误差是由那些和测量目的无关的偶然因素引起的随机的、无方向的变化，这种变化会使得几次测验的结果不一致［图 3-1（a）］。从图 3-1（a）中可以看出弹着点随机散落在靶心周围，没有呈现出规律性和一致性。系统误差是由与测量目的无关的因素引起的一种恒定的、有规律的变化，这种变化稳定地出现在每次测量中［图 3-1（b）］。从图 3-1（b）中可以看出弹着点几乎都集中地落在靶心的同一外侧，即每次射击的误差都具有稳定性和一致性。

随机误差和系统误差的差异不仅表现在产生的原因和呈现的特点上，而且在测验结果的表现上也不同。从图 3-1（a）中可以看出随机误差会引起每次测验结果的不一致，同时直接引起测验结果的不准确，因此随机误差既影响信度也影响效度。系统误差稳定地出现在每次测验中，因此它不影响测验结果的一致性，只影响测验的准确性，所以系统误差不会影响测验信度但会影响测验效度。

二、误差的来源及控制

为了使测量结果准确可靠，就必须尽量减小误差，而减小测量误差的前提则是要了解误差的来源。一般来说，教育测量误差的来源主要包括两个方面：①主试与被试等主观因素；②测量工具、施测过程等客观因素。[①]

（一）误差的来源

1. 主试因素

主试误差是指在测验实施过程中由主试的相关因素造成的误差，其影响因素主要包括主试的年龄、性别、仪表，施测时的言谈举止、表情动作、身体姿势以及主试在施测时偏离规定程序、主试心理因素等。此外，主试的态度和动机也可能影响测验结果。主试期望对测验结果影响最典型的范例就是"罗森塔尔效应"。[②]

2. 被试因素

被试误差是指由被试自身的因素所导致的误差，其影响因素主要包括被试的情绪、成熟程度、发展水平、动机和焦虑水平、注意力集中程度、对测试内容的熟悉程度、生理因素等。一般来说，适度的焦虑有利于提高被试的兴奋性，增强注意力，提高反应速度，因而会对测验结果产生积极影响。但过高水平的焦虑则会导致被试注意力分散，思维受限，从而使反应速度降低，最终对测验结果产生不利影响。

3. 测量工具

测量工具误差是指测验编制过程所导致的误差，其影响因素主要包括测验项目取样、测验项目格式、测验项目难度、测验时限等。当测验项目数量较少且取样缺乏代表性时，被试的反应很难代表其真实水平。有些类型的项目，如是非题、选择题，被试可能凭猜测作答，从而降低分数的可靠性。此外，测验项目格式设置不恰当、用词模棱两可、项目要求叙述不清、难度水平不适中、指导语用语不当、测验时限过短等都会带来误差。

4. 施测过程

施测过程误差是指测验实施过程所产生的误差，其影响因素主要包括施测过程的标准化程度、施测现场的物理环境、测验时间、评分记分等。施测现场的温度、光线、通风、噪声、湿度、桌面好坏、空间阔窄等条件都会对被试产生影响，使得被试在不同环境中即使是接受同样的测验也可能表现出有差异的结果。施测过程误差也与施测过程的标准化程度密切相关，施测过程标准化程度越低，测验结果产生的误差越大。其中施测过程缺乏标准化的表现通常为：测验指导语使用不规范、不统一，测验无统一时间限制，测验程序不统一，等等。一般来说，测验都有时间的限制，测验时间的长短也会对测验结果产生直接的影响：测验时间过长，容易引起被试的疲劳，而测验时间过短，则会导致被试因时间紧张而凭猜测作答或项目作答不完整。最后，在测验编制和制定评分

① 朱德全. 教育测量学[M]. 北京：中国人民大学出版社，2016：108.
② 一帆. 主试误差[J]. 教育测量与评价（理论版），2015，（5）：42.

标准的过程中，评分不客观以及计分出错等也是常见的误差。一般而言，选择题的评分较为客观，而论述题等主观题的评分标准则较难掌握，会受评分者个人主观因素的影响，评分的一致性难以保证。

（二）误差的控制

1. 主观控制

为了避免主试误差，主试应按照指导语的要求实施测验，不带任何暗示。如果被试询问指导语意义，应尽量按照中性方式做进一步的澄清；测验前不讲与测验无关的话，不做点头、皱眉、摇头等暗示性反应；对特殊问题要有心理准备。同时，对被试的心理调控也是十分重要的，对被试的动机水平、焦虑水平等心理因素进行调控，力争使被试在最佳的心理状态下接受测验。

2. 客观控制

在测验编制过程中，要建立科学的测量目标体系，科学抽样，精心编制测量工具，测验项目要具有代表性。在测验实施过程中，要注意环境因素对被试的影响，不仅要控制物理环境，同时还要警惕不良社会舆论及大众心理氛围对被试的消极影响。

第二节　信　　度

在对教育测验进行整体质量评估的过程中，首先需要考虑其结果的稳定性程度，也就是测验的信度。只有保证测验的稳定性，才能正确判断测验结果的价值。我们希望测验的结果能够真实而稳定地反映测验对象的某种特质，然而，在现实使用过程中测验结果因受到误差的影响而无法实现完全的稳定，但我们可以通过进一步的分析与修订来提高测验的信度，为教育研究提供更加可靠的依据。

一、信度的概念及其理论公式

信度是指测量结果的稳定性程度。[1]信度的同义词包括可靠性、稳定性、一致性等。[2]依据经典测验理论，信度的定义为真分数的变异数与实得分数的变异数之比，即

$$r_{xx} = \frac{S_T^2}{S_X^2} \tag{3.1}$$

① 戴海崎，张峰，陈雪枫. 心理与教育测量[M]. 3 版. 广州：暨南大学出版社，2011：43.
② 竺培梁. 测验信度大盘点[J]. 外国中小学教育，2005，（6）：18-25.

式中，r_{xx} 为测验的信度；S_T^2 为真分数方差；S_X^2 为实得分数方差。

由式（1.2）可以得到式（3.2）：

$$r_{xx} = 1 - \frac{S_E^2}{S_X^2} \tag{3.2}$$

由式（3.2）可以得出，信度的取值范围是 $0 \sim 1$，当误差分数的方差越小时，信度的取值就越接近 1，也就是说信度越高。尽管真分数的操作定义是多次测验结果的均值，但在实际操作中仍很难计算出真分数，在经典测验理论中真分数的值只是一个理论值，因此式（3.2）只具有理论意义。

信度还有另外两个统计定义。

1）信度是一个被试团体的真分数与实得分数的相关系数的平方，即

$$r_{xx} = \rho_{TX}^2 \tag{3.3}$$

2）信度是一个被试团体在测验 X（A 卷）上的实得分数与在一个平行测验 X'（B卷）上的实得分数的相关系数，即

$$r_{xx} = \rho_{XX'} \tag{3.4}$$

式（3.4）具有实际操作意义，在教育测量中对信度的估算一般就采用相关分析的方法，也就是计算相关系数 $\rho_{XX'}$，以此来评估测验的一致性程度。

二、信度的类型及其估计

在教育测量中，对信度进行估计时通常使用相关系数表示测验结果的一致性程度。而信度是反映测量中随机误差大小的指标，由于造成测量随机误差的来源有很多，信度的估计方法也有很多。

（一）重测信度及其估算

1. 重测信度的估算方法

重测信度是指用同一个量表在不同时间对同一组被试施测两次所得的结果的一致性程度。重测信度的大小等于该组被试在两次测验中实得分数的相关系数。在教育测量中，通常假设所测量的特质处于相对稳定的状态，即用同一量表对相同被试测验两次，其结果应当是一致的、稳定的，不会随着时间的推移而改变。所以，重测信度又称为稳定性系数。

重测信度的计算一般采用积差相关：

$$r = \frac{N \sum XY - \sum X \sum Y}{\sqrt{N \sum X^2 - \left(\sum X\right)^2} \sqrt{N \sum Y^2 - \left(\sum Y\right)^2}} \tag{3.5}$$

式中，r 为测验的信度系数；N 为样本容量；$\sum XY$ 为每个被试两次测验分数乘积之

和；$\sum X$ 和 $\sum Y$ 分别为每个被试两次测验分数的总和；$\sum X^2$ 和 $\sum Y^2$ 分别为每个被试两次测验分数平方之和。

2. 重测信度的注意事项

重测信度的测验方式简单、明确且测验试题只需一套，这样既节省了编制另一套等值测验的时间与精力，同时由于测验项目相同，两次测验的属性也完全相同。尽管具有以上优点，重测信度仍然存在局限性。

1）重测信度受两次测验时间间隔的影响较为明显。如果时间间隔过短，被试对第一次测验的记忆仍清晰，可能在第二次测验中仅凭回忆作答，从而夸大了测验的稳定性；而如果时间间隔过长，在此期间被试的身心发展、经验积累、练习效应等因素则无法控制。同时，两次测验被试的主观状态也不尽相同，种种变化致使测验结果不能真实反映测验自身的稳定性。所以，重测信度只适用于测量那些不会随时间推移而改变的特质，而两次测验的时距究竟要多长，应根据测验的目的、性质、类型和被试的特点等因素来确定。

2）选用重测法估计信度，最理想的情况就是使被试的遗忘与练习效应基本相同从而相互抵消，且在两次测验的间隔时间内，要使被试的学习效果基本不受影响。但事实上这些条件很难满足，所以有些测验不适合用重测信度。重测信度适用于异质性测验，而不适用于同质性测验。异质性测验指的是一个测验由若干不同部分组成，而这些部分分别测量不同的异质行为或心理特质，它们之间不存在相关或者相关很低。另外，重测信度适用于速度测验，而不适用于难度测验。由于速度测验的试题数量多，且有时间限制，测验分数的个体差异取决于其做题的速度。在这种情况下，被试无暇回忆，第二次测验受到第一次测验记忆的影响就较小。重测信度还适用于运动技能的测验，体育当中有关跑、跳、投掷等项目的测验很少受到重复施测的影响，因此可采用重测法。

综上可知，重测信度存在多方面的局限性。实施两次测验会耗费较多的人力和物力，通常只有在没有复本且现实条件又允许重复施测的情况下重测信度才会被采用。同时，重测信度只适用于所测特质相对稳定的情况，如智力测验、人格测验；而像情绪测验、学业成就测验等测量的特质波动较大的测验，或受被试状况和测验情境变化影响较大的测验，都不能采用重测信度。

（二）复本信度及其估算

1. 复本信度的估算方法

为测量被试的同一特质，可编制许多平行的等值测验，即在测验性质、题型、题数、难度、区分度、指导语以及时限等方面都相当但测验项目本身又不相同的测验。等值测验也可称为复本测验或平行测验。同一组被试在两个平行测验中所得结果的一致性程度被称为复本信度，复本信度的大小等于同一组被试在两个复本测验中所得分数的相关系数。复本信度又称为等值性系数。

复本信度是在同一时间对同一组被试连续施测两个平行测验，因此两次测验的时距极短，能避免受被试身心变化、知识积累、练习效应等因素的干扰。等值性系数主要反映的是测验内容取样的差异。若将两个平行测验相距一段时间施测，则这种复本信度就叫作等值稳定性系数。这时，内容取样的差异、被试随时间推移的身心变化以及测验实施的差异等都会成为制约因素。由于等值稳定性系数同时考察了测验的等值性和稳定性，这种信度相对于其他信度取值一般较小。事实上，等值稳定性系数是测验信度中最严格的标准和最全面的鉴定方法之一。

复本信度的计算方法与重测信度相同，此处不再赘述。

2. 复本信度的注意事项

等值性系数由于连续施测、间隔时间极短，可避免被试在间隔时间内受到主观状态、客观环境等各种因素的影响。另外，由于采用复本测验的测验项目是不相同的，也可避免重复测验中的记忆效应。总之，复本信度的应用要比重测信度广泛，但仍存在一定的局限性。

1）要编制出两份真正的复本测验，不仅要求两次测验在性质、题型、题数、难度、区分度、指导语以及时限等方面都相当，还要求两次测验结果的平均值和标准差都相近，因此复本测验在实际编制中很难达成。

2）复本测验尽管测验项目不同，但仍具有相似性，被试一旦掌握了测验项目的原理，就很容易将解题思路迁移到同类项目上，使得复本测验失去意义。

3）对等值稳定性系数来说，也存在与重测信度一样的制约因素，即两次测验间隔期间被试身心发展、经验积累、练习效应等的变化，所以对两次测验时距长短的把握非常重要。

（三）同质性信度及其估算

1. 同质性信度的含义

同质性信度也叫内部一致性信度，是测验内部所有项目间的一致性程度。这里项目间的一致性包括两层含义：其一是指所有项目测量的是同一种心理特质；其二是指所有项目得分之间都具有较高的正相关。也就是说，同质性信度就是一个测验所测内容或特质的相同程度。

同质性信度基于的假设是当一个测验具有较高的同质性信度时，说明测验所测是同一心理特质。若测验中所有项目都测试了同一心理特质，那么测得的结果就是该特质水平的反映。例如，用一道选择题测量被试的数学能力，偶然性太大，并不能反映被试的真正水平。但用 10 道乃至更多的选择题来测被试的数学能力，题量增多，则会更加客观地反映被试的真实水平。但如果这些题目组成的测验同质性信度不高，则说明测验结果可能是几种心理特质的综合反映，测验结果就不好解释。处理异质性测验的一种办法是把一个异质的测验分解成多个具有同质性的分测验，再根据被试在分测验中的得分分别做出解释。但由于每个分测验的题量减少，异质测验并不适合用同质性信度。另外，当速度是一个测验的重要因素时，也不宜使用同质性信度。

2. 同质性信度的估算方法

估计同质性信度的方法主要有分半信度、库德-理查森信度、克龙巴赫 α 系数。

（1）分半信度

分半信度指的是将一个测验分成对等的两半后，所有被试在两半项目上所得分数的一致性程度。它反映了测验内两半项目间的一致性程度，属于同质性信度。同质性信度也可以和复本信度一样解释，即把对等的两个"半测验"看成是在最短时间内施测的两个平行测验。

　　计算分半信度的方法并不难，比较困难的是如何将测验分成对等的两半。分半的方法有很多，如按题号的奇偶分半、按项目的难度分半、按项目的内容分半等。同一个测验通常会有多个分半信度值。测验不论如何分半，一般在分半后都应考察测验分半的情况是否需要做适当调整，其最终的目的是将测验分成对等的两半。如果一个测验无法分成对等的两半，则不宜使用分半信度。在实际应用中，项目一般是依据难度大小排列，采用奇偶分半可使两个"半测验"的项目在难度上基本相等，因此奇偶分半常被采纳。

　　分半信度的计算方法和复本信度的方法类似，但分半信度计算的是两个"半测验"上得分的相关系数，因此还必须使用斯皮尔曼-布朗公式加以校正：

$$r_{xx} = \frac{2r_{hh}}{1+r_{hh}} \tag{3.6}$$

式中，r_{xx} 为整个测验的信度系数；r_{hh} 为两个"半测验"上得分的相关系数。

　　斯皮尔曼-布朗公式有个基本假设，即两个"半测验"的变异数必须相等（即方差齐性）。若违反这个假设，就会导致高估测验的信度。当测验不能满足这一假设时，我们应选择下面两个等价的公式之一。

　　1）弗拉纳根（Flanagan）公式，即

$$r_{xx} = 2\left[1 - \left(S_a^2 + S_b^2\right)\right]\big/S_t^2 \tag{3.7}$$

式中，S_a^2 和 S_b^2 分别为所有被试在两个"半测验"中得分的方差；S_t^2 为测验总分的方差。

　　2）卢仑（Rulon）公式，即

$$r_{xx} = 1 - \frac{S_d^2}{S_t^2} \tag{3.8}$$

式中，S_d^2 为同一组被试在两个"半测验"中得分之差的方差。

　　（2）库德-理查森信度

　　该方法适用于测验项目全部为二分变量的内部一致性信度分析。库德-理查森公式有多个，其中常用的有 KR_{20} 和 KR_{21} 公式。

　　1）KR_{20} 公式，即

$$KR_{20} = \frac{K}{K-1}\left[1 - \frac{\sum p_i q_i}{S_t^2}\right] \tag{3.9}$$

式中，KR_{20} 为测验的信度；K 为项目数；p_i 和 q_i 分别表示答对和答错第 i 题的被试人数比例；S_t^2 为测验总分的方差。

2）KR$_{21}$公式，即

$$KR_{21} = \frac{K}{K-1}\left[1 - \frac{\bar{X}(K-\bar{X})}{KS_t^2}\right] \tag{3.10}$$

式中，KR$_{21}$为测验的信度；$\bar{X}$为全体被试测验总分的平均数。

当测验中所有项目难度都一样，或平均难度接近 0.5 时，根据 KR$_{20}$ 公式和 KR$_{21}$ 公式所估计出来的信度值将相等。但当测验中所有试题的难度值极不相同时，由这两个公式所估计出来的信度值差距较大，通常 KR$_{21}$ 公式所估计出的信度值会比 KR$_{20}$ 公式所估计出的信度值小。

（3）克龙巴赫 α 系数

当测验项目类型较多且并非都是二分记分题时，估计测验信度可采用克龙巴赫 α 系数。其计算公式为

$$\alpha = \frac{K}{K-1}\left[1 - \frac{\sum S_i^2}{S_t^2}\right] \tag{3.11}$$

式中，S_i^2 为所有被试在第 i 题上得分的方差；S_t^2 为测验总分的方差；K 为项目数。

（四）评分者信度及其估算

一个测验若只由客观性试题组成，则无论评分者是谁，得分的差异都会很小。若一个测验项目主观性很强，如作文测验、品德测验等，则评分者间的差异就成为必须考虑的误差因素。不同的评分者对同一主观题判定的分数或等级会有差异，此时须考察不同评分者对同一组被试评分的一致性程度，即评分者信度。由于评分者信度的两种计算方法都只适用于等级，如果计算方法不是等级而是分数，还需要对原始分数进行排序，将分数转化为等级。

下面介绍两种根据评分者人数估算评分者信度的方法：第一种，若由两人评 N 份测验或一人先后两次评 N 份测验，则采用斯皮尔曼等级相关系数公式计算；第二种，若由三人及以上的评分者评 N 份测验，则采用肯德尔和谐系数（Kendall's concordance coefficient）计算。

1. 斯皮尔曼等级相关系数公式

$$\rho = 1 - \frac{6\sum D^2}{N(N^2 - 1)} \tag{3.12}$$

式中，ρ 为等级相关系数；D 为二列变量对应的等级差值，也就是两位评分者对同一份测验所评的等级之差；N 为被评分的测验数量。

2. 肯德尔和谐系数

肯德尔和谐系数的使用分两种情况。

1）评分者评定等级无相同等级的情况下，其计算公式为

$$W = \frac{S}{K^2(N^3-N)/12} \qquad (3.13)$$

式中，W 为肯德尔和谐系数；$S=\sum(R_i-\overline{R_i})^2=\sum R_i^2-(\sum R_i)^2/N$，为每题等级之和的离均差平方和，其中 R_i 为第 i 题的等级和；K 为评分者人数；N 为被评分的测验数量。

2）评分者评定等级有相同等级的情况下，其计算公式为

$$W=\frac{S}{K^2(N^3-N)/12-K\sum T} \qquad (3.14)$$

式中，$T=\sum(n^3-n)/12$，其中 n 为相同等级的个数。

三、信度的影响因素及提高途径

信度是测量过程中随机误差大小的反映。随机误差大，信度就低；随机误差小，信度就高。因此，在测量过程中凡是能引起随机误差的因素，比如测量工具、施测过程、被试、主试等，都会影响测验信度。

（一）影响测验信度的因素

1. 测量工具方面

1）测验信度受测验长度的影响，即测验项目的多少影响测验信度。当一个测验的项目较少时，被试的得分较容易受到随机误差的影响，测验的信度就较低；反之，如果测验项目较多，即测验长度延长，被试得分范围相应扩大，可在一定程度上排除随机误差的影响，从而提高测验信度。但测验信度的增加并不是等比例地提高信度系数。当信度系数本身较小时，延长测验长度可以较大程度地增加信度系数；当信度系数已经较大时，延长测验长度对信度系数的影响就较小了。

2）测验信度受测验难度的影响。如果测验项目的难度较大，超出了被试的知识水平，被试在作答过程中可能会出现大量的猜测行为，测验结果受随机误差的影响就会较大，测验信度就较低。但测验项目也不能太过简单，如果测验太简单，被试的测验得分离差就较小，测验信度就较低。

2. 施测过程方面

测验信度的高低会受施测过程中的环境、时间、施测的程序等因素的影响。测验实施过程中的环境是否安静、光线和通风情况如何、测验所需设备是否准备齐全以及桌面设置是否满足了被试的要求等都可能影响测验的信度。在测验实施的程序上，测测开始时的指导语、测验的作答方式、测验的分发与回收方法、测验时间的掌握、两次测验的时间间隔等也会影响测验的信度。在计算重测信度、复本信度时，两次测验间隔时间长短也会影响测验信度。

3. 被试方面

被试对测验信度的影响也是多方面的，如被试的身心状况、应试动机、注意水

平、作答态度等。以上影响是针对被试个体而言的，针对团体被试，被试团体的异质程度与测验分数的分布密切相关。在常模参照测验中，测验的目的在于测量被试个体间的差异。因此，被试团体越是异质（被试间水平相差较大），其分数分布的范围越广，计算出来的信度系数越高；被试团体越是同质（被试间水平相差较小），其得分分布必然会越窄，以相关为基础计算出来的信度值必然越小。

4. 主试方面

在测验时，如果主试未按照指导手册中的规定进行施测，或在测验过程中故意制造紧张气氛，或给被试一定的暗示、协助等，测验信度都会受到影响进而降低信度系数。从评分者的角度而言，评分是否客观对测验信度有直接的影响，若评分标准不一致，或前后标准不一甚至随心所欲，则会降低测验的信度。

（二）提高信度的方法

1）适当增加测验的长度。在增加测验长度时需要注意：增加的新项目必须与原始测验中的项目同质，即新增项目与原项目在形式上保持一致，新的项目所测量的对象也要与原项目的测量对象保持一致。另外，在延长测验长度时，还需要考虑其他因素的影响，比如被试在回答问题时是否疲倦或产生抵触情绪，是否节省时间、人力、物力和财力，题项是否符合测验目的等。

2）控制测验的难度，使测验中项目的难度接近正态分布，即将测验的难度控制在中等程度。当测验难度适中时测验的信度达到最大，也能使测验的区分度达到最大。

3）在测验过程中要为被试营造一个舒适、明亮、开放的测验环境，并且保证充分的测验时间。在测验过程中要保证绝大多数的被试在规定时间内可以完成测验，如果时间不足则被试不能从容地回答问题，测验结果就无法反映被试的真实水平。同时，每次测验的程序应该尽量保持一致，包括分发和回收测验的方法都要保持统一。此外，在计算重测信度、复本信度时，两次测验的时间间隔需要依照测验目的、性质及被试的特点而定。一般而言，测验间隔的时间不超过六个月，在此期间既不能让被试记住上一次测验的内容，又不能让其特质发生变化，或遗忘所学知识。

4）从被试个体的角度出发，在测验时应采取措施激发被试参加测验的动机，提高被试参与测验的积极性并使被试保持较好的精力，这对测验信度的提高有一定帮助。从被试团体的角度出发，在被试选择过程中应尽可能使被试具有代表性，如可以通过扩大样本或随机抽样的方式选择被试，以免被试过于同质。

第三节 效 度

对于教育测量而言，效度是必备的一个质量特征。测量的目的在于依据测验结果推测出起决定作用的内部属性，因此，测验在多大程度上测量出所要测量的特质就成了教育测量必须考虑的问题。

一、效度的概念及其理论公式

效度指测验结果的有效性或者准确性程度。效度反映的是测验预期目的的达成程度。在经典测验理论中，一组测验分数的总变异包括三部分：真实的（稳定的）与测量目的有关的变异，真实的但与测量目的无关的变异，随机误差的变异。效度的定义可表示为与测量目的有关的变异数在总变异数中所占的比例，即

$$r_{xy}^2 = \frac{S_V^2}{S_X^2} \tag{3.15}$$

式中，r_{xy} 为效度系数；S_V^2 为与测量目的有关的变异数；S_X^2 为总变异数。

测验的效度表明，在一组测验分数中有多大比例的变异是由测验所要测量的变因引起的。同信度一样，效度也是一个构想的概念。

二、效度的类型及其估计

对测量效度的估计，是依据测量结果评估测量目的的实现程度。然而，使用效度的理论公式无法直接计算出测验的效度，需要使用测验效度的估计方法。目前使用较多的测验效度的估计方法有三种，即内容效度、结构效度和效标关联效度。

（一）内容效度及其估算

内容效度是指一个测验实际测到的内容和计划所要测量的内容之间的相符程度。也就是说，一个测验的内容效度是对该测验在多大程度上代表了其所要测量的内容的估算。一般而言，测验所要测量的内容是依据其测量目的而定的，包括测验所要测的知识范围和该范围内各知识点所要掌握的程度两个方面。但在实际测验过程中，使一个测验达到良好的内容效度是相当困难的。内容效度在应用上主要适用于成就测验、职业选拔测验和分类测验。

目前，对内容效度的计算还没有恰当的方法，不能用公式计算的方式判断内容效度的优劣，使用较多的是以下几种估算方法。

1）专家分析的方法。该方法的工作思路是请专家对测验项目和测验目标中内容范围的契合程度做出判断。其工作步骤包括：首先，明确测验目标中测验想要测的内容范围，以及各个范围所占比例和应形成的技能名称；其次，确定测验中每个项目所要测的内容，并与测验的命题双向细目表对照，做好记录；最后，制定评定量表，分析项目对所定义内容范围的覆盖率、判断项目难度和能力要求之间的差异，还要分析各种项目数量和分数的比例以及项目形式相对内容的适当性等，最终对整个测验的内容有效性做出总的分析评价。

2）克龙巴赫提出的数量估计法，比如复本法和再测法。具体操作步骤为：针对同

一个教学内容和同一批被试，使用两份平行测验求两份测验结果的相关程度，或者针对同一个教学内容和同一批被试，在不同的时间重复施测同一份测验，求两次测验结果的相关程度。如果两个测验的相关程度低，则说明两个测验中至少有一个缺乏内容效度；如果两个测验的相关程度高，则说明两个测验的内容效度可能都较高，但不排除两个测验的取样同时偏向一个方向的情况。因此，在使用该方法过程中也要综合考虑多方面的因素，其计算结果只能作为内容效度的估算结果。

3）经验法。如果一份测验的总分和每个项目的通过率能够随着被试年级的增高而提高，则可以推测该测验对教学有较好的内容效度。

（二）结构效度及其估算

结构效度是指一个测验实际测得的所要测量的理论结构和特质的程度。这里的"结构"是指心理学理论中所涉及的抽象概念，如智力、动机、焦虑等。这些结构理论是在大量实验研究和逻辑分析的基础上建立的。例如，吉尔福特（J. P. Guilford）认为创造力是发散性思维的外部表现，是人在应对一定刺激时所产生的大量变化的、独创性的反应能力。根据这一理论，他认为创造力测验应重点测量被试思维的流畅性、灵活性和创造性。测验编制完成后，若有足够的证据来证明它确实可以测到这些特性，则认为该测验是结构效度较高的创造力测验。

确定结构效度的基本步骤有：①界定需要研究的心理特质的结构；②依据理论框架提出可能的假设；③收集数据，验证假设。

（三）效标关联效度及其估算

效标关联效度是指测验对个体效标行为表现进行估计的有效程度。效标是指一种衡量测验有效性的参照标准，通常使用另一个权威且独立测验的结果来表示，如使用高考测验作为模考测验的效标，来评价模考测验的有效性如何。测验的效标关联效度的高低往往用相关系数，即测验分数和效标分数之间的相关程度来表示，二者相关程度越高，则说明测验的效标关联效度越高，反之则越低。

根据收集效标的时间可以将效标关联效度分为同时效度和预测效度。同时效度是指效标分数与测验分数是同时获得的，主要用于诊断现状，如将高考成绩作为效标来检验会考的考试成绩。预测效度是指效标分数是晚于测验分数获得的，主要用于预测未来分数，如将高考成绩作为效标来检验高中入学考试的成绩，计算得到的两次成绩的相关系数即为高中入学考试的预测效度。

效标关联效度的计算方法分为以下三种。

1. 相关法

相关法通过计算测验分数与效标分数之间的相关系数来表示测验的效标关联效度，如果二者相关且相关系数较大，则说明测验分数的效标关联效度较高，反之效标关联效度则较低。相关法是计算效标关联效度应用得最为普遍的方法。

2. 分组法

分组法用于估计预测效度，主要是看原测验的分数是否可以区分由效标分数所定义的团体。具体来说，首先将效标分数按照规定的分数线分为两个极端组，如成功组与失败组、合格组与不合格组等。然后再检验这两个组相对应的原测验分数之间的差异是否显著：如果差异显著，则可认为原测验的效度较高，符合要求；反之，则认为原测验的效度较低，不符合要求。

当样本容量 $n \geqslant 30$ 时，则采用 Z 检验法，其公式为

$$Z = \frac{\overline{X}_p - \overline{X}_q}{\sqrt{\dfrac{S_p^2}{n_p} + \dfrac{S_q^2}{n_q}}} \tag{3.16}$$

式中，$\overline{X}_p$ 为合格组测验分数的平均数；$\overline{X}_q$ 为不合格组测验分数的平均数；S_p^2 为合格组测验分数的方差；S_q^2 为不合格组测验分数的方差；n_p 为合格组的人数；n_q 为不合格组的人数。

当样本容量 $n < 30$ 时，则采用 t 检验法，其公式为

$$\begin{cases} t = \dfrac{X_p - X_q}{\sqrt{\dfrac{(n_p - 1)S_p^2 + (n_q - 1)S_q^2}{n_p + n_q - 2}\left(\dfrac{1}{n_p} + \dfrac{1}{n_q}\right)}} \\ df = n_p + n_q - 2 \end{cases} \tag{3.17}$$

式中，df 为自由度；X_p 为合格组测验分数的总分；X_q 为不合格组测验分数的总分；其余符号的含义与式（3.16）相同。

3. 预期表法

预期表法也是一种估计预测效度的方法。它与前面介绍的积差相关具有同样的作用，但更为简便，不需要计算测验分数和效标分数之间的相关系数，而是以双向频率分布表的形式直接表示出效度的高低。通常情况下，预期表的纵向一栏为测验分数，按照分数的高低依次自上而下排列；横向一栏为效标分数，同样按照分数的高低依次自右向左排列。在预期表中的测验分数和效标分数一般会按一定的标准分成不同的等级或分数段，表中数值表示的是某一等级或某一分数段内效标分数的人数占相应测验分数组中总人数的百分比。

三、效度的影响因素及提高途径

（一）影响测验效度的因素

测验的效度受测验误差的影响，比如测验工具的构成、被试的特点、施测的过程、评分记分以及分数的解释都可能影响测验的效度，测验效度的影响因素包括以下几个方面。

1. 测验工具的构成

测验工具的构成会影响测验的效度。如果测验项目不能够很好地反映测验目标或代表想要测验的内容，则该测验的效度必然不会高。同时，如果测验项目的语言表达不清晰、测验指导语不明确、项目太难或太易、项目数量不恰当等，都会使测验的效度降低。一般而言，增加测验的长度可以提高测验的信度，进而提高测验的效度。

2. 测验的实施过程

在测验实施过程中，如果主试不按照测验指导语的要求，或出现意外干扰，或评分记分出现失误等，都会降低测验的效度。

3. 测验被试

一般来说，对被试个体而言，被试的应试动机、情绪、生理状态等都会造成随机误差进而影响测验信度，并最终对测验效度造成影响。对被试团体而言，如果被试团体过于同质，则可能会得到不恰当的测验效度。被试团体的年龄、性别、职业等都会对测验产生影响，在考察测验效度时，要注意对测验团体的控制，从而更好地衡量测验的效度。

4. 效标的性质

效标的性质会影响测验的效度。如果效标选择不当，就可能导致无法正确估计出测验的效度，测验的价值就可能体现不出来。因此，选择恰当的效标是正确估计测验效度的先决条件。一个测验会因使用的效标不同而产生不同的效度。

5. 测验的信度

由前文讨论可知，测验的效度无法独立于测验的信度而单独存在。测验的效度会受到测验信度的影响。从信度和效度的关系可以看出，信度高不一定效度高，但效度高，信度则必然高，测验的效度受测验信度的制约。因此，虽然提高信度只是提高效度的必要条件，但提高信度对测验效度的提高有益无害，改进信度指标的所有方法也都可以用于效度指标的改进。

（二）提高测验效度的方法

从测验效度的影响因素可以看出，提高测验的效度必须控制随机误差，减小系统误差，同时，还要选择合适的效标。为了计算出更加准确的效度，可以通过以下方法提高测验效度。

1）精心编制测验，避免出现较大的系统误差。编制的测验项目要能较好地代表测验目标或测验想要测得的内容。同时，项目的难易程度、区分度要恰当，项目数量也要适中。测验项目过难或过易，项目数量过多或过少，都会使测验的效度降低。此外，测验的印刷、项目的作答要求、评分记分的标准、项目的表述等都要严格检查，避免一切可控的误差出现。

2）合理组织测验，控制随机误差。由于测验实施过程多会受随机误差的影响，测验过程中主试需要严格按照测验手册的指导语进行操作，尽量减少无关因素的干扰。

3）创设标准的应试环境，保障被试正常水平的发挥。在测验过程中，被试往往受到多种因素的影响而不能发挥正常水平，例如被试过分紧张、焦虑会发挥失常。因此，我们应尽量保障被试处于良好的状态，如帮助被试调整好应试心态，让被试从生理、心理和知识等多个方面做好应有的准备。否则，如果被试受无关因素影响过大，测验效度就必然会降低。

第四节 难 度

一份测验是由若干测验项目组成的，测验项目的质量在很大程度上决定了测验的质量。难度是衡量教育测量质量的重要指标之一，难度分析主要是指测验项目对被试而言的难易程度。一份难度合适的测验，能够提高测验的信度和效度，保障测验有较好的区分度。

一、难度概述

（一）难度的概念

难度是指测验项目的难易程度，或指测验项目与测验被试知识和能力水平的适合程度，通常用符号 P 来表示。测验难度的定义通常有两种：第一种用 P 值表示测验项目的容易度，即用全体被试在某一项目上的通过率来表示，P 值越大表示该测验项目的通过率越高，也就是项目越容易；第二种用 P 值表示测验项目的困难度，即用全体被试在某一项目上的失分率来表示，P 值越大表示该测验项目的通过率越低，也就是难度越大。由此可见，从不同的定义来看，同样的数值会得到不同的解释，在报告测验的难度值时要明确指出是哪一种定义方法。然而，在难度值的实际计算过程中，国内外的绝大多数文献用 P 值表示项目的通过率。因此，下面要介绍的 P 值也表示项目的通过率，即 P 值的取值范围是 $0 \sim 1$（$0 \leqslant P \leqslant 1$），$P$ 值越大，项目的通过率越高，项目也就越容易。

（二）难度的计算方法

测验项目的记分方法不同，项目难度的计算方法也有所不同。

1. 项目分数为二分变量的难度计算方法

在教育测量中，有些测验项目的结果只有两种类别，如正确或错误、及格或不及格、通过或不通过等，则该类测验的测验分数就被称为二分变量。当测验项目的测验分数为二分变量时，可以用答对或通过该项目的人数除以总人数来表示项目的难度：

$$P = \frac{R}{N} \tag{3.18}$$

式中，P 为项目难度；N 为全体被试人数；R 为答对或通过该项目的人数。

2. 项目分数为连续变量的难度计算方法

当项目分数为连续变量时，即测验项目的作答结果不能简单地被判定为对或错、及格或不及格时，项目难度的计算公式如下：

$$P = \frac{\overline{X}}{X_{\max}} \tag{3.19}$$

式中，P 为项目难度；$\overline{X}$ 为全体被试在该项目上的平均分；$X_{\max}$ 为该项目的满分。

在教育测量中，式（3.19）适用于论述题、问答题、计算题等以连续变量计分的测验项目。

3. 被试团体较大时项目难度的计算方法

当参与测验的被试人数较多，为大规模被试团体时，不管是使用二分变量的计算公式［式（3.18）］，还是使用连续变量的计算公式［式（3.19）］，其计算过程都相当复杂。为了使计算更加简便，可以使用极端分组法进行计算。以下分别是使用极端分组法计算二分变量（即客观性项目）和连续变量（即主观性项目）的难度值的方法。

（1）用极端分组法计算二分变量项目的难度

具体计算步骤如下。

第一步，排序，把测验总分由高到低进行排列。

第二步，分组，分出高分组与低分组，从最高分开始向下依次选出全部测验的27%作为高分组，从最低分开始向上依次选出全部测验的27%作为低分组。

第三步，代入式（3.20）进行计算：

$$P = \frac{P_{\text{H}} + P_{\text{L}}}{2} \tag{3.20}$$

式中，P 为项目难度；P_{H} 为高分组的通过率；P_{L} 为低分组的通过率。其中，P_{H} 和 P_{L} 的计算按照求难度的基本公式［式（3.18）］进行。

此处需要说明的是，在计算步骤中 27%作为划分高分组和低分组的临界值并不是恒定的。一般来说，如果测验总分的分布符合正态分布，那么划分高、低分组的最佳临界值就为 27%；如果测验总分的分布比较平坦，那么划分高、低分组的临界值可取 33%。此外，各类标准化测验通常以 27%作为划分高、低分组的临界值，而一般情况下，划分测验高、低分组的临界值取值在25%～33%均可。

（2）用极端分组法计算连续变量项目的难度

具体计算步骤如下。

第一步，排序，把测验总分由高到低进行排列。

第二步，分组，分出高分组与低分组，从最高分开始向下依次选出全部测验的25%作为高分组，从最低分开始向上依次选出全部测验的25%作为低分组。

第三步，代入式（3.21）进行计算：

$$P = \frac{X_{\text{H}} + X_{\text{L}} - 2NL}{2N(H - L)} \tag{3.21}$$

式中，P 为项目难度；X_H 为高分组的得分总和；X_L 为低分组的得分总和；N 为总人数的 25%；H 为该项目的最高得分；L 为该项目的最低得分。

二、难度的评价

（一）难度值的等距变换

在项目难度的计算过程中，通常使用项目的通过率表示项目的难度。虽然该方法计算简便，但计算结果属于顺序变量，不具有相等的单位，所计算出的结果仅仅是项目的相对难度。比如说，通过计算得出第一题、第二题、第三题的难度值分别为 0.4、0.5、0.6，我们只能说三个项目由易到难分别是第三题、第二题、第一题，但并不能得出第一题与第二题的难度之差等于第二题与第三题的难度之差。可见，难度值 P 无法得出难度之间的差异大小。为了做进一步的难度分析，必须将顺序量表转换为等距量表。当样本容量很大时，测验分数将接近正态分布。此时，可以根据正态分布表，将项目的难度 P 作为正态曲线下的面积，转换成具有相等单位的等距量表，即 Z 分数。

将项目难度 P 值转换为 Z 值的具体操作方法是：设难度值为 P，则在正态分布表中查 $(1-P)$ 所对应的 Z 值，即该难度在等距量表中的位置。

尽管用 Z 值替代 P 值作为项目的难度指标解决了三个及三个以上项目之间难度差异的比较问题，但由于 Z 分数本身会存在小数和负数的情况，在实际转换处理和难度解释过程中会存在诸多麻烦。为此，美国教育考试服务中心（Educational Testing Service，ETS）提出了以下改进公式：

$$\Delta=13+4Z \tag{3.22}$$

式中，Δ 为正态化等距难度指标；Z 为标准分数；13 和 4 两个数字是常数，目的在于消除小数和负数。

标准分数的取值范围通常为 –3～3，因此，Δ 的取值范围为 1～25，平均难度的取值为 13，标准差为 4。Δ 值越大，项目难度越高；Δ 值越小，项目难度越低。可见，等距转换后的难度值更加符合人们的常规理解。但难度的等距转换也并不是必需的，事实上，P 值仍是当前项目难度分析最常用的指标。

（二）难度与测验分数分布

测验项目难度分布主要影响测验分数的分布形态、离散程度，进而会影响测验信度。测验的难度过大或过小都会使测量分数呈现偏态分布。当测验过难时，测验分数的分布形态就会集中于低分端，从而呈正偏态分布；当测验过易时，测验分数的分布形态就会集中于高分端，从而呈负偏态分布。一般情况下，当测验难度适中时，测验分数的分布形态才能呈现正态分布。

对常模参照测验而言，其测量的目的是确定个体在团体中的相对位置。因此，常模参照测验要尽可能地区分被试的个体差异。理想的测量结果是使被试在特定测验或测验项目中的得分尽可能地拉开差距，这样才能反映个体在团体中的相对位置。因此，常模参照测验在理论上的难度应尽可能接近或等于 0.5。而在实际工作中，让所有项目的难度都达到 0.5 是非常困难的，一般只需要使测验项目的平均难度接近 0.5 而各个项目的难度介于 0.3 与 0.7 之间，这样就能达到理想的测验。

对标准参照测验而言，其测量的目的是衡量被试的实际水平，即被试是否达到标准，以及达到标准的程度如何，这是一种绝对评价。被试在标准参照测验中应该尽可能做到 100%通过，即通过率接近 1.0。因此，标准参照测验的测验项目难度与测验的整体难度都应该尽可能接近 1.0，这样才能更好地实现标准参照测验的目的。也就是说，在标准参照测验中难度值所反映出来的问题更多的是被试的实际水平，其次才是测验或测验项目本身质量的好坏。

针对不同目的和性质的教育测验，其难度值的科学范围和分布形态是不一样的，具有一定的相对性。例如，奥林匹克竞赛试题的整体难度要明显大于中考、高考；中考、高考的整体难度要明显大于学业水平考试。中考、高考的测验结果最接近正态分布，奥林匹克竞赛的测量结果最接近正偏态分布，学业水平考试的测量结果最接近负偏态分布。测验结果呈正偏态分布时，测验分数集中在低分数段，说明构成教育测验的绝大多数测验项目难度较大，致使测验分数的高峰出现在低分数段；反之，测验结果呈负偏态分布时，测验分数集中在高分数段，说明构成教育测验的绝大多数测验项目难度较小，致使测验分数的高峰出现在高分数段。

如果测验结果呈现显著的偏态分布，就要对测验项目的难度结构进行调整，使测验结果尽可能以本次教育测验预设的难度值为中心，呈正态分布。例如，测验结果呈显著正偏态分布时，通过适当增加难度偏小的测验项目、删减难度过大的测验项目来改变难易项目的权重，使其分布尽可能接近正态；测验结果呈显著负偏态分布时，适当增加难度偏大的测验项目、删减难度偏小的测验项目以使测验结果的分布尽可能接近正态。

三、控制难度的方法

影响测验难度的因素主要包括以下几个方面：①考查知识点的多少；②考查能力的复杂程度或层次的高低；③考生对项目的熟悉程度；④命题的技巧性，比如同一个项目，可以通过命题技巧使其变得容易，也可以通过命题技巧使其变得较难。[①]总之，通过以上几个方面的灵活运用，均可实现对测验难度的控制。

除了上述因素之外，还可以使用其他方法对测验难度进行控制。在平时的教学考试中，授课教师对学生的学习掌握情况最为了解，因而可以凭借教师的教学经验来进行测验难度的控制，使测验的难度更好地与教师的教学难度相适应。在大规模的测验中需要通过预测来控制测验的难度，首先由命题人根据上述因素估计测验的难度范围，然后再通过测验预测来评估测验难度估计的准确性，分析原因，进而提高测验的评估能力。经过预测计算出难度的项目可以进入题库，以备后用。

---

① 胡中锋. 教育测量与评价[M]. 2 版. 广州：广东高等教育出版社，2006：49-50.

第五节　区　分　度

不同被试的能力水平不同，测验项目就是用来评估被试水平高低的工具，而区分度则是测验项目能区分被试能力水平高低的程度。它是用来衡量测验项目质量的重要内容，是对项目质量进行评价和筛选的主要指标与重要依据。

一、区分度概述

（一）区分度的概念

区分度就是项目能区分被试能力水平高低的程度。大多数测验的目的是将不同能力水平的被试区分出来，而实现这一目的就需要构成测验的每一个项目都具有较高的区分度。在所测特质上，被试的水平总是有高低之分。若高水平的被试在测验项目上能得高分，而低水平的被试只能得低分，那么测验项目区分被试水平的能力就很强；若高水平被试和低水平被试在测验项目上所得分数没有差异，项目不能提供关于被试水平差异的信息，则它的区分能力就很弱。若在同一测验项目上，高水平被试得分低，而低水平被试却得分高，则这种测验项目的性能与测验理念相背离，在测验中只能起干扰甚至破坏作用。可见，区分度是衡量测验性能的一个重要指标。

区分度通常用字母 D 来表示。D 的取值范围为$-1.00\sim1.00$，D 值越大，表明测验项目的区分能力越强，越能将不同水平的被试区分开来，即在测验项目上，水平高的被试能得高分，水平低的只能得低分。反之，D 值越小，表明测验项目的区分能力越低，测验项目不能很好地鉴别不同水平的被试，水平高与水平低的被试分数可能差不多，甚至水平低的被试比水平高的被试得分高。当 D 为 0 时，测验项目对被试没有区分作用。总之，D 值越高，区分效果越好。

（二）区分度与难度的关系

区分度与难度关联密切，从表 3-1 中可以看出二者之间的关系。

表 3-1　区分度与难度的关系

难度（P）	区分度（D）	难度（P）	区分度（D）
1.00	0.00	0.70	0.60
0.90	0.20	0.60	0.80
0.80	0.40	0.50	1.00

续表

难度（P）	区分度（D）	难度（P）	区分度（D）
0.40	0.80	0.10	0.20
0.30	0.60	0.00	0.00
0.20	0.40		

由表 3-1 可知，当 P 值为 1.00 或 0.00 时，D 值都为 0.00，这说明难度过大或者过小都会使区分度较低。当 P 值为 0.50 时，D 值达到最大值，这表明难度适中，可使区分度达到最大值。

（三）区分度的计算方法

1. 分组计算法

通过极端分组法将一组测验分数分成高分组和低分组，这两个极端组在特定项目上的反应差别程度可以说明该项目的鉴别能力，即该项目的区分度。因此，极端分组法主要通过高、低分组在项目通过率上的差异比较来确定测验项目的区分度。同时，根据项目类型的不同，分组法的公式和步骤也有所不同。

（1）客观性试题区分度的计算

$$D=P_H - P_L \tag{3.23}$$

式中，D 为区分度；P_H 为高分组的通过率；P_L 为低分组的通过率。

（2）主观性试题区分度的计算

$$D=\frac{X_H - X_L}{N(H-L)} \tag{3.24}$$

式中，D 为区分度；X_H 为高分组的测验总分；X_L 为低分组的测验总分；H 为该题最高得分；L 为该题最低得分；N 为考生总人数的 25%。

2. 不分组计算法

区分度分析的不分组计算，从本质上来说是被试在测验项目上的得分和效标分数之间的相关程度。因此，不分组计算的区分度分析实际上是一个相关分析，可以用相关系数来表示。一般来说，可以用两种变量来做效标：一种为内部效标，即用测验总分作为效标；一种为外部效标，即用其他测量数据作为效标。外部效标与所分析的测验项目间彼此独立，因此从理论的角度判断，选用外部效标所获得的相关系数意义更大。但是，在实际分析过程中不易找到合适的外部效标，所以综合考虑，在实际的测验中使用更多的是内部效标。同时，在实际运算过程中发现用测验总分作为效标是可行的。因此，区分度分析的不分组计算就是计算被试在测验项目上的得分和效标分数即测验总分的相关程度。根据项目分数与效标分数的特点，可以选用不同的相关公式计算区分度。

（1）积差相关

积差相关又称皮尔逊相关或积距相关，适用于两个变量都是正态连续变量且两者之间呈线性关系的情况。即当测验的项目得分和测验总分均为正态连续变量时，可以代入积差相关公式［式（3.5）］计算测验项目的区分度。

通过相关法得到的两个变量的相关系数无法直接反映区分度的优劣，需要进一步对相关系数进行显著性检验。如果相关系数达到了显著性水平，则说明该项目的区分度也达到了显著性水平；反之，如果相关系数未达到显著性水平，则说明该项目的区分度也未达到显著性水平。对式（3.5）中的相关系数进行显著性检验，可以通过查《积差相关系数显著性临界值表》进行。根据自由度 $df=N-2$ 与显著性水平 $\alpha=0.05$ 或 $\alpha=0.01$，查找相对应的临界值，判断该相关系数是否大于临界值，如果相关系数大于对应查表得到的临界值，则说明相关显著。此外，也可以使用 t 检验或 Z 检验法来进行积差相关系数的显著性检验。

（2）二列相关

二列相关适用于两个变量都是正态连续变量且其中一个变量被人为地划分成二分变量的情况。因此，当项目得分和测验总分均为正态连续变量，但其中一个变量被人为地划分为二分变量（如合格、不合格）时，使用二列相关公式，公式如下：

$$r_b = \frac{\overline{X}_p - \overline{X}_q}{S_t} \cdot \frac{pq}{y} \qquad (3.25)$$

式中，r_b 为二列相关系数；$\overline{X}_p$ 为二分变量上的通过者在连续变量上的平均得分；$\overline{X}_q$ 为二分变量上的未通过者在连续变量上的平均得分；p 为二分变量上的通过人数的比例；q 为二分变量上的未通过人数的比例；S_t 为连续变量上的标准差；y 表示正态曲线下与 p 相对应的纵线高度。二列相关系数的显著性检验公式如下：

$$Z = \frac{r_b}{\frac{1}{y}\sqrt{\frac{pq}{n}}} \qquad (3.26)$$

当 $|Z| \geqslant 1.96$ 时，表明相关系数达到了显著性水平，即项目具有区分度。

（3）点二列相关

点二列相关适用于两列变量一列是连续变量，另一列是真实二分称名变量（如男、女）的情况，此处与二列相关有区别。因此，当项目得分和测验总分中一列变量为真实二分称名变量，另一列变量为正态连续变量时，区分度的计算采用点二列相关，其公式如下：

$$r_{pb} = \frac{\overline{X}_p - \overline{X}_q}{S_t} \cdot \sqrt{pq} \qquad (3.27)$$

式中，r_{pb} 为点二列相关系数。

点二列相关的显著性检验与积差相关的显著性检验相同，仍然是直接查《积差相关系数显著性临界值表》。

（4）∅ 相关法

∅ 相关法适用于两列变量均为二分变量的情况。因此，当项目得分和测验总分均为二分变量时，区分度的计算采用 ∅ 相关法，其公式如下：

$$r_{\varnothing} = \frac{AD - BC}{\sqrt{(A+B)(C+D)(A+C)(B+D)}}$$ （3.28）

式中，$r_{\varnothing}$ 为 ∅ 相关系数；A、B、C、D 分别为图 3-2 所示的四格表中各类人群的人数。

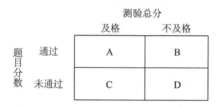

图 3-2　测验总分与题目分数四格表

对 ∅ 相关的显著性检验可以转换为 χ^2 检验，转换公式为

$$\chi^2 = N \cdot r_{\varnothing}^2$$ （3.29）

式中，χ^2 为卡方检验值；$r_{\varnothing}$ 为 ∅ 相关值；N 为参与测验的被试总人数。

当求出 χ^2 后，查 χ^2 值表检验，其中四格表自由度 $df = (2-1)(2-1) = 1$，在显著性水平为 $\alpha=0.05$ 或 $\alpha=0.01$ 上分别检验其显著性。一般而言，当 $\chi^2 \geq \alpha_{0.05} = 3.84$ 时，表明 $r_{\varnothing}$ 已经达到了显著性相关，即项目具有区分度。

在区分度的不分组计算中，除了上述四种相关法之外，还可以使用四分相关法、项目效度分析法等其他方法。因此，在计算区分度时，需要根据不同的测验目的和测验特征选用适宜的计算方法。

二、区分度的评价标准

区分度作为衡量测验项目质量的主要指标之一，也是测验编制过程中筛选项目的重要依据。那么，区分度控制在什么数值范围内才是比较合适的呢？以下，我们将针对区分度的评价标准展开讨论。

区分度计算方法不同，其评价标准也有所不同。在不分组计算中利用相关法求区分度的评价标准。相关法求得的相关系数的高低会受样本大小的影响，因此，用相关法来分析区分度时，一般不根据所得结果数值大小来判断区分度的鉴别力如何，而是通过相关系数的显著性检验来看相关系数是否达到了显著性水平。如果相关系数达到了显著性水平，就说明该项目具备鉴别力，反之则说明该项目不具备鉴别力。以上是针对区分度不分组计算的评价标准。而针对鉴别指数的筛选标准，1965 年美国教育测量学家伊贝尔（L. Ebel）提出了一套鉴别指数筛选标准，用来评价项目的区分度，该套筛选标准的提出为项目的筛选和修改提供了极大的便利，具体见表 3-2。

表 3-2 鉴别指数筛选标准

区分度取值	评价
0.19 及以下	应该淘汰
0.20～0.29	尚可，仍需改进
0.30～0.39	较好，进一步修改更好
0.40 及以上	很好

以上为区分度的评价标准，仅作为测验编制中的参考，实际操作过程中测验编制者需要根据具体的情况采用合适的区分度。一般情况下，测验的目的决定了区分度的取值，如果一份测验用于筛选和选拔被试，那么该测验的区分度越高越好，区分度越高，项目分数就越能反映被试的真实水平。但是，如果一份测验目的在于考查被试是否掌握了某些知识或技能，那么在测验编制时，只需要将所要测验的知识或技能纳入测验中即可，对项目的区分度可以不予考虑。

三、区分度的相对性及提高途径

与难度类似，区分度也是相对而言的。在计算区分度时，关键在于效标的选择，如果效标本身不权威、不可靠，那么所求得的区分度也就意义不大。在区分度的不分组计算中将测验总分作为效标分数的情况下，区分度的大小就会表现出相对性，我们要在理解其相对性的基础上掌握提高区分度的具体途径。

（一）区分度的相对性

区分度的相对性通常与以下因素有关。

1. 计算方法的影响

区分度的计算方法不同会使计算出的结果有所差异。因此，在实际的计算过程中要采用同一种计算方法计算同一个测验中各个项目的区分度数值，否则会不便于比较。

2. 样本容量的影响

一般情况下，如果测验的样本容量太小，那么利用相关法计算出的相关系数就会不可靠；相反，当样本容量较大时，相关系数就会更加可靠。

3. 分组标准的影响

在极端分组法中，分组的标准不同，求出的区分度数值也会不同。一般情况下，分组越极端，所求出的区分度数值就会越大。一般而言，客观性试题采用 27%作为划分标准，主观性试题采用 25%作为划分标准。

4. 被试样本同质性程度的影响

当被试个体间水平越接近，即被试团体越具有同质性时，测验项目的区分度值就会越小。反之，如果将同一份测验用于异质性被试团体，那么同样的测验项目则可能会得到较高的区分度。另外，被试团体的能力水平也会影响测验的区分度，比如，一份用于高中二年级学生的数学测验，用于小学生和大学生都无法得到较高的区分度。因此，区分度的大小是相对于特定的被试团体而言的。

（二）区分度的提高途径

区分度的提高途径主要有两种：①控制测验项目及测验难度适中是提高区分度的重要途径。难度适中可以使区分度达到最大值，所以要使测验区分度提高，就要使测验中各个项目的难度适中，同时保障整个测验的难度适中。②在测验编制时，要尽量对复杂的学习内容进行考查，从而使高水平的被试能得高分，低水平的被试得低分，这样可以使项目的区分度进一步提高。

本章小结

本章将测验工具与测验误差、信度、效度、难度、区分度相结合，主要介绍了教育测量工具与测验项目开发中误差的影响及信度、效度、难度、区分度的内涵、功能、计算方法及评价，将信度、效度、难度、区分度的基本思想与计算方法做了有机结合，力求在理解方法和原理的同时，能够将计算方法灵活运用到实际的测量工具与测验项目分析工作中去。

练习思考

1. 测验误差可以分为几种类型？它们是如何影响测验的信度、效度的？
2. 什么是测验信度？谈一谈影响测验信度系数因素。
3. 什么是测验效度？为什么说它是非常重要的测量质量指标？
4. 效度的种类有哪些？不同类型的效度之间有何区别？
5. 什么是项目难度？测验难度的计算方法有哪些？
6. 什么是项目区分度？如何确定项目区分度？

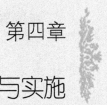

第四章

教育测验的设计与实施

学习目标

● 了解测验编制的基本程序和步骤；
● 熟悉常见测验项目的类型、功能及其编写要领；
● 掌握测验项目分析和测验质量鉴定的方法；
● 掌握教育测验数据的处理与分析方法；
● 掌握教育测验质量分析报告的撰写方法。

知识导图

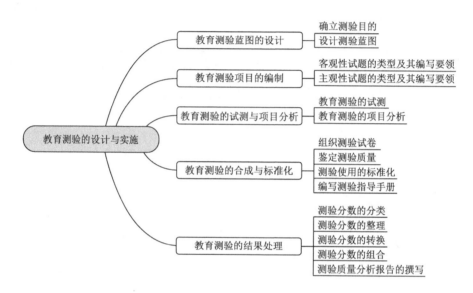

任何形式的测量都有其工具，教育测量的主要工具则是测验。在教学过程中，教师为了解自己的教学效果、检查学生掌握知识和技能的情况，常采用测验来收集资料以获取有用的教育、教学信息；同时，测验也是各级各类学校选拔学生以及各行各业招聘、选拔人才的一种重要手段。因此，科学地编制测验、提高测验的质量是十分重要的。不同的测验，因目的不同、特点不同，其编制的步骤和方法也略有差异，但不管编制测验的具体技术、过程和方法有多大差异，其基本流程可以归为"三阶段八步骤"。因此，本章将以标准化学科测验为例，讨论测验编制的基本阶段和步骤，梳理测验使用的具体细则。

第一节　教育测验蓝图的设计

教育测验编制的第一阶段称为准备阶段，主要有两个重要步骤：确立测验目的和设计测验蓝图。下面将对这两个步骤的工作内容做详细介绍，以便读者从整体视角了解教育测验蓝图的设计。

一、确立测验目的

测验目的能为测验编制指明基本方向，测验目的的确立就是回答测验测什么和怎样施测的问题。在确立测验目的时，不仅要明确测量目标，更要充分考虑施测对象的特点，从而使测验目的更加明确。

（一）明确测验目标

确立测验目的是属于测验编制宏观层面的设计，而明确测验目标是对测验目的的具体化。明确测验目标，就是明确测验是对受测对象哪一方面品质进行测量。例如，如果是学科测验，就要确定是哪一学科的测验，应深入研究该学科的课程教学目标，使测验目标与教学目标、学习目标相一致。在标准化学科测验中，测验目标的确立要注意下面两个问题。

1）深入分析课程教学目标。教学目标是指教学活动预期所要达到的最终结果，它是课程目标在学科教学中的进一步具体化，是实施、指导和评价教学的基本依据。教学目标是一个多层次的目标体系，根据总的课程目标可分解成单元教学目标，再根据单元教学目标设计出课时教学目标，如果需要还可根据课时教学目标制定出知识点的教学目标。这样层层分解，可以使课程目标具体化、系统化、明晰化，使教学目标具有较强的可操作性。

2）正确选择目标领域。测验目标领域可分为认知、技能和态度三大领域。由于学科的性质不同，其社会要求、教学目标也不尽相同，着眼点也会有所不同。因此，测验编制要根据社会要求和学科性质正确选择目标领域。在正确选择目标领域以后，还要结合测验的目标领域，在全面分析的基础上确定所要测量的知识点。在确定知识点后，根据知识点和教学大纲的要求规定知识点的学习水平范围。确定学习水平范围的依据可以参照教学大纲或课本习题中出现过的最高要求。

（二）明确测验对象

明确测验对象是指确定测验编成后要用于哪些被试，要对被试的年龄、性别、民族、职业、受教育程度、经济状况、文化背景及阅读水平等做到心中有数。尤其是标准化学科测验，针对不同学段的测验对象，其测验编制的侧重点要有所不同，如小学低年级学生读写能力较差，注意的持久性也较差，测验题量和测验时间应少一些；而较高年级的学生其读写能力、思维能力、解题能力都相对较高，且能较好地掌握知识要点，测验项目的数量应相对多一些。

二、设计测验蓝图

测验蓝图是编制测验项目的指导和依据。只有测验蓝图设计得准确、合理，并且测验编制者严格按测验蓝图编制项目，才能保证测验内容具有适当的代表性，从而保证测验质量，实现测验目标。在设计测验蓝图时，首先要明确测验内容范围，其次要制定命题双向细目表，最后还要设计测验形式。

（一）明确测验内容范围

当测验目的确立以后，就需要进一步选择教育测验的内容范围。对于一门课程来说，反映教育目标的内容较多，而一份测验的题量有限，因此选择哪些内容或要素进行测验就至关重要。测验内容的选择实际上是对测验目标相关内容进行抽样并赋予权重的过程，所以确定测验内容时，必须依据课程标准和学生的实际而定。课程标准不仅在整体上规定了学科的性质与地位、教学目的和任务、内容范围、选择内容的主要依据以及编排学科内容的顺序等，还对教学时数、教学活动或过程、课外活动、作业量等做出了安排，同时也提出了测试要求。因此，课程标准或教学大纲不仅是教师工作的指南，也是测验内容确定的根本依据。

总的来说，为保证测验内容选择的科学性，测验编制者需充分考虑测验内容应覆盖的教育内容、各部分教育内容之间的关系与比例、每一部分教育内容应达成的教学目标等。

（二）制定命题双向细目表

命题双向细目表是一个由测验内容维度和测验目标维度构成的表格，它能够帮助测验编制者确定选择哪些方面的内容、各部分内容应实现的目标水平和所占的权重。[①]

如表 4-1 所示，以《小学三年级数学命题双向细目表》为例，一般来说，表的纵向列出的是测验内容（教学内容），横向列出的是测量目标，并对测量目标从认知层次上进行了细分（如了解、理解、掌握等），纵横交叉处列出的则是该测量维度在某一目标层次上的测量权重。测验内容、测量目标和测量权重是一个命题双向细目表的三要素。一份科学的命题双向细目表，每一项内容维度的权重合计，应该与该内容维度和测量目标的关联性成正比，也就是说，内容维度的权重越大，其对实现测量目标的影响就越重要。比如，对小学三年级的学生来说，"笔算"内容重在"理解掌握"，所以"笔算"在"理解掌握"这一测量目标上所占权重较大；"乘除法解决问题"内容重在"解决问题"，所以在整个测验中"乘除法解决问题"在"解决问题"这一测量目标上所占的权重较大。

表 4-1　命题双向细目表示例　（单位：分）

测验内容	测量目标					合计
	了解识记	理解掌握	简单应用	综合应用	解决问题	
方向	4	1	1	0	0	6
概念原理	6	1	4	2	10	23

① 朱德全. 教育测量学[M]. 北京：中国人民大学出版社，2016：55.

续表

测验内容	测量目标					合计
	了解识记	理解掌握	简单应用	综合应用	解决问题	
口算	0	10	0	0	0	10
笔算	0	12	8	0	0	20
补充画图	0	0	10	0	0	10
乘除法解决问题	0	0	0	0	25	25
平面图形方向	0	0	6	0	0	6
合计	10	24	29	2	35	100

（三）设计测验形式

命题双向细目表完成后，测验编制者要在此基础上确定测验方式、项目类型、测验容量与时间等。

1. 确定测验方式

一份测验以何种方式呈现给测验对象，是测验编制者在这一环节首先应考虑的问题。测验方式的选择，首先要考虑项目类型是否易于被测验对象理解；测验过程是否易于操作、省时省力且经济；测验结果是否易于统计分析。其次，还要考虑测验对象的年龄、行为特点或特殊要求。例如，对阅读能力较低的个体（如幼儿、盲人或文化水平较低者）不宜采用纸笔测验，对有语言障碍的个体（如失语症患者）不宜采用口头测验等。再次，还要考虑测量目标和测验内容的特殊要求。例如，考查测验对象熟练操作计算机的能力，则需要使用操作测验；考查测验对象某一外语的语言表达交流能力，则需要安排个体的口头测试；等等。最后，测验方式的确定还应当结合各种实际因素。例如，当测验对象较多，主试时间和精力也有限时，宜采用团体纸笔测试；当测验对象较少，主试时间充裕，相应的实验仪器设备又具备时，则可采用操作测验。

事实上，在测验形式设计完成后，还可在命题双向细目表的基础上对其进行补充和融合，形成综合反映测验内容、测量目标、测验题型等要素的复式表格，如表4-2所示。

表 4-2 命题双向细目表复式表格示例

测验内容	测验题型	测量目标					合计分数
		了解识记	理解掌握	简单应用	综合应用	解决问题	
方向	填空题	4	1	1	0	0	6
概念原理	填空题	6	2	4	2	0	14
口算	计算题	0	10	0	0	0	10
笔算	计算题	0	12	8	0	0	20
补充画图	画图题	0	0	10	0	0	10
概念解决问题	解决问题	0	0	0	4	5	9

续表

测验内容	测验题型	测量目标					合计分数
		了解识记	理解掌握	简单应用	综合应用	解决问题	
乘除法解决问题	解决问题	0	0	0	0	25	25
平面图形方向	解决问题	0	0	6	0	0	6
合计分数		10	25	29	6	30	100

2. 确定项目类型

在教育测量上，项目就是组成测验的每一道具体题目。项目类型从大的范畴上通常分为主观题和客观题。主、客观题的划分依据是在评分时是否受评分者主观因素的影响。具体来说，主观题包括论述题、作文题、操作题等，客观题包括选择题、是非题、填空题、简答题等。[①]本章将在第二节对不同类型的项目进行分析，在此不再赘述。

3. 确定测验容量与时间

测验容量和时间是一对相互影响、相互制约的要素，需要测验编制者统筹考虑。理论上讲，测验时间越长、测题容量越大，测验内容的覆盖面就越广，就越能保证测验的内容效度。然而，受测验类型、测验方式、测验编制和实施成本等因素的影响，测验时间和容量通常有一定的限制。例如，纯粹速度测验的时间应该受到严格限制，使作答最快的被试也不能在规定时间内完成所有题目；难度测验理论上不该有时间限制。实际应用中通常以被试能够发挥水平而不致出现作答疲劳为原则规定时限；常模参照测验应保证规定时间内 75%以上的测验对象能完成所有题目，标准参照测验应保证 90%以上的测验对象能完成所有题目。一般情况下，测验编制者可用尝试法，根据经验合理估计并确定测验容量和时间。

第二节 教育测验项目的编制

教育测验蓝图设计完成之后，就相当于列好了测验编制的明细清单，接下来就是往明细清单里面填充内容，即编制测验项目。测验项目是构成测验的基本元素，测验项目编制得恰当与否直接关系到整个测验的质量。因此，测验编制者在确定了题型之后，更要充分了解各类题型的特点以及编制要领，严格遵循各类题型编制的原则，正确地选择合适的题型并编制出高质量的试题，以组成高质量的测验。

[①] 朱德全. 教育测量与评价[M]. 北京：高等教育出版社，2016：142-143.

在一份标准化学科测验中，主观性试题和客观性试题相互补充，共同实现测量目标。下面将重点介绍主、客观性试题的类型及其编写要领。

一、客观性试题的类型及其编写要领

（一）选择题

客观性试题中运用最多的是选择题。选择题由一个题干和几个选项组成。题干一般是提出的一个问题，或是一个待完成的句子；选项是供被试选择的几个真假不明的答案，让被试从中选出正确的答案。正确答案可以是一个，也可以是多个。

1. 选择题的优点

1）可以用来测量学生不同层次的学习结果。选择题不仅可以测量学生掌握所学知识的程度，还可以用来测量学生对所学知识的理解、分析、判断、应用等能力，所以这种类型试题的应用最广泛。

2）评分标准统一客观，不受评分人主观因素和答卷人提出意想之外的答案等影响，并且可以利用电脑迅速评卷，从而大大提高测验的信度、评卷的速度和自动化水平。

3）可以加大试题容量，抽取广泛有效的代表性样本，使试题覆盖的知识范围广，因此能克服由于主观题题量少、抽样窄而造成的测量效度不高的问题。

4）有利于考查被试思维的敏捷性和判断力的准确性。

5）采用大量的似真选项使得结果易于诊断，通过分析学生对各个选项的反应情况，教师便于发现学生在学习中存在的问题，以便及时纠正。

2. 选择题的缺点

1）由于选择题的数量多，每一个试题中除正确答案外，还要有足够多的干扰答案，并且这些干扰答案与题干应有一定的逻辑联系和似真性。因此，选择题的编制花费时间较多，且要有专门的命题技巧。

2）难以考核被试的推理能力、知识运用能力、总结能力等，更无法考查被试的发散思维能力。

3）无法考查被试的思维过程。

4）被试有可能凭猜测而选中正确答案。比如，在有四个备选答案的选择题中，仅凭猜测作答的成功率达到 25%，这对测验的信度有一定的影响。

3. 选择题的编制原则

1）题干的表达（无论是口头还是书面）要完整，并能表达一个明确的问题，避免产生歧义或晦涩难懂。

【反例】三角几何共八角，三角三角，几何几何？

A. 两角　　　　　B. 三角　　　　　C. 四角　　　　　D. 五角

2）题干要尽量简洁，避免给被试造成无关测量目标的阅读障碍，影响测验效度。

【反例】一个等边三角形，三角相等，均为 60 度；三边相等，均为 2 厘米，周长为 6 厘米。其面积为多少？

A. 2　　　　　B. $\sqrt{3}$　　　　　C. 6　　　　　D. $1+\sqrt{3}$

3）题干要尽可能用正面的方式来叙述，不要滥用否定结构。

【反例】下面各式中哪个不等于3/5？

A. 6/10   B. 15/25   C. 6/16   D. 27/45

4）项目内容要正确、无异议，选项之间应该避免意义相同或重叠。

【反例】2×3=（   ）？

A. 大于4   B. 小于10   C. 6   D. 8

5）在考查理解和应用能力时，最好采用新材料，否则测出的很可能是记忆能力。

【反例】下列哪种物质在体内新陈代谢时产生的热量大？

A. 1克脂肪   B. 1克糖   C. 1克淀粉   D. 1克蛋白质

6）对正确答案不要有任何提示。正确答案应具有迷惑性，其复杂程度应与被试的发展水平相符。

【反例】英国的首都是（   ）？

A. 北京   B. 伦敦   C. 美国   D. 墨西哥

7）正确答案在形式、内容和性质上不可特别突出，避免给被试带来暗示。

【反例】This is（   ）book.

A. my   B. mine   C. yours   D. hers

8）应尽量避免"以上皆是""以上皆非"的选项。当测验编制人员很难找出足够的选项时，常用"以上皆是""以上皆非"作为最后一个选项。这种特殊选项的应用在绝大部分场合是不恰当的，不仅无法达到预期的功能，还会降低题目的有效性。这是因为：①学生只要知道在选项中有两个是正确的，就会选择"以上皆是"项，或者只要发现有一个选项是错误的，马上就可以排除"以上皆是"项，从而提高猜测成功的机会；②不少学生只要看出第一个答案是正确的，马上就选中作答，就会因不再阅读其余选项而丢分，降低了测验的信度；③在"最佳答案型"的选择测验中，所有答案只是适合程度的不同，而绝无一个"绝对正确"的答案，所以在使用"以上皆非"项时，可能会引起很大的争议。

9）正确答案应以随机方式安排在各个选项里，不能有明显的位置趋势，以避免猜测因素的影响。

以上原则都是针对单项选择题的。若编制多项选择题，除遵循以上原则外，还应注意不要指明正确选项的个数。

（二）是非题

是非题又叫作二项选择题，通常给被试一个句子，要被试判断正误，或从是非两个答案中做出选择。这类试题通常用于测量被试对基本概念、性质、原理、原则的认识能力，对事实与观点、事物的因果关系的判断能力，以及一些简单的逻辑关系的推理能力。

1. 是非题的优点

1）编制容易，可适用于各种教材。如是非题的编制相对选择题要容易很多，因为是非题只需给出一个题干，让被试来判断，而选择题则是既要给出一个题干，还要提供几个选项，并且要求各选项要有一定的迷惑性。

2）记分客观，取样广泛。是非题的作答时间短，可以在短时间之内回答很多问题，所以试题有较大的覆盖面，且评分不受主观因素的影响。

2. 是非题的缺点

1）仅能测量知识层次中最基本的学习结果，而无法测量高层次的学习结果。

2）受猜测因素的影响很大。由于只有两种可能的选择，所以被试仅凭猜测都有50%的机会获取正确答案。而且设计是非题很难排除无关线索，实际上被试猜对的可能性远高于50%。即使采用校正公式，即倒扣分的方法，也难以排除猜测因素的影响。

3. 是非题的编制原则

1）考核的内容应以有意义的事实、概念或原理为基础，避免无关紧要的问题和琐碎的细节。

2）题目应多测量理解能力，而不应测量记忆性的知识，更不要直接抄录教科书中的句子或仅仅加上否定词就构成错误项，因为这类是非题一方面质量不高，另一方面可能会使答案具有暗示性。

3）一道题中只能有一个中心问题或一个重要概念，避免两个以上的概念在同一题中出现，否则将会导致"半对半错"或"似是而非"的情形。例如，"纽约是美国的首都和第一大城市"，此题前一半是错误的，后一半是正确的。

4）试题应做到是非界限分明，用词准确，避免模棱两可的语句，以免引起对正确答案的争议。

5）题干陈述应简单明了，避免使用复杂的句子结构，以减少被试阅读能力对测验产生的不良影响。应尽量采用正面叙述，避免用否定或双重否定的语句，如"生物没有不是由细胞构成的"。

6）避免使用具有暗示性的特殊字词，如"绝不""完全"等通常带有"错"的暗示，而"有时""可能"等通常带有"对"的暗示。

7）正确句和错误句的排列要随机化，且数量应大致相等。

（三）填空题

填空题就是提出一个陈述，其中缺少一个或几个关键词语，要求被试将其补充上。

1. 填空题的优点

1）编制容易，应用范围较广，可以用来考查被试对知识的记忆和理解能力，在诊断性测验中特别适用。

2）受考生猜测的影响较小。填空题需要被试将答案提供出来，猜测作答正确的概率较小。

3）评分比较客观。由于填空题有具体明确的参考答案，评分较客观。

2. 填空题的缺点

1）侧重于测量知识的记忆程度，若使用过多，则容易使学生养成死记硬背的习惯。

2）无法获得被试的思维过程等信息。

3. 填空题的编制原则

1）题意要明确，限定要严密，使应填入空格处的答案是唯一的。填空题属于封闭型题型，对题干的逻辑性要求很高，从而使被试按照形式逻辑的思维去推理、判断。此外，题干的表述还应使众多被试按照同一个思维路径进行趋同思维，否则被试不知道填什么或填什么都成立，就会引起争议，这样达不到测量的目的，也不利于记分。

【反例】只有_____，才能在考试中取得好成绩。

本题的限定不严密，所填的答案不是唯一的，被试也不确定主试到底是要考核哪些方面的知识。

2）空格中所填写的应是关键的词语，并且要和上下文有密切的关系，使被试不至于填写困难。

【反例】2015 年我国有_____新发明。

3）题目中空格不能太多，以免句子变得支离破碎，不利于被试理解题意。

【反例】连接_____市与_____的是_____河。

这样的试题易导致题意不完整，被试无法填写，即使勉强将答案填上，也难于判断对与错，无法评分。通常一个填空题不应超过两个空格。

4）尽量将空格放在句子的后面或中间，而不要放在句子开头。因为按照人们的思维过程，应该是先提供充分的证据，然后再要求被试做什么或怎么做。

【反例】_____写了传世之作《红楼梦》。

5）为了避免暗示性影响，所有空格处线段长度要一致，不能随正确答案文字的多少而长短不一。

6）若答案是数字，应指明其单位和精确程度。

（四）简答题

简答题是要求被试对所提问的问题用几个字或几句话来回答的一种问题类型。它是问答题中较简单的一种，被试只需填上几个简短的词或句子即可解答。

1. 简答题的优点

1）简答题的编制较为简单、灵活，在出题时可以从不同角度、不同方向考虑，以增加对知识考核的准确度和深度。

2）不受猜测因素的影响。简答题和填空题一样，也是需要被试提供答案，因而受考生猜测的影响较小。

2. 简答题的缺点

1）无法用来考核综合、分析、评价等高层次的教学目标。

2）简答题的评分不够客观，除非问题的叙述非常清楚，否则将会有不同程度的正确或部分正确的答案而影响评分的客观性。即使没有这些问题，错别字是否扣分等问题仍无法避免。若扣分，则被试的实际得分无法代表其获得知识的多少；若不扣分，则又和参考答案有出入，给满分的话也不合理。

3）简答题的阅卷比较费时、费力，不适合使用计算机阅卷，因此，一般测验中，简答题所占的比例不大。

3. 简答题的编制原则

1）问题的叙述要明确，要确保能使被试用简单的言语来回答。

2）问题应该有唯一答案，并且答案要简短具体。

3）避免出考查机械记忆的题目，应注重知识的应用。

4）在考查公式的应用时，应避免太复杂的数字，以免给计算带来麻烦。

5）尽可能使用直接问句来提出问题。

二、主观性试题的类型及其编写要领

主观性试题又称自由应答型试题、非客观性试题，主要包括论述题、作文题、操作题等题型。

（一）论述题

论述题是指被试根据题目要求和自己对问题的理解，清晰而全面地阐述自己观点的题目。这种试题的最大特点是被试在回答问题时有较大的自由度，可以充分运用所学的知识，并且可以加上自己独特的见解。因此，论述题能够较好地测量被试的组织、归纳和综合所学知识的能力，以及运用掌握的知识解决问题、探讨问题、进行创新的能力。

1. 论述题的优点

1）可以用来进行高层次的、复杂的学习结果的测量，可以用在各种学科领域，特别适用于社会科学、人文科学等。

2）可以增进学生的思考、应用及解决问题的能力，对被试的学习态度和学习方式可以产生积极的影响。如可以使学生注意教材内容的内在联系并能够对所学到的知识进行有机组织等。

3）可以提高学生的写作能力。

4）试题的编制比较容易，并且受猜测因素的影响很小。

2. 论述题的缺点

1）论述题分值一般都比较大，在一次考试中试题的数量不可能很多，因此，其取样范围比较小且不均匀，所使用的试卷无法有效地代表学科的全部主要内容，所测结果无法真正代表被试的学习成就，从而影响测验的效度。

2）评分的主观性强。虽然此类试题预先制定了标准答案和评分标准，但测验中常常会出现许多令命题者意想不到的情况和答案。此时，不同的评阅者，对同一份试卷所给的成绩可能会有很大的不同，同一评阅者对两份等值的试卷所给的成绩的偏差也可能较大，这样的测量结果信度比较低。

3）因被试回答得过于自由，回答方向又不尽相同，难以测得预期结果。

4）作答和评分阅卷都相当费时。

3. 论述题的编制原则

1）试题应该用来测量较高层次的教学目标，如要求学生给出理由、解释变量间的关系、描述与评价资料、系统地陈述结论等。

2）要明确而系统地陈述问题，使被试能清楚地了解题目的要求。在命题时，必须对被试提出明确的任务，使每道题都能真实地反映被试的实际能力，而不受阅读、理解等其他因素的干扰。

3）应采用答案具有统一定论的试题。论述题本来在评分上就存在着一定的主观性，如果答案没有定论，就会对评分者造成更大的困难，也使得信度因评分误差的增大而降低。当然这也并不意味着一切有争议的问题都不能出，对有争议的问题，在命题时一般要对被试的作答范围、观点等做一定限制。

4）一般不允许被试选择问题回答。因为不同的论述题之间很难做到等值，如果让被试选择题目，被试的得分就无法比较，而且被试总是倾向于回答自己比较熟悉的试题，这样就更不容易反映其真实水平。

5）为避免被试将时间集中在某个自己不会做的题目上而影响对其他题目的回答，并因此影响到考试成绩的真实性，最好在题干中给出回答本题所需的参考时间。

（二）作文题

作文题是语言测量中不可缺少的一部分，它是一种综合考查人的逻辑思维、形象思维、书面表达等多种能力的题型。它实际上是一种论述题，但两者除了内容长度的差异外，最重要的差异则在所起的作用方面。

1. 作文题的优点

1）既可以综合考查考生的组织能力、综合能力及文字表达能力，也可以考查考生的评价能力和创造能力。

2）可供选择的文体种类较多，如记叙文、议论文、说明文、应用文等。

2. 作文题的缺点

1）作文题很难拟定较具体的答案和评分标准，对评分者的专业素养要求较高，并且评分很容易受无关因素如文字风格、卷面整洁程度、个人成见等影响。

2）作文题所占分数的权重相对较大，题目少，取样缺乏代表性，考生发挥水平的偶然性较大，从而测验的可靠性和有效性降低。

3. 作文题的编制原则

实施作文题测验的目标是要测量被试真实的写作水平。这种测量是根据特定要求对被试的书面表达能力进行全面综合测试，命题的质量将直接影响到测量结果的信度和效度。因此，在命题时要注意以下几点：①要根据考试的目的和需要确定作文的文体要求；②要根据被试的特点确定选材范围与写作意图，在确定选材范围和写作意图时，要考虑试题是否对所有被试都是公平的，并且试题应符合被试的心理特征；③要给被试发挥的余地。

（三）操作题

在学科教学中，有一些课程考核目标注重操作的方法和过程。例如，实验（化学、生物、物理）课、音乐课、体育课、美术课等，通常以操作题的形式进行命题，作为纸笔测验的补充。操作测验介于一般认知结果的纸笔测验和真实情境的实际活动之间，具有真实的情境模拟性。较为常用的操作题包括纸笔操作测验、辨认测验、模拟操作测验、工作样本操作测验等。

1. 操作题的优点

1）操作题的测量目标注重操作的方法和过程，可用于较高层次测量目标的考核。

2）可以检验考生在真实情境或模拟真实情境中对知识的综合应用，观察考生的解决问题能力和实践能力。

2. 操作题的缺点

1）命题花费时间较长。由于要考查考生在真实情境或模拟真实情境中对知识的应用，在命题的准备上要花费大量时间。

2）条件不易控制和标准化，评分困难，特别是测验情境与真实情况较接近时，其结果的鉴定难度更大。测验中可能会出现不确定因素的干扰，这也会给评分带来困难。

3. 操作题的编制原则

1）明确所要测量的教学目标和学习结果，并将其可操作化。即进行工作分析，找出操作中最重要的环节，并为每一步操作建立一个评分标准，如操作的速度与准确性、操作步骤的正确性等。

2）选择合适的真实性程度。在确定测验的真实性程度时，应依据教学目标的要求、客观条件的限制、工作本身的性质等。对最基础的导论性课程，可采用真实性较低的操作测验；而对某些特殊性工作，如急救技能、驾驶技能等，由于受很多其他因素的制约，尽管在理论上需要尽量提高测验的真实性，但实际上却常常不得不降低真实性而在某种特定情境的限制下进行。

3）指导语简单清晰。向被试明确说明实际的情境、任务以及评价的标准。

4）确定科学合理的记分方法。对操作行为的记分通常要将程序、作品两者结合起来，其记分方法有两种：一是作品量表，即用一系列不同质量层次的作品做样品，在记分时，将被评价的作品与量表中的作品进行对照比较，以确定该作品的分数；二是检核表和评定量表，如果某个操作或作品可以分为几个方面和环节，则可以用检核表考查被试是否完成了操作的各个方面和环节，而评定量表则可以进一步评定被试的每一步操作是否达到规定的标准及其符合理想特征的程度。

第三节　教育测验的试测与项目分析

项目编制好后，为保证项目的质量，在正式施测之前，要对初步编拟出的项目进行试测与项目分析。试测是标准化测验编制中的关键环节，初编测验项目的难度和区分度是否适当，必须通过试测进行检验，以便进一步修改。

一、教育测验的试测

试测是将初步编拟好的测验项目组合成预备测验的形式，并施测于一组受测对象，其目的在于获得被试对测验项目的反应。它既能提供哪些项目意义不明、哪些项目容易被误解等质的信息，又可以通过对项目难度与区分度的分析提供有关测验项目优劣方面的量的指标。

（一）试测对象的选择

任何测验都仅适用于相应的受测群体，如对小学生而言有效的测验，用来测中学生就不一定有效。因此，试测对象应来源于正式测验拟施测的被试总体，并且选取的对象要具有代表性。试测样本的人数不宜过多也不宜过少，通常控制在 400～500 人。为便于计算，教育测验的试测样本人数通常选取为 370 人。[①]

（二）试测的实施

试测时应按正规的要求操作，力求与将来正式测验的各项施测条件保持一致，并积极引导试测对象认真作答、主动配合。

试测的作答时间应足够充分，保证每个被试都能全部完成所有测题，以便充分搜集到每一项目的反馈资料。

试测的过程中，应详细记录被试对项目的反应情况，如被试完成试测所花的时间、哪些项目让被试感到费解、哪些项目彼此之间存在重复和暗示等。

（三）试测的保密

因试测使用的题目要在以后正式测验中使用，若试测题目泄漏，可能会导致正式测验的"虚假高分"，使测验变为无效，所以试测阶段一定要做好保密工作。

二、教育测验的项目分析

测验的项目分析就是对测验编制的题目进行分析。从宏观来看，项目分析可以分为定性分析和定量分析。测验编制过程中会根据项目分析结果，删除、修改和重新编制题目，需经历"试测—项目分析—项目修改"这一多次往复的过程。

定性分析是依靠分析者的知识、经验，经过逻辑判断，对测验的质量做出质的分析。对于初步编制的项目，定性分析要做到以下四个方面：①要在试测前对测验目的的适宜性进行分析，评价确定的测验目的是否恰当，能否促进教育目标的实现；检查测验类型、项目类型的选择是否合适，是否符合测验目的的需要。②要根据命题双向细目表进行核检，核检表中测验内容与测验目标的配合是否合理，测验对学科内容是否有足够的覆盖率，能否涵盖必要的教育目标，各项权重是否适宜，与已确定的教学重点、教学目标有无不合之处。③确定测验目的和命题双向细目表准确无误之后，要对项目整体的

---

① 朱德全. 教育测量与评价[M]. 北京：高等教育出版社，2016：150.

编制情况进行评价，评价项目编制质量，看项目陈述是否准确、清晰，项目之间有无重叠，项目是否向考生提供了正确答案的线索，项目有无知识性、科学性的错误，例题使用是否恰当，作答说明的表述是否简洁、明确且不使考生产生误解等。④检查项目编排、试卷印刷。查看编排项目所依据的标准是否适宜，项目排列是否具有难度层次，试卷印刷是否具有易读性、适用性、经济性特点。

除了定性分析之外，更重要的是根据学生的作答情况进行具体的定量分析。试测阶段的定量分析主要是根据试测样本的作答情况对项目的难度和区分度进行分析。下面将分别介绍常模参照测验和标准参照测验的项目分析。

（一）常模参照测验的项目分析

常模参照测验作为一种选拔性测验，其目的是把不同水平的学生鉴别出来。测验结果是在学生所得分数的相互比较中加以解释和理解的。因此，测验分数越具有变异性，离散程度越大，对分数的解释就越准确，对不同水平学生的鉴别力越大。测验分数的变异性是常模参照测验最显著、最重要的特点，影响分数变异性的指标主要是难度和区分度。

1. 常模参照测验的难度分析

难度分析的一个简单的方法是观察测验分数的分布状态。例如，对一个测验分数的分布来说，测验分数的全距（最高分减最低分的差）大，又没有零分或满分，测验的平均分数在测验分数分布范围的中间或接近中间的位置上，就可以认为测验具有适宜的难度。与测验难度适中相对的又包括两种情况：一种是题目偏易，表现为学生的分数集中在高分端，而低分或者中等分数的学生占比较少；另一种是题目偏难，表现为学生的分数集中在低分端，而高分或者中等分数的学生占比较少。下面以 a、b、c 三个测验的得分情况为例进行说明，如表 4-3 所示。

表 4-3   a、b、c 三个测验的分数分布情况

测验	最高分	最低分	全距	平均分数
测验 a	76	12	64	43
测验 b	90	63	27	76
测验 c	50	5	45	18

从表 4-3 的三个测验的测验分数分布情况可以直观地判断，测验 a 难度较适宜，测验 b 过易，测验 c 太难。

上述难度分析的方法是一种综合的、直观的对整个测验的分析，并没有计算出精确的难度指数。它较适合于教师对自编测验进行难度的一般性估计，另外这种方法对大规模标准化测验的预备性检查也适用。在实际难度分析中，要想对每道题目的难度进行分析，还需要借助第三章中介绍的难度公式计算难度指数 P。常模参照测验要求难度适中，即大多数项目的难度在 0.3~0.7，只有少数项目的难度值低于 0.3 或高于 0.7，并且难度值低于 0.3 和高于 0.7 的项目数量要大体相当，以使整个测验的难度在 0.5 左右，

即测验整体的难度为 0.45～0.55。因为只有难度适中的项目，才能对不同程度的考生有最大的区分效果，也才能使考生得分呈正态分布。全部考生都会做或者是都不会做的项目则应删除。

2. 常模参照测验的区分度分析

（1）测验项目得分与测验总分的内部一致性分析

测验项目得分与测验总分的内部一致性分析的方法，适用于具备同质性特点的测验，即测验测的是同一特质。如单一学科测验，在分析项目区分度时，可以将测验项目得分和测验总分是否一致作为分析项目是否具有区分能力的依据。

（2）测验项目效度分析

如果测验测量的并非同一特质，如多门学科的综合测验，这时测验项目的得分和测验总分是否一致并没有多大的意义。过分追求测验项目得分与测验总分的一致性，则会降低测验的效度，此时应以外在效标作为项目效度的分析依据。

（二）标准参照测验的项目分析

纯粹的标准参照测验较为注重的一般是被试在所测内容范围内知识的掌握程度，因而某项目只要是所测内容范围内不可缺少的重要内容，无论是较难还是较易，均应保留。因此，对标准参照测验难度的计算，在大多情况下只是作为项目区分度分析的基础，不作为项目筛选的依据；并且标准参照测验的项目难度分析一般用通过率表示，这在第三章已有介绍，此处不再赘述。

标准参照测验的目的是判断学生是否达到了教学目标所规定的学习标准以及掌握程度，而不是比较学生个体之间的差异。在对标准参照测验项目进行鉴别时，最需要关注的是项目能否有效地识别达标学生和未达标学生，或者是项目能否对教学效果有灵敏的反映，即以这两个指标来评价项目的质量，因此可以通过项目识别度和项目灵敏度两个指标来对标准参照测验进行项目分析。

1. 标准参照测验的项目识别度分析

标准参照测验的一个主要特征是，事先要确定一个达标分数，所有测验结果都与这个分数相比较，达到或超过这个分数的可以通过，在这个分数以下的被判定为不及格而不予通过。这就是"标准参照"的含义。这种测验中的试题应有助于对学生做出是否及格的正确判断。项目识别度可定义为：项目对及格学生与不及格学生做出正确判断的能力。标准参照测验的项目识别度的计算步骤如下：①将试卷分为及格和不及格两部分；②分别计算及格、不及格学生正确回答试题的人数，并计算及格和不及格学生中正确回答试题的比例。

项目识别度公式为

$$D = P_P - P_N \tag{4.1}$$

式中，D 为项目识别度；P_P 为及格学生中正确回答试题的比例（即及格学生中正确回答某一题的人数除以及格的总人数）；P_N 为不及格学生中正确回答试题的比例（即不及格学生中正确回答某一题的人数除以不及格的总人数）。

【例题】60 个学生接受标准参照测验，根据测验总分 40 人及格，20 人不及格。学生对测验中第 6 题的回答情况如下：及格组 30 人答对，不及格组 10 人答对。求第 6 题的项目识别度。

解：$D = P_P - P_N = \dfrac{30}{40} - \dfrac{10}{20} = 0.75 - 0.50 = 0.25$

答：第 6 题的项目识别度为 0.25。

项目识别度的范围是 –1～1。若项目识别度为 0，表明该题对及格组和未及格组没有任何识别力，因为及格组与未及格组答对该题的人数比例一样。若项目识别度为负值，说明该题质量很差，因为它不仅不能鉴别及格者与未及格者，反倒是未及格组中答对该题的人数比例高于及格组中答对该题的人数比例。若项目识别度为正值，其数值越大，对及格组与未及格组的鉴别力越强，项目质量越好。但是项目识别度的数值一般不会太高，因为标准参照测验的试题难度一般较小，特别是平时教学的达标性考试，是按照让绝大多数学生都能通过的原则设计的。例题中测验第 6 题的项目识别度为 0.25，属于有良好识别作用的试题。

2. 标准参照测验的项目灵敏度分析

标准参照测验在教学过程中应用极为广泛，尤其是在教学前和教学后分别对学生进行施测的对比测验中，试题应具有对教学效果灵敏反映的能力。如用一道试题分别在教学前、教学中、教学后对四名学生进行三次测验，学生所得的分数的模式应大体为下列形式：

前：FFFP　　　中：FFPP　　　后：FPPP（F 代表回答错误，P 代表回答正确，下同）

则这种得分模式代表试题对教学有足够的感受能力。

若得分如下列情形：

前：PFFF　　　中：PFPF　　　后：FFFF

则这种得分模式代表试题没能反映出教学效果，缺乏灵敏的教学感受能力。

项目灵敏度可用以下公式计算：

$$S = \frac{P_A - P_B}{N} \tag{4.2}$$

式中，S 为项目灵敏度；P_A 为教学后答对试题的学生数；P_B 为教学前答对试题的学生数；N 为学生总数。

该试题的项目灵敏度 S 值若为正数，则该试题即为有效试题，且 S 值越大，试题对教学效果感受越灵敏；若 S 值为 0 或负数，则表明该试题不能反映预期的教学效果，试题质量不佳。

需要说明的是，项目灵敏度从计算方法到对结果解释都还相当粗糙，存在以下缺点：①为了计算项目灵敏度，同一测验最少要实施两次，程序烦琐，浪费时间和精力；②S 值低，表明试题质量不高或教学不当，因此只根据 S 值高低难于得出准确的结论；③对同一试题进行两次测验，可能会产生练习效应。尽管项目灵敏度的分析存在不少缺陷，但它仍是评价标准参照性测验的有效方法。

第四节　教育测验的合成与标准化

通过试测和项目分析，符合测验要求的题目被保留下来，组成标准化测验。测验编制者还要对组成的测验进行信度、效度检验，并提供测验使用的规范和要求，此环节包括组织测验试卷、鉴定测验质量、测验使用的标准化和编写测验指导手册等工作。

一、组织测验试卷

（一）合成测验试题

根据试题质量分析的结果，把难度适宜、区分度高的题目挑选出来供搭配试卷使用。测验包含试题的多少，一方面受测验时间的制约，另一方面又影响测验的信度（测验试题越多，信度越高），所以确定试题的数量时要综合考虑以上两方面的因素。编制标准化测验时，通常会根据命题双向细目表筛选出质量较好的试题组成标准化测验。

将选好的项目合成完整的测验，一般有以下几种形式：①按题目的类型组合测验，即将同一类型的项目组合在一起，以便于记分和被试回答，大部分标准化学业成就测验属于这种形式；②按题目所测量的内容排列，即将测量相同要素的项目排列在一起，如韦氏智力测验；③按题目难度排列，即将测验的所有项目直接按照由易到难排列，如雷文推理测验。

在实际合成测验时，并不一定按照某一单一类型，有时是将上述几种类型混合起来。需要说明的是，题目编排的目的主要是便于学生作答和记分，而对学生测验分数的提高并没有影响，因为真正影响测验分数的是测验题目本身。因此，测验编制者应多关注题目质量。

（二）编制测验复本

在实际运用当中，标准化学业成就测验大都有复本。一份标准化学业成就测验，至少要有等值的两份复本，复本越多，使用起来越方便。比如，我们要用某个测验考查学生在一学期中的成绩进步情况，必须测量两次，一次在学期初，一次在学期末，两次结果的差别代表本学期中学生成绩的变化。如果测验只有一份，两次测量就难以排除练习的效果，不能完全代表学生成绩进步的结果。相反，如果这个测验有等值复本，就可以克服此困难。目前，在考试中，一般都会要求命题教师编制 A、B 试卷，如果 A 卷用于正式考试，则 B 卷用于补考或者是应急。

测验的复本必须等值[①]，所谓等值需符合以下条件：①各个测验测量的是同一教育内容；②各个测验具有大致相同的内容和形式；③各个测验的题目原则上不应有重复的地方；④各个测验题目数量相等，且有大体相同的难度和区分度；⑤各个测验的分数分布大致相同。

为了使编制的复本尽可能等值，编制测验复本时可以采用以下方法。

把测量相同内容、同一教学目标的试题按难度大小依次排列编号：

1，2，3，4，5，6，……

如果编制两份等值试卷，可按下列次序排列试题：

A 卷：1，4，5，8，9，……

B 卷：2，3，6，7，10，……

如果编制三份等值试卷，可按下列次序排列试题：

A 卷：1，6，7，12，13，……

B 卷：2，5，8，11，14，……

C 卷：3，4，9，10，15，……

这样搭配的测验复本在难度上基本相等，从而可以获得大体相同的分数分布。

复本编好以后，应该再试测一次，看各测验是否等值。

在项目反应理论背景下，利用计算机技术，可以对项目参数（包括难度参数、区分度参数、猜测参数）进行精确的计算，进而编制出更精确的等值测验。

二、鉴定测验质量

将项目组成测验之后，为了考核测验是否真正具有测量的功能，还需要对其进行质量鉴定，这之后才能正式实施测验。若编制的标准化测验无信度、效度资料，不仅测验编制者不放心，测验使用者也会对测验结果的可靠程度存疑。良好的测验必须在信度、效度、难度和区分度四个方面都达到合适的标准，其中信度和效度是针对整个测验而言的，而难度和区分度是针对测验中具体的项目而言的。试测后已经对项目的难度和区分度进行了分析，筛选出了合适的题目，而对编辑合成的测验，还需要提供信度和效度资料。严格来说，缺乏信度和效度资料的测验是无法得到社会认可的，只有测验具备了信度和效度指标，使用者在使用、解释测验结果时才能做到心中有数。实践证明，一个良好的测验必须具备以下条件：测验的可靠性（信度）和有效性（效度）要高。

（一）信度检验

在标准化学科测验中，如果用同一个测验对同一组被试前后施测两次（假定这组被试在第一次测验和第二次测验期间没有任何变化），两次测验的结果是一致的，则说明该测验结果具有可靠性或稳定性。如果用同一测验的两个标准化复本测同一批被试，而两次测验结果的相关度高，则说明两个测验具有一致性。两次测验结果的一致性或可靠性称为测验的信度，表示测验在内容上或时间上对被试能力水平反映的一致性程度。

---

① 郑日昌，吴九君. 心理与教育测量[M]. 3 版. 北京：人民教育出版社，2015：196.

一般在复本测验中，采用标准化复本测验对同一批被试先后两次测得的结果必须保持一致。在重复测验中，采用同一个测验对同一批被试先后两次测得的结果要保持稳定。高信度意味着测验的一致性或稳定性高。信度代表试卷对学生能力水平的测试在时间上以及内容上的一致性，故高信度的测验能更好地避免由于其他外界因素的干扰而影响对学生真实水平的反映，因此高信度是良好测验的基本特征。

测验信度是否达标有如下界定标准：对标准化学科测验，测验信度要达到 0.9 以上；对人格或智力测验，测验的信度要达到 0.8 以上；对非标准化测验，如品德测验，测验的信度要达到 0.6 以上。[①]

另外，信度的比较也可以遵循这样一个原则：如果是对个体进行测试，测验信度的最低要求是 0.85；如果是对团体进行测试，测验信度的要求是 0.70 以上。这一界定说明，团体测验的信度要求相对于个体测验的要求较低，允许的误差相对较大。如果一个测验的信度低于 0.70，那么既不能进行团体测验，也不能进行个体测验。

在教育测验中，对信度的计算一般采用相关分析的方法，用相关系数来表示一致性或稳定性程度。测验结果的相关系数越大，测验的信度也就越高，反之，信度就越低。各种信度应用条件和具体的计算方法已经在第三章详细介绍，在此不再赘述。

（二）效度检验

效度是指测验结果的有效性或者准确性程度。一个测验若是真正测量到了想要测量的目标，就具有较高的效度。测验效度的衡量总是以测验目的为依据。如某英语测验欲测量被试的英语阅读水平，但因为测验中设置了过多的听力题，实际测验所反映出来的特征并不完全代表被试的英语阅读能力，这一测验的效度就会低。效度是一个测验需要满足的最基本条件以及最基本要求，也是测验意义的基本体现。测验如果没有测到想要测量的内容，没有达到测量的目标，就失去了存在和实施的价值。

效度系数的确定依据测验目的的不同而有不同的要求。一般而言，两种不同测验间的效度系数应达到以下标准才符合基本要求：①智力测验分数与教师对学生智力等级评定间的相关系数应达到 0.3～0.5；②相同科目的标准测验成绩与教师对学生名次评定间的相关系数应达到 0.6～0.7；③两种不同的智力测验间的相关系数应达到 0.6～0.8。另外，效度系数也受其他因素的影响，还需要具体问题具体分析。在教育测量中，按照测验的类型不同，所需考查的效度也不同。其中，最常用的三种效度是内容效度、结构效度和效标关联效度，这几种效度的应用条件和具体计算方法在第三章有详细介绍，在此不再赘述。

三、测验使用的标准化

测验的基本要求就是具有准确性和可靠性，尽可能地减少测验误差，控制无关因素对测验结果的影响。经典测验理论强调，控制测验误差的最有效方法就是标准化。所谓标准化就是指测验的编制、实施、评分记分以及分数解释的程序一致性。具体地说，

---

① 朱德全. 教育测量与评价[M]. 北京：高等教育出版社，2016：154.

测验标准化包括测验编制的标准化和测验使用的标准化。本章前面所讲的编制测验的科学程序，就是测验编制的标准化。下面将主要介绍测验使用的标准化。

测验使用的标准化，首先是要做好测验前的组织工作。测验前的组织工作主要包括制定测验实施计划、制定测验的违纪处理规定、印制与管理测验试卷、安排测验场地、安排被试座次、选派与培训测验工作人员等。在测验前的组织工作中尤其要注意对测验试卷保密，防止泄题等对考试造成不良影响。同时，教育测验的施测过程也是施测者和被试互动的过程，避免施测中施测者和被试人为因素的影响，还要对被试做到提前告知，对施测者进行专业的培训，以确保测验实施的质量。其次是测验的施行必须按严格的规范执行，尽量减少无关因素对被试的影响，包括测验前要宣讲测验规则，测验中要始终保持考场环境的安静稳定，当遇到被试提问时监考人员应大方、简要地回答等。具体来说，测验使用的标准化包括以下几个方面。

（一）测验内容的标准化

标准化的首要条件，是对所有被试施测相同的或等值的题目。测验内容不同，则所测结果无法比较，测验只有用同一把尺子来度量，结果才具有可比性。测验内容的标准化是测验使用标准化的首要要素，它要求给所有被试实施相同的一组试题，以保证测验结果的可比性。

（二）施测过程的标准化

尽管对所有的被试使用了相同的题目，但如果施测者在施测时各行其是，所得的分数也不能进行比较。为了使测验条件相同，所有被试必须在相同的施测环境、标准化的指导语和相同的时间限制内完成测验。

1. 相同的施测环境

相同的施测环境包括统一的采光条件、统一的桌椅高度、统一的场所布置、统一的试卷印刷纸张和印刷规格、统一的答题工具（通常被试的答题工具应由施测者提供）等。有时为了保证施测环境的一致，还要对施测细节做进一步解释，包括测验材料的分发，对被试的各种提问如何回答，以及在测验中途发生意外情况（如停电，以及有人迟到、突发疾病、作弊等）应该如何处理。

2. 标准化的指导语

有研究者曾以不同的指导语对几组被试实施同一个能力测验，结果表明，以"智力测验"为指导语的一组被试成绩最好，以"日常测验"为指导语的一组被试成绩最差，可见指导语对测验结果有重要影响，所以测验实施中使用标准化的指导语至关重要，很多标准化测验会对施测者（监考老师）进行专门的培训。指导语一般包括两部分，一是就测验目的做出说明，以便解除被试的顾虑；二是对测验项目应该如何作答做出指示，包括如何选择反应、记录反应等。关于指导语需要注意以下两点：①指导语必须事先拟好（对纸笔测验来说，指导语一般印在测验项目的前面，如果项目形式对被试来说是生疏的，还应该有一到两个例题，指导语有时也会单独印在一张纸上）；②指导语要力求清晰、简单、明确，不致引起误解。

3. 相同的时间限制

在确定测验的时间限制时，要考虑施测条件和实际情况的限制（如一节课的时长），以及被试的特点（如对儿童、老人或患者的施测时间不宜过长），不过更重要的是考虑测量目标的要求。比如对人格测验来说，反应速度是不重要的，则不必规定严格的时限；但是在测量能力和学习成就时，速度就是一个需要考虑的重要因素。依据速度在测验中所起的作用，可以把测验分成速度测验和难度测验。纯速度测验在时间上应当严格限制，而纯难度测验只为考查被试解决难题的能力水平，因此不考虑完成时间。实际上，大多数能力和学业成就测验的时间限制介于上述二者之间，既考查反应的速度，也考查解决难题的能力，通常所用的时限是使大约90%的被试能在规定时间内完成全部项目。[①]

在实践中，一般采用尝试法来确定测验的时间限制。比如，在施测现场挂一个时钟，每个被试在做完测验后将当时的时间写在试卷末尾，试卷收齐之后，再根据被试的完成情况规定合适的时限。

（三）评分记分的标准化

标准化的第三个要素是客观评分。实施测验后，要组织相关人员进行阅卷评分。试卷要严格按照标准答案和评分规则进行评判，既要有初评也要有复评。在条件允许的情况下，尽量让两位或多位阅卷者交叉评阅或流水评阅，以减少单独评阅造成的主观评分误差。通常标准化测验为减少评分误差，除具有统一的标准答案外，还应有统一的评分标准。客观性试题的评分标准比较容易统一，非客观性试题的评分也应尽量做到客观统一。客观性意味着在两个或两个以上受过训练的评分者之间有一致性。一般来说，要求评分客观难度较大的是自由反应的题目（如简答题、论述题、作文题等），评分者之间需要取得相对的一致，这样评分才科学合理。通常，不同评分者之间的一致性（评分者信度）达到0.9以上，便可认为评分是客观的，具体评分者信度的计算方法在第三章有详细介绍，此处不再赘述。总之，无论哪一类型的测验项目，为使评分尽可能客观，要注意以下两点要求。

1）要及时和清楚地记录被试的反应，这点对口头测验（如论文答辩、教师资格证面试）和操作测验（比如物理、化学、生物实验）来说尤为重要，必要时可以全程录音和录像，以免由于记忆缺失而造成混乱。

2）要有一份参考答案或正确反应的表格，即记分键。选择题的记分键包括每一测验项目正确反应的号码或字母；简答题的记分键包括一系列的正确答案和允许变化的范围；论述题和作文题的记分键包含各种可以接受的答案要点；人格测验没有正确答案，记分键上指明的是具有或缺少某种人格特征者的典型反应。

（四）分数解释的标准化

对标准化测验来说，不但测验内容、施测过程和评分记分要标准化，分数的解释也必须标准化。如果对同一个分数可做出不同的推论，测量便失去了客观性。

---

① 郑日昌，吴九君. 心理与教育测量[M]. 3 版. 北京：人民教育出版社，2015：198.

对标准参照测验的分数解释，只要确定相应的参照标准就可以了，相对比较简单。而事实上，大多数教育测验是采用常模作为解释测验结果的依据的，测验分数必须与某种标准比较，方能显出它所代表的意义。如某学生某年高考分数是 510 分，仅凭这个分数很难断定他考得如何，因为没有一个比较的标准，要想知道他考得怎么样，就需要根据当年的高考国家分数线来断定。

在传统心理测验中，一般将个人所得的分数与常模相比较，以判别其所得分数的高低。比如根据斯坦福-比奈智力量表的常模，中等水平的智商范围是 90～109。[①]如果一个人的智商是 110，则说明其智商高于中等水平，表示此人相对一般人智商偏高；如果另一个人的智商是 89，就说明其智商低于中等水平，表示此人相对一般人智商偏低。

建立常模的方法是在将要进行测验的全体对象中，选择有代表性的部分人（称为标准化样本），对此样本施测并将所得的分数加以统计整理，得出该代表性群体的分数分布，即为该测验的常模。常模可因选取样本的不同而有不同的类别，常见的有年龄常模、年级常模、性别常模、地域常模、民族常模、职业常模等。

四、编写测验指导手册

经过以上流程和步骤，测验已可面向社会交付使用。为使测验能够合理地实施与应用，在正式测验编制完成后，还要编制一份测验指导手册，以指导测验的实施，使测验严格按标准化程序进行。测验指导手册有两种：一种是供主试使用的，另一种是供被试使用的。

供主试使用的测验指导手册应就下列问题做出详尽而明确的说明：①本测验的目的和用途；②编制测验的理论背景以及选择项目的依据；③关于测验实施的说明（包括测验内容分几部分、每部分有多少个测验项目、如何作答、时限以及注意事项等）；④测验的标准答案、评分方法以及如何评阅试卷的说明；⑤常模资料（包括常模表、常模适用的团体以及对分数如何解释等）；⑥关于测验的信度和效度资料的说明；⑦关于如何应用测验结果的指示。

供被试使用的测验指导手册一般应包括以下几个方面：①说明测验的目的、内容；②回答试题的方法（有时还要附加例题，以帮助被试掌握正确回答问题的方法）；③测验的时间限制。

第五节　教育测验的结果处理

经过测验蓝图的设计，测验项目的编制、试测与项目分析，测验的合成与标准化

---

① 温世顿. 教育心理学[M]. 台北：三民书局，1980：423.

等步骤后，基本上完成了测验编制的过程，但是测验的评分记分和分数的解释才是测验具体功能发挥的关键。只有通过测验评分以及分数分析，教师才能发现学生对知识的掌握情况，进而调整教学策略，选择更佳的教学方法来提高教学质量。因此，测验分数的处理、测验质量分析报告的撰写才是测验功能得以发挥的关键环节。本节将围绕上述两个问题，讨论教育测验使用中的一些技术性问题。

在教育测验中，通过各种测验，可以获得大量的原始分数。原始分数往往是以分散的、凌乱的数字形式出现的，我们难以从这些凌乱的分数中了解总体的情况。为了对测验分数进行分析，探索其规律性，需要对测验的原始分数进行整理、转换和组合，这是测量工作中的重要一环。

一、测验分数的分类

根据不同的划分依据，教育测验分数可以分为不同的类型。下面，将主要介绍原始分数和导出分数，为后面的分数转换和组合以及分数解释奠定基础。

（一）原始分数

通常在测验完成之后，按照评分标准对考生的作答反应直接评出来的分数，就叫作原始分数。原始分数有以下几个特点。

1. 没有绝对零点

教育测量中所得到的原始分数都是没有绝对零点的。例如，在某次测验中，甲同学得了 0 分，我们不能认为他在这方面什么都不会；而乙同学得了满分，我们也不能认为他在这方面什么都会。由于原始分数没有绝对零点，所以不能用几倍或几分之几的关系来表示不同被试原始分数之间的关系，也不能直接对来自不同测验的原始分数进行比较。

2. 具有不确定性

任何测量都有误差存在，而教育测量又是一种间接测量，误差则更难控制。教育测量中的误差是多方面的，在测量的过程中，题目可能会出现取样的误差。如果题目取样有偏差，测量的结果就不准确，就会产生误差；在施测过程，施测环境、主试方面等的变化也会导致误差的产生；另外，在测量过程中最为主要的被试群体也可能会产生一系列误差。

教育测量中的误差比较难以控制，因此，在测验中得了 60 分的人，很难说就一定强于得了 58 分的人。如果用同一测验对同一组被试进行多次测量，就不难发现，每个人每次测验所得分数将围绕着某一分数上下波动，并呈正态分布，即每个人每次测验的分数都分散在一定范围内。因此，不能把测验分数看作一个点，而应该看作一个区间。在该区间内，各分数以不同的概率出现。由此可见，原始分数具有不确定性。

3. 具有不等距性

教育测量中所得到的原始分数都不具有等距性：①在同一次测验中，相同的分数差异并不能表示相同的能力差异。比如，在一次数学测验中，甲、乙、丙、丁 4 位同学的成绩分别为 40 分、50 分、80 分、90 分，尽管甲与乙之间以及丙与丁之间都差 10

分，但并不代表其数学水平的差距是相等的。②在两次测验中，尽管不同考生的成绩提高的幅度相同，也并不能表明他们的能力提升的幅度相同。比如，在两次数学测验中，甲的成绩由 40 分提高到 50 分，乙的成绩由 80 分提高到 90 分，虽然都提高了 10 分，但并不代表其数学水平提高的幅度是一样的，因为从 80 分提高到 90 分要比从 40 分提高到 50 分困难。

4. 具有孤立性

在进行分数处理和解释时，要考虑的因素比较多。比如，智力测验要考虑年龄因素，人格测验要考虑年龄、性别因素。因此，单一的原始分数不能确切地说明被试的行为。再比如，在一次智力测验中，原始分数同样是 20 分，对不同年龄的被试来说意义是不同的。对学龄前儿童来说，可能是智力超常；对中学生来说，可能是智力中等；对大学生来说，可能是智力偏低或有缺陷。因此，从原始分数本身去解释测验结果，不能说明任何问题，这是由原始分数的孤立性决定的。由于原始分数具有上述特点，因此从测验中得到的原始分数不能直接进行比较，也不能进行加、减运算。严格地说，目前学校把学生的各科分数简单地加在一起作为学期或学年总成绩的方法是不合理、不公平、不科学的。比如，某校七年级的期末考试中，考生甲和考生乙均共接受了 7 门课的考试，两人在这 7 门课程中的得分如表 4-4 所示。那么，在判断甲、乙两人成绩好坏时，如果只考虑原始分数的总分，甲是比乙强的，但分析各科成绩后可能会认为，乙比甲成绩好，因为乙的语文、数学、英语分数都很高，当然这样比较也是不科学的。因为在比较中，不仅仅要考虑学科，还要考虑全班各科的分数分布情况以及各科的权重。总之，利用原始分数进行比较，无论怎么讲，都是不科学的。

表 4-4　某校七年级期末考试中考生甲、考生乙的分数分布情况　（单位：分）

考生	体育	科学	物理	政治	语文	数学	英语	总分
甲	95	96	90	61	78	71	63	554
乙	78	71	61	60	95	98	90	553

（二）导出分数

原始分数没有比较的意义，不能对其进行相加或比较，而根据测验的记分标准所得到的分数都是原始分数，那么，怎样才能科学、合理地解释这些测验分数呢？在教育测量中，我们可以根据统计学的原理，采用统计学方法，把原始分数转换成具有一定参照点和单位的测量量表上的分数，这种分数称为导出分数（或量表分数）。导出分数由于解释分数时所参照的标准不同，可以分为常模参照分数和标准参照分数。本节在"测验分数的转换"部分会对这两类分数做详细说明，在此不再赘述。

二、测验分数的整理

教育测验分数的整理通常有两个环节：一是检查分数；二是整理分数。

（一）检查分数

检查分数是分数整理工作的第一步，也是分数统计处理工作的基础。对测验分数的检查包括检查分数的准确性和完整性。所谓检查分数的准确性，就是检查测验中各测验题目得分在计算方法和计算结果上有无错误。如果发现分数有误，应当立即做出必要的更正。所谓检查分数的完整性，就是将统计所得数据与原始记录进行比对，检查是否有遗漏、重复或错误的地方。如果发现遗漏应填补缺漏，如果发现重复应设法及时纠正，以保证分数的完整性。

（二）整理分数

检查分数保障了测量分数的全面性和准确性，在这个前提下，需要对检查后的教育测量原始分数进行统计、分类、排序、整理，将大量原始数据清晰、概括地表示出来。整理分数通常包括两个步骤：①对数据进行排列，包括顺序排列、等级排列；②编制分数统计表，其中最常用的统计表是频数分布表。

1. 分数的排列

通常将事物按照量性特征和质性特征进行分类。通俗地讲，事物的量性特征是指能够运用数量进行测量评定的事物特征，如考试成绩、年龄、身高、体重等；事物的质性特征是相对于量性特征而言的，即不能用数量进行测量评定的特征，如考试等级、性别等。在教育测量领域，我们通常对事物的量性特征对应的测量分数进行顺序排列，而对质性特征对应的测量分数进行等级排列。

（1）顺序排列

顺序排列就是将测量分数按照数值大小进行排序。例如，按照由小到大的顺序对全班学生的身高数据进行排列，以安排座位。顺序排列是一种简单有效、操作性强的分数整理方法。对原始分数进行顺序排列之后，可以了解全体分数的最大值、最小值以及某一分数在全体分数序列中的位置等。

（2）等级排列

等级排列就是将等级数据按照一定准则进行排列。例如，将男生定义为 1，将女生定义为 2，按照惯例，将 1（男生）排列在 2（女生）前边，这就是典型的等级排列。等级排列在学业水平考试、能力鉴定等方面应用广泛。通过等级排列，可以了解某一数据在全体数据中的位置。

2. 统计表的编制

统计表是用来表达统计指标与被说明的事物之间数量关系的表格。[①]统计表可以将大量原始分数清晰、概括地表示出来，能够明显地反映出全体分数的大体情况和基本特征，省去烦琐冗长的文字叙述，为后续的分数转换、组合、分析提供便利。在编制统计表时，应注意表格结构要简单明了，表格层次要清晰明朗，表格主题要突出明确，表格内容要合理排列。统计表一般由标题、标目、线条、数字、表注等项目构成。

---

① 王孝玲. 教育统计学[M]. 2 版. 上海：华东师范大学出版社，2001：13.

（1）标题

标题是统计表的名称，应该准确、简明扼要地说明表的内容，做到"表如其名"。标题应该写在表格上方居中的位置，通常以"表格序号+标题内容"的形式呈现。

（2）标目

标目是表格对原始分数进行分类的项目。按照标目在表中的位置，通常可以将标目分为横标目、纵标目。横标目位于表格左侧，它所包含的测量分数放置在同一行中；纵标目位于表格上侧，它所包含的测量分数对应放置在同一列中。横标目的总标目是对横标目的简要概括。

（3）线条

最上端的"顶线"、最下端的"底线"、隔开横标目与数字的"纵线"、隔开纵标目与数字的"横线"，是表格的四种基本线条。表格线条不宜过多，应尽量少。线条的设置具体要以表格的复杂情况来决定。比如，简单表、分组表、复合表的线条设置情况具有很大的差异。

（4）数字

数字是指同时满足横标目、纵标目条件的测量分数，数字本身及其位置必须准确。数字一律用阿拉伯数字表示，位次对齐，小数的位数一致。一般情况下，暂缺或尚未记录的数字用"…"表示，缺失数字用"—"表示。

（5）表注

表注是对表格内容的补充说明，如对资料来源、类别、准则等进行说明，通常放置在表格的下方。表注不是表格的必要构成部分，根据统计分数的需要而选择是否设置。

3. 频数分布表的编制

频数分布表是一种常见的、应用广泛的统计表。编制频数分布表是整理分数的重要方法。频数分布表中设置有组中值、频数、累计频数和累计百分比等标目，能够综合反映出分数的平均水平、差异情况和分布特征。编制频数分布表的步骤如下。

（1）求出全距

全距，又叫作极差，是全体分数中的最大数值与最小数值之间的距离差。式（4.3）为全距的计算公式：

$$全距 = 最大值 - 最小值 \tag{4.3}$$

（2）确定组数

组数就是分组的数量，即分成多少组。组数是由测量分数的性质和数量多少决定的。组数过多，则计算量偏大；组数过少，则误差较大。两种情况都会影响到分数的分布情况。一般情况下，若分数个数大于 100 个，则组数定为 10～20 组；若分数个数为50～100 个，则组数定为 10～15 组；若分数个数小于 50 个，则组数定为 7～9 组。

（3）求出组距

组距是指每一组占据的距离。组距是由全距和组数共同决定的。一般情况下，频数分布表中各组组距应该保持相等。为了方便计算，将小数形式的组距转换成整数形式，即运用"四舍五入""进一法""取整法"将计算出来的组距数化成整数。式

（4.4）为组距的计算公式：

$$组距 = \frac{全距 + 1}{组数} \qquad （4.4）$$

（4）确定组限

组限就是每一组的起止位置，类似于区间的端点值。定义每组分数中可以取到的最小值是组下限，最大值是组上限，组上限与组下限之间的差值就是组距，组上限与组下限的算术平均数就是组中值。组限是分组的界限，通常情况下可以表示成多种形式。例如，"30～35"的组上限是 35，组下限是 30，组中值是 32.5。"30～35"是该组限的一种表示形式，同时还可以表示成"30～""29.5～34.5"等形式。其实，组限的表示形式是由数据的特征决定的。例如，对点计型数据而言，"30～35""36～40"作为相邻的两个组限，能够覆盖"30～40"中的所有分数；然而对连续型数据而言，"30～35""36～40"不能够覆盖"35～36"之间的分数。因此，通常采用"30～"这种不设置组上限的形式来表示组限。式（4.5）为组中值的计算公式：

$$组中值 = \frac{组上限 + 组下限}{2} \qquad （4.5）$$

（5）计算制表

按照组限将分数进行分组，登记每一组分数的频数，求出累计频数、累计百分比，编制成频数分布表。

【例题】某班 50 名学生的期末考试语文成绩如表 4-5 所示。请根据表 4-5，制作该班学生的期末考试语文成绩频数分布表。

表 4-5　某班 50 名学生期末考试语文成绩　　　　（单位：分）

学生编号	考试成绩	学生编号	考试成绩	学生编号	考试成绩	学生编号	考试成绩	学生编号	考试成绩
1	51	11	56	21	72	31	58	41	75
2	63	12	65	22	80	32	66	42	86
3	69	13	69	23	57	33	72	43	61
4	76	14	56	24	66	34	85	44	68
5	95	15	65	25	72	35	59	45	75
6	53	16	70	26	83	36	67	46	87
7	65	17	79	27	57	37	75	47	63
8	69	18	79	28	66	38	85	48	68
9	79	19	57	29	72	39	59	49	76
10	100	20	66	30	85	40	67	50	88

解：首先需要对该班 50 名学生的期末考试语文成绩进行顺序排列，大体掌握测量分数的变化情况。

第一步，求出全距。

全距=最高分-最低分=100-51= 49

第二步，确定组数。

测量分数有 50 个，为方便计算，确定组数为 10。

第三步，求出组距。

$$组距 = \frac{全距+1}{组数} = \frac{50}{10} = 5。$$

第四步，确定组限。

根据测量分数分布情况，确定组限为 5。

第五步，计算制表。

其次，按照上述五步，编制出某班 50 名学生期末考试语文成绩频数分布表（表 4-6 ）。

表 4-6 某班 50 名学生期末考试语文成绩频数分布表

成绩/分	组中值/分	频数	累计频数	累计百分比/%
50～	52.5	2	2	4
55～	57.5	8	10	20
60～	62.5	3	13	26
65～	67.5	14	27	54
70～	72.5	5	32	64
75～	77.5	8	40	80
80～	82.5	2	42	84
85～	87.5	6	48	96
90～	92.5	0	48	96
95～	97.5	2	50	100

三、测验分数的转换

为避免原始分数的一系列缺点，在实际工作中，我们引入了导出分数对原始分数进行转换。根据解释分数时所参照的标准不同，导出分数可以分为两大类，即常模参照分数和标准参照分数。

（一）常模参照分数的转换

在教育测量中，主要的常模参照分数有：百分等级分数、标准分数、T 分数、标准九分、离差智商和商数。

1. 百分等级分数

（1）百分等级分数的意义

在常模团体中，低于某一分数的人数所占的百分比即为百分等级分数。它是教育测量中使用较为广泛的将原始分数转换为导出分数的方法。原始分数仅表示分数多少，不能表明它在全体中的相对位置。百分等级分数是一种相对位置分数,把参加测验的全体人数作为 100 分来计算,从而以某一原始分数换算出其在全体中所占的位置,说明分数比它低的人占人数的百分之几。例如,一名学生的测验成绩为 85 分,经换算其百分等级分数是 70,即表示低于 85 分的人占总人数的百分比为 70%,即有 70% 的学生成绩低于 85 分。

（2）百分等级分数的计算

百分等级分数常用 P_R 表示。它可以表示一个分数在团体中的相对位置,可以比较一个人两种学科测验或两次不同测验的成绩,还可以比较两个团体的成绩。因此,百分等级分数是使用较为广泛的一种相对位置分数。百分等级分数的计算分两种情况:未分组数据的百分等级计算和已分组数据的百分等级计算。

未分组数据的百分等级计算方法为

$$P_R = 100 - \frac{100R - 50}{N} \qquad (4.6)$$

式中, P_R 为百分等级; R 为全体分数按大小顺序排列后某一给定原始分数所处的名次; N 为数据个数。

【例题】一次测验中,有 50 名被试,求其中原始分数排在第 10 名（75 分）的百分等级。

解: $P_R = 100 - \frac{100R - 50}{N} = 100 - \frac{100 \times 10 - 50}{50} = 81$

答:在 50 人中第 10 名的百分等级分数是 81,可以解释为 50 人中,有 81% 的考生的分数低于 75 分。

在大规模的测验或者是标准化考试中,由于人数较多,往往是分段登记人数的,计算等级时就需要用一种已分组数据的百分等级求法。虽然计算方法不同,但其百分等级的意义与未分组资料一样。

已分组数据的百分等级计算方法为

$$P_R = \frac{100}{N} \times \left[\frac{F_b + f(X - L_b)}{i} \right] \qquad (4.7)$$

式中, P_R 为百分等级; X 为给定的原始分数; f 为该分数所在组的频数; L_b 为该分数所在组的精确下限; F_b 为小于 L_b 的各组次数的和; N 为总次数; i 为组距。

【例题】某班 50 名学生期末考试语文成绩频数分布表如前面的表 4-6 所示,求其中原始分数为 72 分的百分等级分数。

解:由题干和表 4-6 可知, $X=72$, $f=5$, $L_b=70$, $i=5$, $F_b=27$, $N=50$,代入公式

$P_R = \frac{100}{N} \times \left[F_b + \frac{f(X - L_b)}{i} \right] = \frac{100}{50} \times \left[27 + \frac{5 \times (72 - 70)}{5} \right] = 58$

答:该班期末语文考试成绩为 72 分的百分等级分数是 58,也就是说,全班低于 72 分的学生比例是 58%。

（3）百分等级分数的评价

百分等级分数是使用较为广泛的导出分数。其优点是便于计算，容易理解，并且对于各种测验和各种被试普遍适用。其缺点表现为属于顺序量表，无相等单位，不能进行加、减、乘、除运算，因而使得大多数统计分析无法进行；另外，百分等级分数的分布呈长方形，而测验原始分数的分布通常是正态曲线，因此百分等级分数的被试差异和原始分数的差异并不完全对等，所以只能粗略地描述被试的相对位置。

2. 标准分数

（1）标准分数的意义

标准分数是将原始分数和其平均分数之差与原始分数的标准差相除所得的数，又称 Z 分数，常常以 Z 表示。它可以表示一个原始分数在团体中所处的位置，即告诉我们它在平均数之上多少个标准差，或者是在平均数之下多少个标准差。它是一个抽象值，不受原始测量单位的影响，并可用代数方法处理。

（2）标准分数的计算

标准分数是以标准差为单位来度量原始量数与平均数距离的量数。标准分数以原始的平均数为零点，以标准差为单位，有相等单位而无绝对零点。因此，由标准分数组成的量表属于等距量表，可以进行加、减运算。标准分数的绝对值表示某一原始分数与平均数的距离，正负号表示某个原始分数是落在平均数之上还是落在平均数之下。由原始分数转换成标准分数是线性转换，因此，标准分数的分布形态与原始分数的分布形态相似。当原始分数是正态分布时，标准分数也是正态分布；当原始分数是偏态分布时，标准分数也是偏态分布。原始分数所能进行的计算，标准分数也能进行。

标准分数的计算公式为

$$Z = \frac{X - \bar{X}}{S} \tag{4.8}$$

式中，Z 为标准分数；X 为原始分数；$\bar{X}$ 为原始分数的平均数；S 为原始分数的标准差。

【例题】某班进行数学能力和英语能力两种测验。已知数学能力测验的平均分为 70 分，标准差为 10 分，学生 A 得了 75 分；英语能力测验的平均分是 50 分，标准差为 8 分，学生 A 得了 58 分。请问学生 A 哪一测验的成绩在班级的位置靠前些？

注：由于两门课的班级平均数不同，标准差不同，不能用原始分数直接比较，这就需要将原始分数转化为 Z 分数，依据 Z 分数的大小判断哪一测验的成绩位置靠前。

解：依题意可知：

$$Z_{数学} = \frac{X - \bar{X}}{S} = \frac{75 - 70}{10} = 0.5$$

$$Z_{英语} = \frac{X - \bar{X}}{S} = \frac{58 - 50}{8} = 1$$

答：学生 A 的数学成绩在班级平均数之上 0.5 个标准差的位置，他的英语成绩在班级平均数之上 1 个标准差的位置。由此可知，学生 A 的英语成绩在班级的位置靠前些。

（3）标准分数的评价

由上面的例题可以发现，标准分数具有等距性，可以做进一步的统计分析，将几门课的成绩组合在一起。同时，我们可以利用标准分数对测验结果进行比较，不仅可以比较同一个人在不同测验中的分数，还可以比较不同的人在同一测验中的分数。当然，标准分数也存在一定的不足。由于标准分数的统计原理较复杂，外行理解起来较困难，并且标准分数的计算也相对较复杂，需要先计算整体的平均数和标准差。

3. T分数

（1）T分数的意义

标准分数是以平均数为零点的。原始分数经转化后，一半为正值，另一半为负值，而且在正态分布中标准分数一般均在–3 到 3 个标准差之间，转换后的标准分数又都是小数，这就给计算带来了很多麻烦，并且和日常的评分形式不一致。为了克服这些缺陷，美国教育测量专家麦柯尔建议将标准分数扩大 10 倍，再加上 50，以避免小数或负数，并将这种转换后的分数命名为 T 分数。

（2）T分数的计算

$$T = 10Z + 50 \text{ 或 } T = 10\frac{(X - \bar{X})}{S} + 50 \tag{4.9}$$

式中，Z 为标准分数；T 为 T 分数。T 分数在 0～100 内变化，T 分数的平均数是 50，标准差是 10。由原始分数转换的 T 分数，如果在 50 之上，则大于平均数，如果在 50 之下，则小于平均数。

【例题】五年级学生先后进行两次测验，已知：测验 A 的平均数是 48 分，标准差是 10 分；测验 B 的平均数是 62 分，标准差是 15 分。考生甲在测验 A 中得了 60 分，在测验 B 中得了 65 分。考生甲哪一次的测验成绩更好？

解：由于题中只给出了考生甲测验成绩的原始分数，原始分数没有比较的意义，我们可以把考生甲两次测试的原始分数转化为 T 分数进行比较。

$$T_A = 10 \times \frac{(60 - 48)}{10} + 50 = 62$$

$$T_B = 10 \times \frac{(65 - 62)}{15} + 50 = 52$$

答：考生甲在测验 A 中的成绩更好。

（3）T分数的评价

T 分数是由标准分数直接转化而来的，不仅具备标准分数的所有优点，而且克服了标准分数的缺点。T 分数没有负数和小数，取值范围是 20～80，比较接近百分制的计分习惯，计算也不烦琐。因此，T 分数是教育测量中应用最广泛的导出分数之一。T 分数的单位是等距的，全为正值，而且全部是整数，它使分数的分布正态化。我们可以对不同测验的 T 分数进行比较，还可以对其进行求和运算。但是 T 分数相对其他导出分数来说更难理解。

4. 标准九分

（1）标准九分的计算

标准九分又称标准化九级分制，是以 0.5 标准差为单位，将正态分布下的横轴分成九段，最低一段为 1 分，最高一段为 9 分，中央一段为 5 分。除了两端（1 分和 9 分）分数外，每段均等距，有 0.5 个标准差。

$$标准九分=2Z+5 \qquad (4.10)$$

（2）标准九分的评价

任何接近于正态分布的原始分数都可以使用标准九分。它可以对各种测验分数进行比较。无论任何测验，同一个标准九分值所表示的被试在团体中的相对位置是相同的。标准九分只用一位数来表示，一目了然，使用非常方便。它可以将不同类型的资料进行加权，从而得到一个组合分数，能决定每位被试的总体情况。但标准九分不够精密，在不要求对测验分数进行精密划分时，使用标准九分是比较合适的。

5. 离差智商

离差智商（deviation intelligence quotient，DIQ）最早是由韦克斯勒（D. Wechsler）提出来的，是将被试在测验中的原始分数转化为正态化的标准分数（以 100 为平均数，15 为标准差）。其计算公式为

$$DIQ=100+15Z \qquad (4.11)$$

离差智商属于常态化标准分数，因而它具备正态化标准分数的优点，最主要的是可以对两个离差智商进行比较。但其分布正态化，使得其对智力极低者打分偏高，对智力极高者打分偏低，对智力中等者打分比较准确。

6. 商数

商数是分数解释中的几个重要概念，主要表示能力发展的相对水平，比较常用的是比率智商、教育商数以及成就商数。

（1）比率智商

最早的智力测验以年龄量表来表示测验分数，但是在使用中发现，智力年龄（mental age，MA）为 10 岁，对于实际年龄（chronological age，CA）为 8 岁、10 岁、12 岁的儿童来说，具有不同的意义，因此在斯坦福-比奈智力量表中采用了比率智商（ratio intelligence quotient，RIQ）来代表心理发展的速率。比率智商是一个相对量数，被定义为智力年龄与实际年龄的比，为避免小数，将商数乘以 100，其计算公式为

$$RIQ=\frac{MA}{CA}\times100 \qquad (4.12)$$

（2）教育商数

教育商数（educational quotient，EQ）是教育年龄（educational age，EA）与实际年龄之比，其计算公式为

$$EQ=\frac{EA}{CA}\times100 \tag{4.13}$$

式中，EQ 为教育商数；EA 为教育年龄；CA 为实际年龄。以教育年龄为单位的缺点是意义不够明确，且有时容易混淆。

（3）成就商数

成就商数（achievement quotient，AQ）指将一名学生的教育成就与他的智力做比较，即教育年龄与智力年龄之比，或者是教育商数与比率智商之比。其计算公式为

$$AQ=\frac{EA}{MA}\times100=\frac{EQ}{RIQ}\times100 \tag{4.14}$$

式中，AQ 为成就商数；EA 为教育年龄；MA 为智力年龄。

成就商数既可以反映学生的努力程度，又可以反映教师的教学效果。

（二）标准参照分数的转换

在标准参照测验中，一个人在测验中的成绩不是和其他人比较，而是和某种特定的标准比较，用来参照的标准主要有两种。一种标准是对测验所包含的材料熟练或掌握的程度，将被试在测验中的得分与此标准进行比较，可以清楚一个人知道什么和能做什么。因为涉及的主要是测验的内容，所以把这种分数叫作内容参照分数。另一种比较标准是外在效标，即用预期的效标成绩来解释测验分数。因为涉及的主要是后来的结果，所以把这种分数叫作结果参照分数。

1. 内容参照分数

（1）内容参照分数的意义

内容参照分数又叫范围参照分数，是看被试对指定范围内的知识或技能掌握得如何。编制内容参照测验有两个主要步骤：①确定测验所包含的内容或技能的范围；②编制一个能显示测验成绩的量表。

对特定测验内容或技能的范围来说，当所研究的问题比较简单时，确定其范围是比较容易的，如 10 以内的加减法的范围就很容易被确定；对比较复杂的问题，如几何问题，确定范围是比较困难的。一般情况下，常用的方法是确定每纲目的具体行为目标，说明让学生做什么，在什么情况下做，达到什么样的熟练水平。

（2）几种主要的内容参照分数

1）掌握分数。有时，我们只想知道被试是否掌握了某些知识或技能，为此我们编制一个测验，并设定一个最低标准，看被试是否达到了这一标准。被试如果达到了这一标准说明已经掌握了这方面的知识或技能，可以进行更深程度的学习；相反，被试如果没有达到这一标准，说明还没有掌握这方面的知识和技能，需要再学习。这种测验就叫作掌握测验。掌握测验所要求的最低通过分数叫作掌握分数。

2）正确百分数。掌握分数是以通过与未通过的二分法记分的，丢失的信息较多。正确百分数可以避免这一缺点，对考查被试对特定的内容或技能的掌握程度来说是更为

合适的方法。

正确百分数表明的是被试在测验中答对题目的比例，即正确百分数=答对题目数/题目总数×100%。在使用正确百分数时，对所测的内容或技能的范围必须界定清楚，题目应该是该目标范围的代表性取样，否则答对多少题并不能反映被试对该目标的掌握程度。与此同时，要考虑题目的难度，因为同一正确百分数对不同难度水平的测验意义不同。在同一测验中，两个人也可能通过正确回答不同的题目而获得相同的分数，如果题目内容或难度不等值，分数的意义也不会相同。

3）等级评定。有时我们感兴趣的不是一个人回答问题的能力，而是一个人完成某种活动或生产出某种产品的能力。对于各种技能，是不能用回答问题来确定其掌握和熟练的水平的。通常，我们用等级评定量表来报告被试对一种活动的熟练程度或生产出的一种产品的质量。例如，在对学生的技能或作品进行等级评定时，为了尽可能客观，需要对各种水平定出评定的标准。根据标准，将学生的技能或作品与既定的标准进行比较，该技能或作品与哪种标准最接近，学生便被评定为哪个等级。

（3）内容参照分数的评价

内容参照分数的主要优点在于它用个人所掌握的内容或技能水平来描述行为，指出个体做什么和能做什么。某种意义上来说，这比知道个体在团体中的相对等级更为重要。内容参照分数能提供教师教学效果的有关信息，适用于计算机辅助教学和程序教学。内容参照分数主要适用于学业成就测验，以及能确定出所接受的最低标准的资格测验，对多数能力及能力倾向测验则不适用。

2. 结果参照分数

（1）结果参照分数的意义

结果参照分数是将效度资料与常模资料结合起来，用效标行为的水准表示的分数。结果参照分数适合于用测验来进行预测的情况。例如，对高考平均分数在 90 分（假定各科的满分为 100 分）以上的人，我们可以预测其进入大学以后的学习成绩为优秀。这里我们是用测验结果作为参照来解释测验分数的，因而将其叫作结果参照分数。

想要得到结果参照分数，测验分数必须与某一效标具有高度相关性，即具有效度证据。同时，要有一个能把测验分数与效标成绩之间的关系结合起来，即将两者同时表达出来的方法。教育与心理测量中，通常使用期望表将测验分数与效标成绩展示出来。此种方法通过一个简单的统计表来显示获得特定测验分数的人得到每一种效标分数的百分比，即用测验成绩产生的各种不同结果的概率来描述。

（2）结果参照分数的评价

结果参照分数的主要优点是能用预期的效标行为水平去解释分数，因此，特别适用于预测的情况。但是结果参照分数获得的前提是效标，因此当效标资料无法得到的时候，就不能使用结果参照分数进行分数解释。用期望结果的概率来解释分数时，所依据的是团体的平均数，即只提供一组获得相同预测源分数的人们的成功的概率。这种从团体中得到的资料只能用于对团体进行解释，在解释个人分数时会遇到困难。例如，在测验中得分为 80 分的人，其成功的概率为 65%，这只能解释为在得 80 分的人中，有65%的人在该项工作中获得成功。但对某个体来说，其可能成功，也可能失败，说明某个体具有 65%的机会成功在逻辑上是没有意义的。

四、测验分数的组合

教育测验通常是用许多独立的项目来测验被试的：有时是通过几个分测验（或量表）来进行的，每个分测验都有它自己的分数；有时需要根据测验的目的和任务，将这些分数组合起来成为一个合成分数。例如，韦克斯勒成人智力量表是由 11 个独立分测验组成的，其中 6 个测验构成言语量表，根据评分标准将这 6 个分测验原始分数相加，然后转化成标准分数，表示被试的言语智商；其他 5 个分测验构成操作量表，根据评分标准将这 5 个分测验原始分数相加，然后转化成标准分数，表示被试的操作智商。11个分测验的原始分数相加，转化成标准分数，表示被试的总智商。又如，中国高等学校招生对考生的体检、政审、高考分数、中学成绩全面考虑，这实际是将几个预测源的结果组合起来进行计算和评价。由于测量的目的与所用资料的不同，组合分数的方法可以是统计，也可以是推理或直觉。下面介绍几种常用的组合分数的方法。

（一）临床判断

在实际工作中，人们最常用的方法是对各变量做直觉的组合，即凭直觉经验主观地将各种因素加权，做出结论或进行预测，这种方法叫作临床判断。如医生凭经验对患者做出判断，而不是对有关患者的各种资料进行统计分析。

临床判断的方法能够从整体上对各个因素进行综合考虑，不仅能够考虑到各个因素的相对重要性，而且能够考虑到各个因素间的相互作用；并且它是针对特定的个体做出的判断，能考虑到每个人的具体情况。但此方法易受评判者偏见的影响，不够客观，缺乏精密的数字分析，没有精确的数量指标。因此，使用此种方法要求评判者必须受过专门训练，并具有丰富的经验。

（二）加权组合

加权组合是一种操作简单、普遍适用的分数组合方法，它考虑了不同分数在合成分数中权重的大小，即该分数在分数合成中发挥了多大作用。加权组合的方法主要有两种：单位加权和等量加权。

1. 单位加权

最简单的方法是将各变量（题目、分测验或测验）直接相加，获得一个合成分数，用公式表示为

$$X_C = X_1 + X_2 + \cdots + X_N \qquad (4.15)$$

式中，X_C 为合成分数；$X_1, X_2, \cdots, X_N$ 为各变量的分数。

如表 4-4 介绍的两个学生的总分，就是原始分数相加的结果。此方法看起来好像将所有分数做了等量加权，实际上是将分数最多（满分最多）的考试做了最重的加权。在教育测量中，尤其是学校的各科考试中，更多的是强调比较。只要进行比较，就不能用

原始数据，因为原始分数不具有等距性，测验或考试的原始总分由各科的原始分数加在一起组合而成，也就无法进行比较。因此，将各科考试成绩加在一起，形成原始总分，用原始总分的高低来判定学生的知识、能力水平的高低是不科学的。为了克服原始分数不等距的问题，一个行之有效的办法就是等量加权。

2. 等量加权

等量加权是将所有分数转化为标准分数，然后将它们组合起来。等量加权的各个分数具有同等重要的作用，用公式表示为

$$Z_C = Z_1 + Z_2 + \cdots + Z_N \tag{4.16}$$

式中，Z_C 为合成的标准分数；$Z_1, Z_2, \cdots, Z_N$ 为各变量的标准分数。

3. 单位加权和等量加权在学生评价中的举例

下面以甲、乙两名学生参加班级三好学生评选为例，来说明单位加权和等量加权的差异。已知甲的总分为 595 分，乙的总分为 594 分。这两名学生七门课各科考试成绩如表 4-7 所示，那么哪一位同学该当选为三好学生？

表 4-7　期末考试中全班考试分数情况以及甲、乙两名学生的分数分布情况

科目	全班情况		两名学生的成绩	
	平均数/分	标准差	甲/分	乙/分
语文	85	5	80	90
数学	88	7	90	85
政治	76	10	85	84
英语	82	8	93	89
历史	78	9	82	90
地理	80	11	78	70
体育	90	10	87	86

如果用单位加权来计算，甲的总分为 595 分，乙的总分为 594 分，直接根据总成绩 1 分的差距就确定甲当选为三好学生，这是没有道理的。这时就需要用等量加权来科学评选，即把两个学生的原始分数都转化为标准分数，再相加。表 4-7 中甲、乙两名学生的分数进行等量加权后，甲的标准分数总分是 1.52，乙的标准分数总分是 2.27，所以，根据标准分数（2.27＞1.52），乙应当选。

当然，等量加权并不是在任何情况下都是合适的，在有些情况下使用等量加权也是不科学的。比如在某些情况下，各科测验对测量目标的贡献不同，即各变量的权重不同，则不能使用等量加权。

（三）连续栅栏法

当用测验来选拔人才时，必须确定测验的分数线，分数线以上的人被录取，分数

线以下的人不予录取。在实际工作中，仅用一次测验的情况是比较少的，更多的是多个测验联合使用。当几个测验不具有补偿性时，即在某一个测验中的低分不能用另一个测验的高分来补偿时，就要给每一个测验都确定一个分数线。不论有多少测验，只要一个人的得分在一个测验中低于分数线，就不予录取。连续栅栏法也就是要求考生的每一科目的分数都要像越过栅栏一样过了基本的门槛，才算通过。比如，全国硕士研究生统一招生考试，考试科目包括专业课（科目 1、科目 2）（300 分）、外语（100 分）、政治（100 分）。如果不给每一个科目都确定一个分数线，考生只要超过 300 分（500×0.6）即被录取。那么，如果有两个考生，甲生专业课考了 300 分，英语和政治均是 0 分，乙生的专业课是 180 分，英语 60 分，政治 60 分，共计 300 分，此时，按照总的分数线，甲、乙都可能被录取。如果采用连续栅栏法，考生每一科要达到及格分数线才能被录取，即专业课至少 180 分，英语至少 60 分，政治至少 60 分，此时，只有乙能被录取；而在不设置连续栅栏时，甲也会被录取。但是，作为研究生的选拔，政治和外语不过关也能被录取，这当然是不科学的。这就体现了连续栅栏法的科学性。

（四）多重回归法

当同时采用几个测验预测一个效标，而且这些变量又具有互相补偿性时，多采用多重回归法组合分数。

运用多重回归法进行分数组合，可以实现不同预测源分数之间的互补。预测源的不同组合，最终能够得到相同的预测效标分数。比如，不同学生在高考理科综合考试中具有不同的得分强项，有的同学物理得分非常高，有的同学化学得分非常高，有的同学生物得分非常高，但是高考理科综合成绩是由物理、化学、生物三个学科的总分决定的，低分数与高分数之间是可以相互弥补的，因此，即使不同学生的三科成绩存在一定差异性，但最后组合出的合成分数也是有可能相同的。

五、测验质量分析报告的撰写

测验质量分析报告的撰写是教育测量过程的最后阶段，但却是最重要的，它既是第一阶段教育测量工作的结束，又是下一阶段教育测量工作的开始，在教育测量进程中起到承上启下的作用。撰写教育测验质量分析报告有助于教育工作者从测量工具、教师和学生等层面具体分析教学进程中存在的优、缺点并进行针对性的分析总结，因而学习并掌握测验质量分析报告的撰写是教育工作者必备的技能之一。

撰写测验质量分析报告的目的在于分析教育中存在的问题，以找出教师自身的教学优势和缺点，并根据教育目标和课程标准的要求采用适当的、有效的教学方式，进而提高学生的学习能力。下面将对测验质量分析报告包含的主要内容进行介绍，并举相关的例子作为参考。

（一）测验质量报告的内容

测验质量分析报告是在学生考试结束后，根据学生的考试成绩以书面的形式来分析学情和诊断教师教学情况的分析报告，一般在每个学期的期末进行，是每个学期教学工作的最后环节，也是很重要的工作。它可以帮助教师了解学情以及教师教学情况，进而改进教学策略，进行教学反思，自我学习与提升，为下学期的良好工作做准备。

测验质量分析报告一般包括测验基本信息、试卷分析、学生答题情况分析、教学效果分析以及今后的改进措施与展望。

1. 测验基本信息

测验基本信息部分主要是对考试信息的登记，内容包括考试时间、考试科目、考试班级、考试形式、时间限制和试卷满分等情况说明。

2. 试卷分析

试卷分析主要包括试卷编制的指导思想、测验目的、测验目标、考试方式、考试内容的代表性和典型性，试卷题型与分数分配、考试时间与试题量的适配性，试题的难度和区分度指标，测验的信度和效度指标等涉及试卷命题规范性和命题质量的相关分析。

3. 学生答题情况分析

对学生答题情况的分析主要包括以下两个方面：①学生整体成绩情况，包括年级平均分、班级平均分与标准差、优秀率、不及格率，最高分、最低分，各层次学生的得分态势图（表）、各试题的得分率与失分率；②对学生失分情况进行分析，主要是失分的题目、题型的统计，失分率的情况统计，学生答题情况统计，失分原因分析，还可以分析考题与学生实际学习情况的匹配性，对学生的考前预测和考试结果之间的相关性进行分析，并及时发现哪些情况是考试后才发现的新问题等。

4. 教学效果分析

教学效果的分析是测验质量分析的核心所在，主要是从教师的角度，结合学科教学性质并基于提高学生学习能力以及促进学生全面发展的目的来展开，主要涉及教师教法与学生学法两个层面：①教师教法方面主要考虑学生的考试情况与教师教学的相关性问题。例如，学生的考试结果是由教师教学的原因引起的还是其他因素导致的；对具体的考试问题教师采取了哪些有益措施，哪些是教师未曾考虑到的。②学生学法方面需要考虑学生的考情是否与教师的学法指导有关，关联性如何，教师的教学中是否针对具体的内容对学生进行了有效的学法指导；在学法指导方面，学生的现状如何，有哪些是有待改进的地方；教师在这方面还有哪些地方需要改进等。

5. 今后的改进措施与展望

这部分主要对该学期教学不足体现在哪里、需要对哪些地方进行改进做概括介绍，并总结教学成功的经验，明确下学期的教学目标、改进措施与展望等。具体内容可以针对具体的学年目标与教学对象以及不同的学校要求做适当的调整与变化。

（二）测验质量分析报告的举例

前面介绍的测验质量分析报告包含的主要内容针对的是班级或者群体，考虑到测验既可以用来评价班级学生的学习情况，也可以用来评价或诊断个体的某一门课的学习成就水平或优势和弱势，下面分别以团体测验质量分析报告（表 4-8）和个体测验质量分析报告（表4-9）为例进行说明。

1. 团体测验质量分析报告举例

团体测验质量分析报告的目的是在大规模施测的情况下使教育部门或者学校、教师了解某个年级或某个班级教学成就的整体情况，并提供详细测验结果和指导意见等信息。这种测验结果和解释报告可用于学校要决定对某个学生群体执行一些教学措施，比如制定复习计划、补救措施或者检验某班级或某学校学生学业水平是否达到课程标准，以及与其他学校或者班级相比其教学质量是好还是差。

表 4-8　团体测验质量分析报告举例[①]

_____学期_____考试质量分析报告

1. 测验基本信息部分

考试科目：_____考试班级：_____考试形式：　闭卷

考试时间：_____时间限制：　120 分钟　试卷满分：　100 分

2. 试卷分析部分

（1）指导思想

本试卷命题充分依据新课标的精神，注重体现新课标评价的特点，尊重教材，以学生为本，兼顾了各类学生的差异，重视对基础知识和基本技能的考查，板块结构合理，题型设计新颖，题量适中，难度适宜。

（2）测验目的

通过检测，不仅仅考查了学生对知识的掌握情况，更主要的是为今后的教学提供建议和改进措施。

（3）测量目标、题型与分数分配

题目类型：全试卷共有 38 道小题，包含单项选择题、多项选择题、概念辨析题、简答题、计算题 5 类题型。

分数分配：单项选择题 10 道，共 10 分；多项选择题 10 道，共 20 分；概念辨析题 5 道，共 15 分；简答题 5 道，共 25 分；计算题 3 道，共 30 分。

各题目主要考查内容：_____

各题目主要考查目标：_____

（4）试题的难度和区分度

试题的难度和区分度如表 1 所示。

表 1　各类题目的难度和区分度

类型	单项选择题	多项选择题	概念辨析题	简答题	计算题
难度	0.904	0.715	0.799	0.770	0.754
鉴别力指数	0.196	0.491	0.228	0.145	0.320

（5）测验结果的信度和效度

测验结果的信度：_____

测验结果的效度：_____

3. 学生答题情况分析

（1）班级总体情况

在这次考试中，本班共有 56 名学生参加考试，平均分 83 分，及格率 100%，最高分 98.5 分，最低分 65 分，其

① 于海英. 2021. 教育测量与评价[M]. 北京：北京师范大学出版社：208.

中 90 分以上（包括 90 分）的有 16 人，80~89 分有 21 人，70~79 分有 16 人，70 分以下有 3 人。

（2）学生失分情况分析

学生失分题目统计：失分题型、失分率的情况统计

失分的主要内容：_____

失分原因分析：_____

（3）学生成绩的比较

全年级各班级考试分数的比较：_____

4. 教学效果分析

（1）教师教法方面：_____

（2）学生学法方面：_____

5. 今后的改进措施与展望

（1）教学不足：_____

（2）成功经验：_____

（3）改进措施：_____

注：空白处可根据考试的实际情况进行填写。

2. 个体测验质量分析报告举例

个体测验质量分析报告内容主要包括个体测验得分情况、个体测验及各章节正确率分析、个体在测验中答错题目的分析以及个体总体考试情况分析等；个体测验质量分析报告的目的是通过错误项目的分析来了解学生的劣势。在这里以张某某同学某次考试情况分析为例进行说明，具体见表 4-9。

表 4-9 个体测验质量分析报告举例[①]

学校：__甲校__；班级__A 班__；姓名：__张某某__；考试日期：__2009-12-19__

1. 张某某测验得分情况

表 1 测验得分情况

原始分数	正确率	百分等级	最高分-平均分-最低分		
			总体	甲校	A 班
66	56%	64[*]	100-64-19	100-69-32	98-70-32

* 就此次考试成绩高低排序，考生中有 64% 的人排在张某某后面。

2. 张某某各章节正确率分析

表 2 张某某各章节正确率

章节	第二十四章	第二十五章	第二十六章	第二十七章	第二十八章
正确率	61%	73%	57%	41%	47%

3. 张某某在本次测验中答错题目的分析

① 刘晓陵. 基于课程标准的初中标准化数学成就测验的编制研究[D]. 华东师范大学博士学位论文，2010：118-119.

表 3　张某某在本次测验中答错题目的分析

错题	知识点	测题的班级正确率	分析
2	比例线段的概念	73%	该题属于概念记忆与理解，该生对这一概念的记忆尚不牢固
14	实数与向量相乘	40%	该生尚未掌握该题教学目标
20、23	直线和圆的位置关系	63%、87%	该生未能掌握直线和圆的三种关系
24、27	列二次函数式，二次函数图像的区别和联系，用配方法变形二次函数	87%、93%	这两题难度不大，该生未能回答正确，对二次函数的实际应用认识不足
33	统计学中常用的基本概念	83%	该题属于概念记忆与理解　该生对统计学中的重要概念认识不够
56	利用等分圆周画正多边形	50%	该题要求掌握正多边形和圆的位置关系，并能运用这一关系作图
61	相似三角形对应角相等，对应边成比例	60%	该题难度适中，该生尚未掌握相似三角形的性质
62	初步运用同圆或等圆定理及推论解决有关数学问题	44%	该生未理解该题教学目标，不能运用同圆或等圆定理及推论解题
65	初步运用垂径定理及推论解决问题	4%	该生未能理解该定理及推论，尚不能用垂径定理解决相关问题
66	绘频数分布直方图	14%	和班级大多数同学一样，该生没有掌握统计制图的方法

4. 张某某总体考试情况分析

从表 1 可以看出，张某某的数学学业在本次参加测验的学生中处于中等水平，在其所属班级中位于中上水平。

从表 2 与表 3 可以了解到张某某各章节的达标情况，第二十四章（相似三角形）和第二十五章（锐角三角形）的成就水平相对较高，均达到了教学目标的要求；第二十六章（二次函数）的知识和技能稍有欠缺，有待加强；第二十七章（圆与正多边形）与第二十八章（统计初步）是张某某最薄弱的内容领域。

总体上看，张某某未达到教学目标的不少内容属于基本概念，需要先识记然后再理解、应用。张某某须对这些章节的知识加强复习与巩固。

本章小结

本章首先介绍了教育测验编制的基本流程，其次介绍了教育测验的结果处理中涉及的方法和技术。在测验编制流程部分，主要介绍了测验编制的三大阶段：准备阶段（确立测验目的、设计测验蓝图）、编制阶段（编制测验项目、试测与项目分析、测验的合成）和完善阶段（测验的标准化、鉴定测验质量和测验指导手册的编写）八个步骤中的工作要领和注意事项；在教育测验结果处理部分，主要介绍了测验分数的整理、转换和组合的技术以及测验质量分析报告的撰写方法。通过教育测验的设计与实施这一章知识的梳理，一方面可以帮助学习者了解测验编制的基本流程，明确测验编制各个环节的注意事项和工作要领，以使学习者了解教育测验编制的科学程序；另一方面学习者通过学习可以掌握如何对测验结果进行科学的量化分析，并根据量化分析结果撰写教育测验质量分析报告。总之，通过本章的学习，不仅可以使学习者做到科学使用测量工具，还可以为学习者提供编制测量工具的工作流程。

练习思考

1. 简述教育测验编制的一般程序。
2. 简述主、客观性试题的主要类型及其优缺点。
3. 简述如何做到测验使用的标准化。
4. 简述原始分数和导出分数的差异。
5. 简述常模参照分数和标准参照分数的差异。
6. 简述常见的测验分数组合的方法有哪些。
7. 简述常见的标准分数有哪些。
8. 简述教育测验质量分析报告的主要内容。

第五章

教育评价的设计与实施

学习目标

● 了解教育评价方案的意义；
● 理解教育评价方案的构成要素；
● 掌握教育评价指标体系制定的过程；
● 掌握教育评价标准编制的步骤；
● 掌握收集教育评价信息的方法，能对教育评价信息进行整理。

知识导图

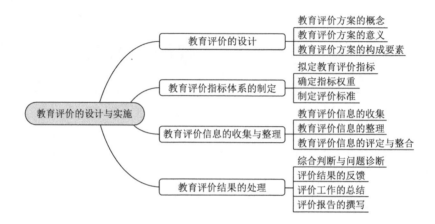

教育评价是对教育活动做出价值判定的过程。只有预先进行周密的计划与设计，才能保证教育评价活动的方向性和系统性，才能收集到可靠、有效的评价资料，从而做出正确的价值判断。教育评价设计的最终文本是教育评价方案。因此，教育评价活动的开展需要在教育评价方案指导下才能完成。教育评价方案是教育评价的前提和评价活动的先行组织者，是保证评价效度的重要环节。没有教育评价方案这一文本，就无所谓教育评价的实施。本章将详细阐述教育评价的设计与实施。

第一节　教育评价的设计

教育评价的设计是系统地对教育评价目的、评价活动等进行组织和安排的过程，教育评价设计的结果是教育评价方案的成功编制。研究教育评价的设计过程，就是探讨教育评价方案的编制过程，对教育评价活动的开展至关重要。要设计周密可行的教育评价方案，设计者首先要对教育评价方案的含义和功能有清晰的认识，并充分明确教育评价方案的构成要素有哪些。下面将对教育评价方案的概念、意义以及构成要素进行阐述，以为教育评价方案的设计打好基础。

一、教育评价方案的概念

教育评价方案是根据评价目的，在遵循教育活动及评价活动的规律的基础上，对评价的目标、范围、手段、过程以及组织管理工作加以规定和规范的文件，是教育评价活动有效开展的基本保障。对此概念的理解，应注意以下几点。

1）目的性。教育评价是一种有目的的价值判断活动，其目的是人们进行评价活动之前所预期的结果，对整个评价工作起着重要的导向作用。因此，教育评价方案应该首先体现评价目的的要求，并从各个方面围绕评价目的进行具体的设计与安排。

2）规范性。规范性是指评价方案具有一定的统一性，有较强的指导价值。教育评价方案要求评价人员严格地按照它所规定的标准、程序与方法实施评价，这种规范性使得教育评价的结果在一定范围内具有可比性。

3）可操作性。作为一种对评价活动的具体指导文件，教育评价方案必须要具有可操作性。如果只有抽象的原则性意见，评价人员就无法根据方案实施具体的评价。所以，为了使评价活动顺利开展，教育评价方案必须是具体的、可实施的规范性文件。

二、教育评价方案的意义

（一）教育评价方案是教育评价的先导性工作

一个完整而又科学的教育评价方案，需要一张事先规划的"蓝图"。这张蓝图一般要解决"为什么评"（评价目的）、"由谁评"（评价主体）、"评价谁"（评价对象）、"评什么"（评价指标体系）、"怎么评"（评价方法）等问题，而这些基本问题也是教育评价方案的基本内容。可见，设计教育评价方案是教育评价活动在准备阶段的重点工作，是开展教育评价活动必不可少的环节，是教育评价活动中最具基础性和先导性的一项工作。

（二）教育评价方案是教育评价的直接依据

教育评价活动的依据很多，有理论层面的因素，也有实践层面的因素，但这些因素必须经由特定人员的选择、过滤、整合，并最终形成教育评价方案，才能成为教育评价活动的依据。对参与评价的人员来说，无论是教育评价的主体，还是教育评价的客体，又或是教育评价的组织者、管理者，教育评价方案都是其进行评价活动的依据和准绳。只有这样，才能保证教育评价工作的有序进行，并最终实现教育评价的目的。

（三）教育评价方案是教育评价科学化的重要保证

教育评价的科学化包括评价思想、评价内容、评价组织与实施以及评价方法技术的科学化。只有教育评价方案中规定的目的、指标、标准、程序及方法等科学无误，才能保证整个评价工作规范、有序地进行，才有可能得出客观的评价结果，从而实现教育评价的科学化。

三、教育评价方案的构成要素

（一）评价目的

评价目的回答的是"为什么评"的问题，它事关评价主体的意图，是设计评价方案时首先要解决的问题。在整个教育评价方案的制订过程中，教育评价目的起着统领作用。评价目的不同，相应地，评价指标体系、评价方法会有所不同。评价目的的设计应实事求是，表述应明确、具体、准确、规范且简洁，真正发挥其"指南针"的导向作用。

（二）评价主体

评价主体解决的是"由谁评"的问题。评价主体的确定是设计教育评价方案必不可少的部分。目前，现代教育评价的主体已由单一转向多元，强调在教育评价活动中多方主体的参与，除了教育行政人员、学校领导、教师之外，家长、学生、第三方评价机构等都可以充当评价主体。由于评价主体的多元化，收集评价信息的视角也变得多元化。这样，评价信息才能客观反映多方的价值取向和心理诉求，得出的评价结果才会更全面、更准确。

（三）评价对象

评价对象是教育评价的客体，解决的是"评价谁"的问题。评价对象的确定是设计教育评价方案另外一个不可或缺的部分。值得注意的是，现代教育评价的对象已从学生扩展到整个教育领域，包括相关利益群体、活动和条件等。明确的评价对象是评价活动发起和进行的必备条件。针对不同的评价对象，需要制定相应不同的评价标准体系，选择适切的评价方式和手段以及相应的评价内容。

（四）评价指标体系

评价指标体系规定了评价的内容和尺度，解决的是"评什么"的问题。一个完整的评价指标体系由评价指标、指标权重和评价标准三部分组成。需要注意的是，教育评价指标体系并不是上述三部分的简单组合，而是将其系统化地整合在一起。评价指标体系的设计是评价方案设计的核心，其科学与否直接决定评价水平的高低和评价活动价值的大小。为了保证评价指标体系的科学性，无论是评价指标的设计、指标权重的确定，还是评价标准的编制，都不是凭借单个人主观想象可以完成的，通常都需要其他群体的配合。

（五）评价方法

评价方法是达到评价目的的手段，解决的是"怎么评"的问题。如果没有科学合理、通俗实用的评价方法，评价活动就有失败的风险。根据不同的分类标准，有不同的教育评价方法的划分。选择的评价方法不同，评价信息获得和处理的结果也会有所不同。一般而言，为了获得较为可靠的评价结果，应根据评价目的和评价指标体系，选择合适的评价方法。就教育评价的现状而言，研究、挖掘、创造科学实用的评价方法，已成为提高教育评价质量的当务之急。

（六）评价实施程序与期限

评价实施程序与期限是指评价活动各个环节和任务的周密安排，包括实施步骤、具体任务、起止时间等。实施程序一般环环相扣，有条不紊，以保证人力、物力、财力配置的合理性、过程的规范性及结果的科学性，在行文上以提纲的形式呈现，语言应简明扼要且具有一定灵活性。

（七）评价结果

该部分主要包括预测教育评价活动将会获得何种结果、评价结果的呈现形式、评价报告的内容和完成时间、明确评价报告的接受者等。这样便于获得及时反馈，尽早做出决策改进工作，也有助于元评价的开展。[①]

（八）附录

为保证教育评价方案的完整性，还需要增加附录部分，主要包括评价所需的各类工具表，如问卷、访谈或观察提纲、测试题和评价表等，还有整个评价活动所需人力、财力和物力的预算与安排。[②]

总之，在设计教育评价方案时主要围绕以上要素开展工作，但这些要素并非一成不变，可根据实际特点灵活确定并编写内容及程序。

第二节　教育评价指标体系的制定

教育评价指标体系的制定是教育评价设计的重点，也是教育评价方案编写的核心，它包含各级评价指标、指标权重以及相应的评价标准。因此，拟定教育评价指标、确定指标权重及制定评价标准就成了构建教育评价指标体系的三个要件。下面将围绕这三个方面进行详细阐述。

---

① 朱德全. 教育测量与评价[M]. 北京：高等教育出版社，2016：170.
② 朱德全. 教育测量与评价[M]. 北京：高等教育出版社，2016：170.

一、拟定教育评价指标

（一）教育评价指标的含义

指标是用来反映在一定空间和时间条件下某种社会现象规模、程度和结构的因素，具体是指预期所要达到的指数、规格、标准，是评价对象的某一个方面的规定，它是具体可测的、行为化的、操作化的目标。指标往往可以使用绝对数、相对数和平均数等数值来表示和量度。需要注意的是，指标不同于目标，指标往往指明了评价的方向，目标则反映了对象的能力，并且单一指标只能反映评价对象的某一方面，只有紧密联系的指标系统才能反映评价对象的全貌。综上可知，教育评价指标是根据一定的教育评价目标和评价对象而确定的具体的评价条目或因素。

（二）教育评价指标的类型

根据不同的分类标准，可以把教育评价指标划分为不同的类型。

1. 必达指标和期望指标

根据达标水平的不同，可以把教育评价指标分为必达指标和期望指标。在实践中，对这两个指标的理解又分为两种不同的情形。一种情形是，必达指标和期望指标是评价同一项目的指标，必达指标是达标下限而期望指标是达标上限，即达标的最低数值是必达指标，而达标的最高数值是期望指标。例如，对教师学历结构、职称结构、实训场地进行评估时，可设置必达指标和期望指标。另一种情形是，某些评价项目本身就是必达指标和期望指标。比如，对违法犯罪率的最低限度的规定，就是必达指标；对获奖、受表彰、特殊贡献的加分，则属于期望指标。再如，考查学生出勤情况时，"出勤"本身就是必达指标，而在此基础上的学生课堂参与度、创造性表现、学习结果等具体项目就属于期望指标。

必达指标的设置要考虑教育方针或政策上的要求和实际可行性，而期望指标的设置要考虑其对评价对象所产生的激励或是引导作用，其设置应具有超前性和预见性。

2. 稳定性指标和变动性指标

根据指标内涵性质的不同，可以把教育评价指标分为稳定性指标和变动性指标。稳定性指标是在相当长的一段时期内，在不同国家或地区，内涵保持不变的指标以及在指标体系中仍然保留的指标。这些指标反映的教育的客观规律对教育工作提出的共同要求，不会因时间、地点的变化而更换或取消。比如，教学方法这一指标是以教育规律为评价依据的，在相当长的一段时期内，不同国家或地区教学方法的含义以及评价教学方法有效性的标准是不变的、一致的，评价教师的教学工作都必须设置教学方法这一指标。由于存在稳定性指标，教育评价指标体系具有相对固定的内部结构。变动性指标是在不同时期、不同国家或地区，可改变内涵（包括评价标准）或可更换的指标。它由一定时期社会的政治、经济状况及生产力、文化、科技发展水平等对教育工作提出的不同要求所决定。比如德育指标，不同社会制度下，其内涵和评价标准是不同的。又如，计算机辅助教学这一指标，适用于教育条件较好的学校，不适用于教育条件较差的学校。变动性指标使教育评价指标体系具有一定程度的可塑性，变动性指标越多，教育评价指标体系结构的可塑性就越大。

总之，我们要用动态的、发展的眼光看待教育评价指标体系的构建，变动性指标恰好体现了这一点。此外，还要从实际出发，面向现代化、面向世界、面向未来，创造性地构建教育评价指标体系。

3. 硬指标和软指标

根据指标的精确度，可以把教育评价指标分为硬指标和软指标。硬指标的达标要求是固定的、精确的，主要看评价对象的"硬件"。比如，师生比、教师学历、获奖情况、场地、学生考试成绩、教师年龄结构等，都属于硬指标。软指标是指达标要求弹性大、不精确的指标，它强调评价对象的"软件"，常采用定性分析评价，包括对事物的性质特点、变化过程、因果关系的分析评价。比如，教学思想、办学特色、决策水平、教改状态等，均属于软指标。软指标具有较多的主观因素，但由于教育现象的复杂性和模糊现象颇多，教育评价不可避免地要使用软指标。构建教育评价指标体系时，往往把硬指标和软指标结合起来使用。

从不同角度出发，可以把教育评价指标分成不同种类的指标，且各类指标之间常出现重叠现象。如某些必达指标，同时也是稳定性指标或硬指标。在教育评价实践活动中，应该根据评价情境的需要，灵活选择不同的指标。对指标进行分类研究，不仅有利于选择恰当的指标类型去构建合理的教育评价指标体系，而且还有利于指导人们从不同的角度去考查同一项指标的内涵，以加深人们对某一项指标性质特征的认识，从而有助于评价标准的确定。

二、确定指标权重

（一）指标权重的含义

权重是表示某一个量在总量中重要性程度的数值，又称作权数。指标权重是表示某一评价指标在整个评价体系中的重要程度的量数。在设计了指标体系后，要根据评价目的、对象、时间和指标所处的地位，按照每一指标在整个指标体系中的重要程度，对每一指标进行赋值，这就是确定指标权重的过程。需要注意的是，在不以鉴定为目的的评价中，可以不设权重。

（二）指标权重的表示形式

指标权重可用小数、整数、百分数表示。

若用 w 表示权重，用 w_i 表示第 i 项指标的权重，采用小数法表示权重时，在同一层次上指标权重应满足 $0 < w_i \leqslant 1$。百分数不过是小数的同比放大。采用整数法表示权重时，可将权重总值设为 100 或其他整数。

（三）确定指标权重的方法

指标权重的确定，常用的方法有关键特征调查法、专家评判平均法、两两比较法和倍数比较法。

1. 关键特征调查法

先请调查者从所提供的备择指标中找出最关键、最具特征的指标，再对指标进行筛选，最后确定指标的权重。比如，调查者采用问卷法，邀请559名中小学行政人员，每人从 10 个备择指标中筛选出 5 个重要指标。具体步骤如下：①提出初拟评价指标（见表 5-1 第一行）；②找出一定数量的关键指标（10 个指标中选 5 个重要的）；③计算人数和百分比（见表 5-1 第二行和第三行）；④按一定规则选取指标（以某个百分比为起点，确定入选指标）；⑤按照归一化要求，计算各指标的权重系数。

表 5-1 新时期中小学校长政治素质评价指标筛选

备择指标	荐贤与知人善任	事业心	原则性	求实精神	进取心	廉洁性	民主性	服务性	政策水平	无派性
选择人数/人	228	517	265	389	121	86	117	89	329	18
选择百分数/%	40.8	92.5	47.4	69.6	21.6	15.4	20.9	15.9	58.9	3.2
重要性次序	5	1	4	2	6	9	7	8	3	10

若以选择各指标的人数百分比（用 T 表示）为尺度，将 $75 < T \le 100$ 作为第一重要指标（重要性等级为"一"），$50 < T \le 75$ 作为第二重要指标（重要性等级为"二"），$25 < T \le 50$ 为第三重要指标（重要性等级为"三"），$T \le 25$ 予以忽略。那么新时期中小学校长政治素质评价指标体系应由表 5-2 的 5 个指标组成。

表 5-2 新时期中小学校长政治素质的关键指标

T/%	指标名称	重要性等级
92.5	事业心	一
69.6	求实精神	二
58.9	政策水平	二
47.4	原则性	三
40.8	荐贤与知人善任	三

各指标权重系数的计算公式为

$$w_i = \frac{t_i}{\sum_{i=1}^{n} t_i} \qquad (5.1)$$

式中，w_i 为第 i 个指标的权重系数；t_i 为选择该指标人数的百分比；n 为筛选后指标的个数。

以"事业心"指标为例，该指标权重系数的计算公式为

$$w_i = \frac{92.5}{92.5 + 69.6 + 58.9 + 47.4 + 40.8} = 0.299 \approx 0.30$$

按照同样的计算方法，我们可以依次得出其他指标的权重系数（表 5-3）。

表 5-3　新时期中小学校长政治素质各指标权重系数

T/%	指标名称	重要性等级	权重系数
92.5	事业心	一	0.30
69.6	求实精神	二	0.23
58.9	政策水平	二	0.19
47.4	原则性	三	0.15
40.8	荐贤与知人善任	三	0.13

2. 专家评判平均法

专家评判平均法指的是让若干专家对各指标的重要程度做出判断，给出权重或分数，通过统计各指标的均值，得到平均权重，确定每一指标的指标权重。

平均权重计算公式为

$$w_i = \frac{1}{k}\sum_{i=1}^{k}w_{ij} \tag{5.2}$$

式中，w_i 为第 i 个指标的权重系数；k 为专家人数；w_{ij} 为第 i 位专家赋予第 j 个指标的权重值；$\sum$ 为求和符号。比如，请 5 位专家采用专家评判平均法对教学目标、教学内容、教学方法、教学效果 4 个指标进行评价，以确定一堂课的课堂教学质量评价指标权重。具体结果见表 5-4。

表 5-4　教师课堂教学质量评价体系得分表

专家序号	教学目标	教学内容	教学方法	教学效果
1	0.15	0.20	0.10	0.55
2	0.10	0.15	0.15	0.60
3	0.10	0.25	0.10	0.55
4	0.15	0.30	0.05	0.50
5	0.10	0.20	0.10	0.60
平均权重	0.12	0.22	0.10	0.56

3. 两两比较法

两两比较法也叫配对比较法，是制作顺序量表的一种方法。此法最早由科恩（J. Cohen）从其颜色爱好研究中提出，它将所有要进行评价的项目列在一起，两两配对比较，其价值较高者可得 1 分，最后将各项目所得分数相加，其中分数最高者即等级最高者，按分数高低顺序对项目进行排列，即可划定项目等级。基本操作过程是：首先，要求有关人员对同一层次的评价指标进行两两比较，并加以评分，区分出各项指标影响目标实现的相对重要程度，采用 0、1 计分法，重要记为 1，次重要记为 0；其次，分别计算各指标得分之和，再除以所有指标得分之总和，构成数值化的判断矩阵；最后，经运算排序后，求得各指标的权重。比如，请 10 位专家采用两两比较法对 A、B、C、D、E 等 5 个指标进行两两比较，以确定各指标的指标权重。具体结果见表 5-5。

表 5-5　两两比较法计算的各指标权重

指标	逐对指标比较的次数										得分	权重
	1	2	3	4	5	6	7	8	9	10		
A	0	0	0	1	—	—	—	—	—	—	1	0.1
B	1	—	—	—	0	1	1	—	—	—	3	0.3
C	—	1	—	—	1	—	—	1	1	—	4	0.4
D	—	—	1	—	—	0	—	0	—	0	1	0.1
E	—	—	—	0	—	—	0	—	0	1	1	0.1
合计											10	1.0

4. 倍数比较法

倍数比较法是对已确定的指标，将每一级指标中重要性程度最小的指标记为 1，并以此为基础，将其他指标与它相比，做出重要性程度是它多少倍的判断，再经归一化处理，即获得该级各指标权重。比如，采用倍数比较法对学生干部的品德表现、学习成绩、办事能力、工作态度、群众基础 5 个指标进行评价，以确定评价指标权重。具体结果见表 5-6。

表 5-6　倍数比较法计算的学生干部评价指标权重

指标	品德表现	学习成绩	办事能力	工作态度	群众基础
权重倍数	2.5	4.0	1.0	2.0	1.5
权重系数	0.227	0.364	0.091	0.182	0.136

上面主要介绍了确定指标权重的四种常用方法。需要注意的是，确定权重的各种技术都是建立在专家咨询的基础上，因此一般把专家对权重看法的一致性当作权重客观性的指标。但专家间的一致性并不代表客观性，这是因为专家的看法也难免会带有主观色彩。专家本人是否深入了解教育的客观规律，是否了解评价对象的发展特性和规律，以及是否具有洞察社会未来发展和需求的能力等，都会直接影响权重的确定，评价组织者应该对这些问题有清醒的认识。

三、制定评价标准

（一）评价标准的含义

评价标准是针对每个评价指标的分类做出具体规定，提出具体要求和说明。它是衡量评价对象达到评价指标要求的尺度，是一种对评价对象发展变化的期望水平。在教育评价指标体系中，必须明确规定末级指标的评价标准。

（二）评价标准的要素

1. 强度或频率

强度是指达到指标体系项目的要求的程度或各种规范化行为的优劣程度，又称定性标准，如等级评定中优、良、中、差的界定。

频率又称次数、定量标准，指达到指标体系项目要求的数量与各种规范行为的相对次数，如及格率、优秀率等。

2. 标号

标号是不同强度和频率的标记符号，通常用字母 A、B、C，汉字甲、乙、丙，或者数字 1、2、3 来表示，没有独立意义，起辅助作用。

3. 标度

标度是评价时测定的单位标准，或者说是评定的档次，可定性（如优、良、中、差）或定量（用数字表示）。另外，它可以是连续的，也可以是不连续的。

下面以表 5-7 为例，对评价标准的各要素进行解读。如表 5-7 所示，"标号"是辅助部分，"评价标准内容"为主体部分，"标度"为评价标准的基础部分。

表 5-7 "求知"的评价标准要素示例

要素	标号	评价标准内容	标度
	A	缺乏求知欲望，在较长时间里求知热情低下	1～2 分
	B	在家长、老师、同学的督促下，能激起求知欲望，但求知热情不能持久	3～4 分
求知	C	有自觉的求知欲望，保持一定的求知热情，肯动脑筋钻研学习问题	5～6 分
	D	有较强的求知欲望，保持较高的求知热情，肯动脑筋钻研学习问题	7～8 分
	E	有强烈的求知欲望，保持旺盛的求知热情，肯动脑筋刻苦深入地钻研学习问题	9～10 分

（三）评价标准的编制

1. 分解末级指标，形成评价要点

为了方便评价，要对末级评价指标进行分解，使其成为一些可被观察和测量的评价要点。比如，在评价学生综合素质时，其末级指标"艺术素养"可分解为"艺术兴趣""审美修养""理解鉴赏""表现创造""艺术特长"五个评价要点。

2. 确定等级数量

在编制评价标准时，要依据评价对象的达标程度将其划分成不同的等级。等级数量没有统一的规定，数量越多，分级精确度就越高。一般而言，3～5 个等级比较恰当。

3. 确定标号和标度

标号是用来标记并识别各个等级的符号，通常可以用字母（如 A、B、C、D）、汉字（如优、良、中、差）或数字（如 1、2、3、4）等来表示。标度是指达到标准的程度，它规定什么等级要达到什么程度。表示标度的方式主要有两种：一种是描述型语

言，比如用"完全达标""基本达标""大部分达标""少量或全未达标"来区分评价对象达到的等级程度；另一种是量化符号，比如衡量学生达成学习目标的程度，90～100分为优秀，75～89分为良好，60～74分为及格，0～59分为不及格。

至此，评价指标体系已经初步建立。但为了保证其科学性和合理性，还要对评价指标体系的质量进行检验。如第四章介绍的测验试测一样，在初步构建了教育评价指标体系之后，要选择一些评价对象按照正式评价的程序要求进行试评，以取得评价结果。根据对试评结果的检验分析，对那些不符合质量要求的指标进行增删、修改、完善，使之达到质量要求；对权重比例不合适的指标的权重予以调整；对操作性差、不合理的评定标准进行修正。需要注意的是，在使用评价指标体系进行评价时，要保持一定的灵活性，切勿机械套用，要依据评价目的和评价对象的变化做出适当的调整，从而更好地为教育发展服务。

第三节　教育评价信息的收集与整理

教育评价信息的收集是实施教育评价的基础环节，所收集信息的数量和质量都将直接影响到评价结果的可靠性和有效性。然而，由于评价对象数量多且分散，相关评价信息的收集较为困难。要在有限的时间、人力和物力条件下采集到最优的评价信息，需遵循教育评价信息收集的要求，领会教育评价信息的主要收集方法，并掌握教育评价信息的整理、评定与整合。下面将对这几个方面进行逐一阐述。

一、教育评价信息的收集

（一）收集教育评价信息的要求

1. 可靠性

可靠性是教育评价信息最基本、最重要的要求。所谓教育评价信息的可靠性，是指教育评价信息反映的情况与客观实际完全符合，与评价对象的实际状况一致。为此，需要注意：①综合运用多种教育评价信息收集方法，使其相互补充和验证。例如，问卷调查法可以与访谈法相结合，文献调研可以辅之以观察法。②注意信息收集工具的科学性和技巧的运用。为了保证收集工具的科学性，要进行相同工具科学性的检验；为了提高收集教育评价信息的技巧，要注重对评价主体的培训。③在资料收集和整理过程中保持敏锐的判断力，做好材料核对工作，去伪存真。

2. 准确性

教育评价信息的准确性是指收集到的评价信息能反映评价对象本质且是达成评价

目标真正需要的。一般而言，教育评价信息越具有代表性，评价信息的准确性就越高。为了提高准确性，在收集资料前，要熟悉评价指标体系中的各项指标，并透彻地理解指标的内涵及各级指标的权重，从而有计划、有主次地收集信息。在正式使用观察提纲、调查问卷等工具之前要进行信度、效度检验并做出相应的调整。

3. 全面性

教育评价信息的全面性是指收集到的信息能满足各级指标的评价需要，能反映评价对象的全貌。这就要求评价主体要从评价目标和评价指标体系出发，多角度、多层次地收集教育评价信息。

4. 时限性

教育评价信息的时限性要求收集到的教育评价资料是在评价活动规定的时间段内进行采集的。收集资料的时限一般分起时和止时，时间精确到天。不管是单一的评价对象，还是不同评价对象的对比评价，都要求在规定的时间内完成对信息的收集，否则就失去了纵向或是横向对比的意义，从而影响评价结果的准确性。

（二）收集教育评价信息的主要方法

评价资料的收集是教育评价赖以开展的前提和基础。[①]教育评价是要获得对教育评价对象的客观、公正的价值判断。要做到这一点，除需要有科学、实用的教育评价方案外，最主要的是要收集及时、可靠、全面、清晰的评价资料。教育评价过程中，收集教育评价信息主要有以下几种方法。

1. 文献调研

文献调研是指根据评价目的和内容，搜集、鉴别、整理有关评价对象的文字记载或音像记录的材料，从而获得所需要的评价资料的方法。在教育评价中，使用文献调研收集评价信息的基本环节包括收集和筛选文献、归类和抽样文献以及阅读和分析文献。

（1）收集和筛选文献

在获取文献时，途径一定要方便快捷。教育评价活动中，获取文献的途径主要有地方教育行政部门档案室、学校档案室、教研室、陈列室、图书馆以及相关网站等，可以调取的文献包括档案、会议记录、教研活动记录、课题成果、获奖情况、学校管理制度、教育教学成果等等。为了保证收集教育评价信息的丰富、全面，应尽可能多地查阅各类文献。收集和筛选教育文献的标准有：①紧扣评价目的和评价内容；②通过教育文献之间的相互对照，判断其是否真实、可靠；③教育文献要具有典型性和代表性。通过有效地收集和筛选，确保教育评价过程的效益：用最优的人力、物力、财力配置，获得最好的查阅效果。

（2）归类和抽样文献

为了提高评价效率，评价主体需要结合一定的标准对筛选出来的文献进行分类，以避免评价信息的混乱无序。评价需求多样，归类形式也多种多样，可以按照

---

① 王汉澜. 教育评价学[M]. 开封：河南大学出版社，1995：102.

文献时间、文献内容对文献进行分类，也可以根据文献的原始性分类。如果关于评价对象的文献量过大，还需要通过文献抽样来提高评价的可行性，从各类文献中做好抽样工作。

（3）阅读和分析文献

选定文献后，可展开文献阅读工作：既可以粗略浏览文献全貌后精读部分文献，也可以带着问题有选择性地查阅文献。阅读文献后，就要分析文献。文献分析的方式主要有三种：①统计资料分析，即通过对现存的大量统计数据的分析与处理，获得有价值的评价资料；②历史比较分析，即通过对历史记录的比较分析，发现事件在不同的时空条件下反复出现的共同原因；③内容分析，即对文献资料做客观的、系统的和定量的描述，它的基本特征在于将文字的、非定量的文献转化成定量的数据。[①]

除此之外，在采用文献调研收集评价信息时要注意：①要厘清评价指标，明确查阅何种资料，制定查阅指南，合理分工，各负其责；②要提前与教育行政部门或各学校工作人员沟通，以期顺利查阅文献资料；③查阅教案或课程计划等文献时，最好选择具备教学专业知识和敏锐洞察力的查阅人员，以保证从众多文献中查找出有价值的信息；④要善于搜寻有代表意义且反映评价对象本质的资料；⑤既要注重质性文献的收集，也要查阅可量化的材料，并结合观察法获得的案例，以增强教育评价的可信度。

2. 观察法

观察法是指在自然状态下观察者根据教育评价目的和评价指标的要求，通过有目的、有计划地观察、记录、分析评价对象的行为表现，从而收集到形象、直观的第一手评价信息的方法。在教育评价中，使用观察法收集评价信息的基本环节包括准备观察、实施观察以及整理和分析观察资料。

（1）准备观察

准备观察阶段需要做的工作有：①根据评价指标体系，明确观察目的。②制订观察计划，主要包括确定观察时间和地点、明确观察对象、明确观察内容和工具等。③拟定观察提纲，明确观察方向。常见的提纲类型有词语式和问题式两种，词语式提纲主要以代表各维度的关键词的形式呈现，而问题式提纲则以问题的形式呈现。④对观察人员进行培训，使其知晓观察目的、内容、被观察者的基本情况、观察方法以及记录信息的形式等。

（2）实施观察

进入观察现场后需要做的工作有：①主动与观察对象交流，尽可能地弱化其排斥和抵触情绪，从而获取信任并与他们建立良好关系，为进一步合作打下基础。②进行观察。当采用结构型观察方式时，要结合观察提纲和目的有计划、有选择性地观察，保持敏锐的洞察力，善于捕捉预料之外但有意义的信息。③记录观察资料，既可以在观察中进行，也可以在观察后进行。记录方式主要包括视频记录、音频记录、日记描述、轶事记录、检核表记录和等级量表记录等。此外，记录要及时迅速以免错过重要信息，而且语言要清晰明了，内容要翔实。

---

① 肖远军. 教育评价原理及应用[M]. 杭州：浙江大学出版社，2004：102.

（3）整理和分析观察资料

实施观察后，观察者记录了观察信息，接下来还需要对这些信息进行整理和分析。整理信息时要及时回忆以免遗忘重要信息，还要对观察资料进行补充和校对，做好分类整理工作。对观察资料进行分析时，要着重审查信息的全面性、准确性和有效性。

3. 问卷调查法

问卷调查法是指以书面形式提出问题来收集资料的调查方法。研究者将所关注的问题编成问卷，请调查对象填答，然后收回问卷并进行整理分析，从而了解调查对象对某种现象或问题的态度和看法。[①]在教育评价中，使用问卷调查法收集评价信息的基本环节包括问卷编制、试测修订和正式施测。

（1）问卷编制

编制一份有信度又有效度的问卷是问卷调查中最关键也是最难的环节。设计问卷时，一般应先确定要调查的评价指标，然后将每一项指标由陈述句形式改写或演绎成问卷题目（一项指标可设计一个问卷题目，也可以设计几个问卷题目），这样才能提高问卷的效度。在撰写问卷题目时，还要注意行文技巧，这样才能令问卷题目收集到的资料是真实可靠的，从而提高问卷的信度。一份完整的问卷由标题、指导语、个人基本信息和问题构成。

1）标题。标题是对调查内容的概括。标题要用简洁、精练的语言准确地表述调查问卷的主题，要有利于被调查者把握调查的目的和主要内容。通常的表述句式理应包括调查的地域、样本所属范围、调查主题。一个好的标题应该言简意赅、具体明确、指向清晰、突出醒目。

2）指导语。指导语主要由称谓、调查性质和调查目的说明、填写问卷时的具体要求三部分组成。书写格式按通用信函格式。先是礼貌称谓和问候语。在指导语主体部分先对调查本身做出简要说明，要表明调查的性质、调查研究的来源、调查研究的目的和意义、数据隐私保密性和使用范围说明等。其次是填写调查问卷的具体要求，如是否匿名、答案填写方式、使用符号说明、不同题目的适用对象等要求。最后是调查者或研究者（机构）署名。

3）个人基本信息。个人基本信息即被调查者基本情况，一般由被调查者填写，如相关教师问卷中关于性别、任教年级、教授科目、教龄、职称等的调查。需要注意的是，这部分涉及被调查者的隐私，应特别在指导语中告知其这部分信息是保密的，以消除其顾虑。

4）问题。问题是问卷的主体部分。问题的表述格式通常有三类：①封闭式问题提供有限个固定的选择项供被调查者选择回答。此类问题可用于对事实或状态的描述和确认、对问题的认同或择优等方面。②量表式问题是为了获取被调查者对某一问题的相对性、程度性评价，通常提供若干个依次排列的不同程度的词语或数值标尺，被调查者根据自身真实情况或主观判断进行评价。常见的量表式问题有满意度、认同度、重要度、愿意度、符合度等。③开放式问题通常不限定问题答案范围，答案一般较长或条目较多，无法

① 汪基德，张新海. 教育研究方法教程[M]. 北京：科学出版社，2022：124.

用简单的词语罗列选择项。被调查者可以自由发挥，以便研究者了解更多相关信息。

（2）试测修订

在正式施测前，为了检验测试问卷的有效性，一般要进行试测。试测对象为与调查对象情况相当的被试，数量一般为 30 人。要对试测结果进行信度和效度检验，然后根据信度、效度情况和试测过程中发现的问题对问卷进行调整和修改，包括题目数量、题干表达等，最终形成正式问卷。

（3）正式施测

正式施测阶段包括四个步骤，即选择调查对象、问卷发放、问卷回收以及问卷处理。

1）选择调查对象。选择调查对象时，要依据调查目的和调查内容来进行。通常情况下，受调查对象数量和范围的限制，不可能让所有调查对象都接受问卷调查。为了保证选取对象的代表性，在收集教育评价信息时，通常采用分层抽样法选取调查对象。

2）问卷发放。问卷发放形式多种多样，目前应用比较广泛的有：①邮寄填答法，即通过快递将问卷邮寄给调查对象进行填写，填写完成后寄回给调查者。②集中填答法，即将调查对象召集到同一地点进行现场填写并统一收回的方法，如在自习课上向学生统一发放问卷。③网络问卷法，即利用互联网发放问卷填写并收回的方法。这是网络时代最便捷的发放问卷的方法。④个别发放法，即研究人员将问卷逐一送至调查对象手中，让其填写后取回。⑤电话调查法，即研究人员通过电话访问调查对象，并将调查对象的回答输入到计算机中的方法。

3）问卷回收。一般来说，集中填答问卷的回收率不低于 75%，其他发放形式的问卷回收率不低于 50%，否则评价结果的真实性和有效性会受到影响。

4）问卷处理。也就是对问卷进行整理，剔除不合要求的问卷，然后进行统计分析。

4. 访谈法

访谈法是指访问有关人员或同有关人员进行谈话，了解访谈对象的情况，收集评价信息的调查方法。在教育评价中，使用访谈法收集评价信息的基本环节包括选择访谈对象、准备访谈提纲和访谈计划、正式访谈、整理分析访谈资料、完成访谈调查报告。

（1）选择访谈对象

应根据教育评价的目的，采用随机抽样的方法，确定访谈调查的总体范围；根据教育评价的目的和性质、调查者时间和经费情况，确定访谈样本的容量。

（2）准备访谈提纲和访谈计划

访谈提纲和访谈计划至关重要，其主要内容包括访谈目的、访谈主题、访谈内容、访谈环境（包括访谈的时间、地点、场合等）、访谈工具、记录设备、证件等，还要考虑问题的设计形式、访谈句式、访谈方式等。访谈提纲和计划应简明扼要，访谈问题应简单易懂且尽量开放，访谈时要能接受被访者不同的反应和思路，做好访谈提纲的修改和完善工作。

（3）正式访谈

在正式访谈的时候，要做到以下几点：①征得被访者同意后进入访谈现场，尽快接近被访者。在自我介绍之后，访谈员应表达进入访谈的愿望，进一步阐述访谈的目的和意义，以引起被访者的兴趣。若被访者推辞受访，访谈员要想办法与被访者约定下次登门拜访的时间，不要轻易放弃任何一名被访者。②建立融洽的访谈氛围。访谈者要掌握一些与陌生人交流和沟通的艺术。③按计划进行访谈。在访谈双方初步认识并建立融洽的访谈气氛后，访谈员要按照访谈计划中确定的访谈内容、访谈方式、问题顺序开展访谈，以保证访谈获得成效。④认真做好访谈记录，适时地结束访谈又不让对方感到不适。访谈员可采用笔录或是录音的方式，尽可能客观、准确、全面、完整地记录访谈信息。对不理解的观点，可以在被访谈者发表完自己的观点后追访。

（4）整理分析访谈资料

访谈资料的整理和分析可以随时进行，越快越好，不必等所有访谈结束。对访谈过程中的录音资料，尽快进行文字稿的转换，其目的是根据研究的目的和相关的标准，尽快将原始资料进行浓缩，从而形成一个有结构、有条理和有内在联系意义的系统。[①]

（5）完成访谈调查报告

完成访谈之后，要规范撰写访谈调查报告。访谈调查报告的内容包括报告标题、摘要、访谈背景、报告的主体（包括访谈目的、访谈对象、资料分析、访谈结果）、讨论或建议、参考文献、附录（附访谈提纲）等。

（三）教育评价信息的测量

评价信息经过整理，按照评价指标归类之后，就为测量、评定评价对象达到指标的程度做好了准备。测量也称度量，实际上是一种比较活动，是通过将被测对象与参照标准进行比较，对被测对象进行赋值的过程。测量评价信息就是以各项评价指标和评价标准为参照物，把反映评价对象实际状况的评价信息与评价标准进行比较，以评价标准为依据，对评价对象达到评价指标的程度进行赋值（做出判断）的活动过程。对评价信息达到评价指标的程度进行赋值，应根据不同情况和要求采用不同的测量方式。常用的测量方式主要有以下几种。

1. 数量化测量形式

数量化测量形式，是指对评价对象达到评价标准的程度用数量表示的一种测量形式，如对学生的学业成就进行测量、判断。代表性方法有统计分析评判法、模糊综合评判法和数据包络分析法。

（1）统计分析评判法

教育评价中运用比较多的统计分析是平均数、标准差、标准分数、T 分数、参数估计和统计检验。其中平均数、标准差、标准分数、T 分数属于描述统计法，参数估计和统计检验属于推断统计，其他章节已有相关的阐述，在此不再赘述。

（2）模糊综合评判法

模糊综合评判法是将模糊数学运用于教育评价，用以解决在多因素前提下对模糊数据进行综合的问题，其基本步骤如下。

第一步，确定评判的因素集 U。评判的因素集可根据评价指标体系的末级指标的性质特征和需要来确定，如末级指标是"课堂教学质量"，那么，可将"课堂教学质量"

---

① 汪基德，张新海. 教育研究方法教程[M]. 北京：科学出版社，2022：146.

分解为"教学组织""教学内容""教学方法""教学手段""教学效果"五个因素。这五个因素就构成一个评判课堂教学质量的因素集 U。

第二步，确定因素权数。当确定因素集后，就要给每个因素分派一个权数。权数的分派法可采用经验法、德尔菲法、讨论法、运算法等。如上面提到的课堂教学质量评价，可将五个因素的权数分派为 0.2、0.3、0.2、0.1、0.2。

第三步，确定评价等级。评价等级的划分应充分考虑指标的性质特点，如上面提到的课堂教学质量评价，其等级的划分不宜过细，一般以四等级或五等级为适中。但在教育评价实践中，我们发现，若分为五等级，则容易出现选项集中到中间等级的现象，因此，定四等级为宜，这四等级是很好、较好、一般、较差。

第四步，建立因素集的模糊矩阵。在线性代数中，矩阵就是如下形式的数表：

$$\begin{bmatrix} a_{11} & a_{12} & \cdots & a_{1n} \\ a_{21} & a_{22} & \cdots & a_{2n} \\ \vdots & \vdots & & \vdots \\ a_{m1} & a_{m2} & \cdots & a_{mn} \end{bmatrix} \tag{5.3}$$

式中，$a_{11}, a_{12}, \cdots, a_{1n}; a_{21}, a_{22}, \cdots, a_{2n}; \cdots; a_{m1}, a_{m2}, \cdots, a_{mn}$ 为矩阵的行；$a_{11}, a_{21}, \cdots, a_{m1}; a_{12}, a_{22}, \cdots, a_{m2}; \cdots; a_{1n}, a_{2n}, \cdots, a_{mn}$ 为矩阵的列。这个矩阵叫 $m \times n$ 阶矩阵。在模糊数学中，把矩阵的每一行叫作一个模糊子集，而每一行表示一个评价因素的每个等级的隶属度。将各个模糊子集组合起来，从而构成模糊矩阵。

在教育评价中，有的现象的外延是模糊的、不清晰的，如"教学组织好"就不是"非此即彼"的现象，而是一个模糊的概念。模糊的现象只能用不精确的方法来加以描述。隶属度就是模糊数学中用来度量事物对集合的隶属程度，它可以把模糊的教育现象数量化。[①]

第五步，选择评判模型。模糊数学中最常用的评判模型有如下几个[②]。

1）$M(\wedge, \vee)$：

$$b_j = \mathop{\vee}\limits_{i=1}^{n} \left(a_i \wedge r_{ij} \right) \tag{5.4}$$

2）$M(\cdot, \vee)$：

$$b_j = \mathop{\vee}\limits_{i=1}^{n} \left(a_i \cdot r_{ij} \right) \tag{5.5}$$

3）$M(\wedge, \oplus)$：

$$b_j = \sum_{i=1}^{n} \oplus \left(a_i \wedge r_{ij} \right) \tag{5.6}$$

---

① 王汉澜. 教育评价学[M]. 开封：河南大学出版社，1995：120-122.

② 王汉澜. 教育评价学[M]. 开封：河南大学出版社，1995：122.

4）$M(\cdot, \oplus)$：

$$b_j = \sum_{i=1}^{n} \oplus \left(a_i \cdot r_{ij} \right) \tag{5.7}$$

式中，b_j 为每一个指标的综合评判值；∨和∧为扎德算符，∨为取大运算符号，∧为取小运算符号，如 5∨3=5，6∧4=4；·为相乘运算符号；⊕为相加运算符号；∑为求和符号。

要根据实际对评价的要求选用上述模型。我国目前最常用的是第四种模型（$M(\cdot, \oplus)$）。

第六步，计算综合评判值。通过模糊综合评判法，借助现代测量、统计技术，科学地整合多方评价结果，弥补了传统评价中主观性太强、标准不一等缺点，结果更为客观、公正和权威。但此方法计算繁杂，需要借助一定的工具。

（3）数据包络分析法

数据包络分析（data envelopment analysis，DEA）方法是运筹学、管理科学与数理经济学交叉研究的一个新领域。[1]它是以决策单元（decision making unit，DMU）的一组投入指标数据和一组产生指标数据作为评价依据，应用数学规划模型比较决策单元之间的相对效率，对评价对象做出评价的方法。[2]DEA 及其模型自 1978 年由美国著名运筹学家查恩斯（A. Charnes）、库伯（W. W. Cooper）和罗兹（E. Rhodes）提出以来，已广泛应用于不同行业及部门，并且在处理多指标投入和多指标产出方面，体现了其得天独厚的优势。DEA 的步骤主要包括：明确评价目的；选择 DMU（可以是一所学校，也可以是一个企业或一个国家）；建立输入、输出指标体系；收集和整理数据资料；选择 DEA 模型并分析。

1）明确评价目的。即清楚评价意图何在，为什么进行评价，这个环节对整个评价活动起统领作用，也是使用 DEA 的关键环节。

2）选择 DMU。由于 DEA 评价的是多个同类样本间的相对优劣性，这就要求明确哪些 DMU 能放在一起进行评价。在实践中，不仅可以根据 DMU 的物理背景和活动空间来判断，即 DMU 具备相同的外部环境、相同的输入和输出指标和相同的目标任务等；还可以通过 DMU 活动的时间间隔来构造，也就是将时间间隔 N 等分，就可得到 N 个同类型的 DMU。值得注意的是，DMU 的数量不宜过多。

3）建立输入、输出指标体系。由于 DEA 主要是利用各决策单元的输入、输出评价指标数据对 DMU 进行相对有效性评价，不同的评价指标会得出不同的有效性评价结果，为此在建立指标体系时必须注意如下事项：①能够实现评价目的，也就是从输入和输出两个不同的侧面将评价目的分解成若干变量，且该评价目的的确能够通过这些输入和输出向量构成运作过程。②能全面反映评价目的，不能缺少某个或某些指标。③考虑输入和输出向量之间的联系。以上可通过专家咨询或统计分析做到，也可在初步确定输入和输出指标体系后进行多组数据的试探性 DEA 分析，如果个别指标权重总是很小，

---

① 朱德全. 教育测量与评价[M]. 北京：高等教育出版社，2016：199-200.

② 杜栋，庞庆华，吴炎. 现代综合评价方法与案例精选[M]. 3 版. 北京：清华大学出版社，2015：71-72.

就说明该指标对 DMU 有效性影响小，应删除。

4）收集和整理数据资料。DEA 主要评价的是多个同类决策单元间的有效性，这就要求各决策单元的输入、输出指标正确，指标值正确与否直接关系到评价效果失真与否。因此，准确收集和科学整理指标值是十分重要的步骤。在人文社科领域，评价指标可能包含非结构化因素，需要根据可靠标准将其量化赋值，如分为若干等，用数字表示。此外，输入和输出指标的量纲不同，但这并不影响 DEA 的使用，所以建模前是否对数据做无量纲化处理并不重要。

5）选择 DEA 模型并分析。为得到不同侧面的评价信息，应该尽可能地选用不同类型的 DEA 模型同时进行分析，再将结果进行比较。当然，具体操作还需依据评价目的和问题背景而定。最基本的是，利用 DEA 规划模型的求解结果，判断各决策单元的 DEA 有效性程度，找出非有效性决策单元的无效原因及改进措施，形成评价报告，并向上层决策单元领导提出建议以辅助决策。

DEA 操作简单，可直接采用相关软件进行，无须任何权重假设，每一输入和输出的权重是由 DMU 的实际数据求得的最优权重，而非评价主体主观确定。因此，DEA 较为客观。

2. 描述性测量形式

描述性测量形式，是指用文字或语言对评价对象达到评价标准的程度做出描述的一种测量形式。例如，学校的办学指导思想，可用文字或语言较为详细地描述出其达到评价标准的状况，并可明确地指出办学思想是否正确，缺点在什么地方，还可以指明具体的努力方向。具体方法有等级评定法、评语鉴定法和写实分析法。

（1）等级评定法

等级评定法常用于学生评价、教师评价、学校整体水平的评价或办学质量的评价。我国许多中小学采用此法来评定学生等级，包括操行等级、能力等级等。我国对中小学教师的职称评定，采用等级评定法，有"高级教师""一级教师""二级教师""三级教师"等称号。广东省教育厅对中小学学校的评价也采用等级评定法，有"一级学校""二级学校""三级学校"等称号。这种方法简便易行，但不够精确。同一等级者很多，他们之间的差距仍很大，但无法加以区别。

（2）评语鉴定法

评语鉴定法就是用简明的评语来表述评价结果的方法。对学生的作文、技能，对教师的教态、教学语言等方面的评价，常使用评语鉴定法。对教师业务职称的评定、对干部业务的考核，也常用评语鉴定法。评语鉴定法的做法多种多样，比如对一所学校办学水平的评定，常以评语做鉴定。有专家组评语鉴定法（即由校外有经验的专家组成一个小组进行评价），有社会各方面评语鉴定法（即由教育系统以外的人员对学校进行评价），还有领导小组评语鉴定法（即由上级领导组成的领导小组进行评价）。如果是对一个学生的思想品德的评定，则要求在学期结束或学生升学、升级、毕业或就业时，以班主任为主，依据一定的评价指标，对学生在这一时期的思想品德和行为以文字的形式进行简短的述评。对中小学生的操行的评定，一般用班主任单方面评语鉴定法，以及教师、学生、家长共同评定的评语鉴定法。

这种方法的优点是简便易行，结论使人一目了然，而且能对教育中的许多模糊现象进行描述和鉴定，解决了一些定量评价所不能解决的问题。缺点是这种方法只注意定性描述而不重视定量分析，因而不够精确，对评价对象不能逐一排出优劣次序，有时也难以做具体的比较分析；做评语时，容易掺杂个人偏见或主观因素，难以做到客观、准确，信度和效度较低。

（3）写实分析法

写实分析法是根据一定的评价目标和要求，对评价对象进行较为详细的描述，并在此基础上做出恰当的评价。其实施步骤是：①搜集事实材料。主要包括有关评价对象一般情况的事实材料；有关评价对象典型事例的事实材料；学校领导、班主任、各科教师、学生家长、社会群体等对评价对象的评价的事实材料；评价主体亲自考察得来的事实材料，如现场观察学生活动的表现、与教师谈话了解情况、听取学校领导的情况汇报等。要十分重视第一手材料的收集，重视现实表现的材料。此外，有关评价对象的现实文献资料和历史档案资料也应给予注意。②对搜集到的资料进行整理和描述。整理包括核实、分类和汇编等工作。在描述时，通常先概括性地描述一般情况，然后描述典型事例。③分析评价。即对所描述的事实材料做总体上的分析评价。分析评价要中肯，简明扼要。

运用此法需要注意：搜集的资料要真实可靠，整理和描述事实材料要有系统性，分析评价要抓住主要问题或本质问题。这种方法与评语鉴定法的主要区别在于评语鉴定法主要是"评"，书面上很少反映事实依据。虽然正确的评语对评价对象和评价主体来说都是可以理解和接受的，但写给别人看往往有欠缺事实依据之嫌。写实分析法最大的特点是能比较详细地描绘客观事实，其评价、结论是以所描绘的事实为依据的，能以充分的依据呈现在读者面前，信度高。缺点是要全面地收集资料十分困难，做起来比较费时，尤其是在样本数目很大的情况下，此法就更难实施。

3. 综合性测量形式

综合性测量形式是指综合利用数量化和描述性测量形式，对评价对象达到评价标准程度的状况做出测量的一种形式。

数量化测量的优点是能比较精确地反映评价对象达到评价标准的程度，缺点是只从数字上不易看出评价对象的优缺点各在什么地方。描述性测量的优点是能够明确地指明评价对象的优缺点，缺点是精确性较差，特别是当需要对评价对象做出较为精确的区分时，描述性测量更显得力不从心。综合性测量形式既可用数字较为精确地反映评价对象达到评价标准的程度，又可用文字或语言指明评价对象的优势和不足，还可以有针对性地为评价对象指明怎样发挥优势、克服弱点。

二、教育评价信息的整理

为使评价信息有效地发挥作用，需要对已经收集到的评价信息加以整理。一般来说，教育评价信息的整理主要包括归类、审核和建档三个环节。

（一）归类

归类是指评价组织将各评价人员通过各种渠道所取得的全部评价信息资料，在规定的时间内汇集归拢，初步理出类别。归类的方式一般有文字、表格、录音、录像等形式。

（二）审核

审核是指对归类的评价信息进行审核，即根据既定的教育评价目的，对全部评价信息逐一核实、去伪存真、去粗取精，加以鉴别和筛选。检查每项评价指标信息的数量是否足以反映该指标的全貌，对缺欠的信息要及时补充收集，对次要的、代表性差的信息要舍弃。对需要运用统计手段加工的信息要及时进行统计处理，如计算平均数、标准差、标准分数、优秀率、合格率和绘制统计图表等，使评价信息具有完整性、真实性、准确性。

（三）建档

建档就是将审核后的评价信息根据评价指标体系分门别类地制成一定形式的表格或卡片，并进行编号建档，从而为评价做好准备。

三、教育评价信息的评定与整合

教育评价信息的评定是以评价标准为参照，将评价信息测量的结果与评价标准相比较，对评价对象达到评价指标的程度做出评定。在评价实践中，测量评价信息和评定评价结果是结合在一起进行的，经过测量评定取得各项指标的评价结果。若要取得反映评价对象整体状况的综合评价结果，就需要将各项评价指标的评价结果加以整合。整合评价结果常用的方法是定性分析和定量分析两大类。

定量的分析要使用各种统计处理手段，有些定性的问题可转换成定量问题处理，还有一部分不能转换成定量问题进行分析，如语言、文字、图形、实物等，则需要使用逻辑分析方法做出判断。

第四节　教育评价结果的处理

在探讨了教育评价方案的设计、教育评价指标体系的制定、教育评价信息的收集与整理等环节之后，教育评价的设计与实施并不能就此完结，还需要对教育评价结果做出进一步的处理，主要包括评价结果的综合判断与问题诊断、评价结果的反馈、评价工作的总结以及评价报告的撰写，这是教育评价设计与实施的最后一环也是最重要的一环，经历此环节才有利于对教育评价结果进行有效利用。

一、综合判断与问题诊断

综合判断就是根据对评价信息资料的分析，从总体上对评价对象做出定量的或定性的综合意见，必要时对被评对象做出优良程度的区分和根据评价目的对被评对象做出是否达到应有标准的结论。综合判断实质上是一个得出评价结论的过程。

为了更好地帮助评价对象改进工作，在形成综合判断的基础上还要对评价中得到的信息进行深入细致的分析，对评价对象工作的优缺点、得失进行系统的评判，对该单位或个人在教育教学或管理工作中存在的问题与不足要重点剖析，指明问题的症结所在，并提出有针对性的改进意见或建设性建议。

二、评价结果的反馈

评价结果的反馈就是将评价结果反馈给有关各方，以引导、激励评价对象不断改进、完善自己的工作，不断提高工作质量，同时为领导和管理部门提供可靠的决策依据。在反馈内容方面，如果是群体评价，应反馈参评总单位数及人数、各单项指标以及整体综合评价结果的平均水平、各种相关的统计量、共同特点和发展趋势、改进方向、改进措施等；如果是个体评价，则要把每个评价对象的评价结果反馈给本人，包括单项指标的评价结果和各项指标的整体综合评价结果，必要时还要对结论做出慎重的解释。

在反馈时，应从实际出发，根据不同情况采用恰当的反馈方式，例如：评价对象存在的共性问题，可用会议形式公开反馈；对个别性问题尤其是关系到个别人的重大缺点的问题，最好是进行个别反馈；而向上级领导机关反馈评价结果，一般以书面形式较为恰当。同时，要重视正反馈与负反馈的相互结合。正反馈的作用是将从外周获取的刺激（信息）反馈至中心，促使中心发出刺激（信息），使其增加或增强；负反馈的作用是将从外周获取的刺激（信息）反馈至中心，抑制中心发出刺激（信息），使其减少或减弱。在教育评价中，既要重视正反馈的作用，也要重视负反馈的作用，二者不可偏废。也就是说，既要把评价对象的优点、长处反馈给他，也要把其缺点、不足之处反馈给他，使其在今后的工作中对优点、长处进一步强化、肯定和发扬，对缺点及不足之处加以克服和改正。另外，在反馈时不应加入自己与评价对象的私人感情。比如：为了顾及情面，只反馈优点，不反馈缺点，或重讲优点，轻讲缺点；为了泄私愤，只反馈缺点，不反馈优点，或重讲缺点，轻讲优点。这对评价对象今后的工作都是十分不利的。

三、评价工作的总结

评价工作总结旨在分析评价活动组织实施各环节、各方面工作的经验教训，探寻评价活动的规律，提高教育评价工作的效益，使教育评价走上科学化的轨道。评价工作总结一般包括以下几个层面：①对评价机构的设置、人员的配备、职责分工的合理程度、各项评价制度的执行情况、各种物质条件的使用情况等做出评判；②开好评价工作的总结会，表彰、奖励先进单位和个人，推广先进经验，促进教育教学管理改革，同时要鞭策落后，还要对评价方案是否得以充分落实、评价计划是否如期完成、评价程序是否符合规范、评价双方关系是否融洽做出分析；③还应建立教育评价资料档案，将教育评价过程中的各项文件、计划、方案、数据总结等，参照《中华人民共和国档案法》有关规定立卷建档，并建立教育评价档案管理制度，由专人妥善保管，以备查阅研究之用。需要注意的是，现代教育评价工作有时已经不再局限于一般意义上的事后总结，经常需要将整个评价工作本身当作评价对象进行系统全面的评价，这又称为"教育评价的再评价"。

四、评价报告的撰写

评价报告是对整个评价过程及其最终结论进行全面的书面叙述和提出相关建议的书面文件。评价报告有助于评价主体尽早发现评价工作中存在的问题，为以后的评价工作提供宝贵的参考资料，还能为评价指标体系及评价结果反馈以后的实践检验提供重要的依据。

评价工作的类型不同，评价报告的内容和形式也随之不同。撰写评价报告的目的是正确决策和改进工作，提高工作效率，因而要把评价信息全部传递给有关人员。这种书面的总结与反馈形式相对于口头形式来说更为正式，便于保存和查阅。一般来说，评价报告主要包括报告标引、报告正文及附件三方面内容。

（一）报告标引

标引就是指通过标记指引人们方便、快捷地找到所需要的信息。教育评价报告标引的内容主要有评价报告的题目，编制评价报告的单位负责人职务、姓名，报告执笔人姓名，以及编写报告的时间等。

（二）报告正文

报告正文是评价报告的主体，一般要求说明下列问题。

1）评价的时间安排。

2）评价的机构和人员。说明评价负责人的职务和评价主体的人数、评价人员素质及代表性等情况。

3）评价的实施步骤。主要说明评价准备阶段所做的工作及其效果，实施阶段各项评价活动的开展情况，以及发现和处理的主要问题等。

4）评价的结果。说明对评价对象进行评价所取得的最后结果的情况，不仅要有指标的单项评价结果，还要有整体综合评价结果，以及整合评价结果所采用的方法等。

5）评价的结论。根据对评价结果所进行的定量、定性分析，对评价对象达到评价质量标准的程度做出综合性结论，即价值判断的结果；同时还应说明评价对象对评价结论的接受程度和意见。

6）评价的总结。概括说明本次评价的主要收获、经验和教训。

（三）附件

评价报告的附件，是附于正文之后，对正文起补充、说明、证实作用或与正文有密切关系的材料，如学校综合评价报告可附学校工作计划、学校工作总结以及学校获奖材料等。教师评价报告可附教师教学成绩、教学研究和科学研究的成果等材料。

本章小结

本章围绕教育评价的设计与实施展开。教育评价方案是教育评价的先导工作和直接依据，也是教育评价科学化的重要保证。一份完整的教育评价方案的构成要素有评价目的、评价主体、评价对象、评价指标体系、评价方法、评价实施程序与期限、评价结果及附录。教育评价方案设计的核心是教育评价指标体系的制定。教育评价指标体系的制定有三大要件：拟定教育评价指标、确定指标权重以及制定评价标准。在教育评价方案的实施阶段，可以结合评价活动实际灵活选择不同的方法，确保教育评价信息的可靠性、准确性、全面性、时限性。对收集到的信息，可以采取不同的测量形式来测量，包括数量化、描述性和综合性测量形式。获得评价信息后，对信息进行归类、审核及建档。最后，通过综合判断与问题诊断、评价结果的反馈、评价工作的总结、评价报告的撰写对教育评价结果进行处理。通过本章的学习，学习者应对教育评价的设计与实施过程有充分的理解和掌握。

练习思考

1. 简述教育评价方案的构成要素。
2. 简述教育评价指标体系的制定过程。
3. 简述教育评价标准编写的步骤。
4. 简述收集教育评价信息的主要方法。
5. 简述整理教育评价信息的环节。

第六章

SPSS 在教育测量与评价中的应用

学习目标

● 了解 SPSS 统计软件的基本功能；
● 理解教育测量与评价数据分析和检验的原理；
● 学会使用 SPSS 统计软件对数据进行整理、描述与质量分析。

知识导图

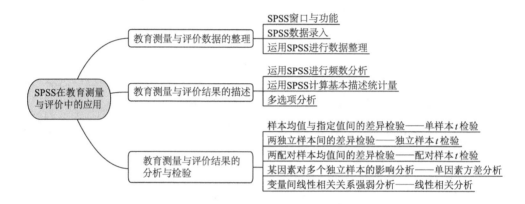

在教育测量与评价过程中，非常重要的一步就是利用测评工具来收集数据，所使用的工具可能是量表，也可能是问卷或试卷。需要借助一定的统计分析工具对收集上来的数据进行整理、描述与质量分析。众多统计分析工具中，SPSS 统计软件由于操作较易、计算精确、结果输出直观，在教育测量与评价的结果分析中应用比较多。因此，本章将详细介绍 SPSS 统计软件在教育测量与评价中的应用。

第一节　教育测量与评价数据的整理

SPSS 的全称为 Statistical Package for the Social Sciences（社会科学统计软件包），是目前应用较广泛的三大数据统计分析软件之一。[①]该软件由来自美国斯坦福大学的三名学生于 1968 年设计研发，之后他们还专门成立了以 SPSS 命名的公司。此后，该软件经历了多次版本更新，与现代计算机的发展更加适配，被广泛运用于教育学、心理学、医学、经济学、管理学等领域。2009 年，SPSS 公司被 IBM 公司收购，SPSS 软件也更名为 IBM SPSS Statistics，至 2022 年 9 月已发行至 29 版（SPSS 29.0），而本章当中的示例与操作演示均采用较为稳定的 23 版（SPSS 23.0）。

---

① 潘玉进. 教育与心理统计：SPSS 应用[M]. 杭州：浙江大学出版社，2006：30.

一、SPSS 窗口与功能

为熟练掌握和运用 SPSS 统计软件，首先要了解 SPSS 由哪些基本窗口构成以及各个窗口之间的关系，其次要熟悉不同窗口分别有什么功能和特点。下面将对 SPSS 的数据编辑与结果输出两个基本窗口进行重点介绍，以便学习者快速熟悉和使用该软件。

（一）SPSS 数据编辑窗口

SPSS 软件成功启动之后，使用者便会看到一个类似于 Microsoft Excel 的界面，这个就是 SPSS 的主程序窗口——数据编辑窗口，它的主要功能是对 SPSS 数据的结构特征进行定义，以及对数据进行编辑录入、管理及分析等。数据编辑窗口包括两个视图，分别是数据视图和变量视图。

1. 数据视图

数据视图主要用于存放和显示 SPSS 数据内容。如图 6-1 所示，该视图由标题栏、主菜单栏、工具栏、编辑栏、变量名栏、数据编辑显示区和视图切换栏等组成。

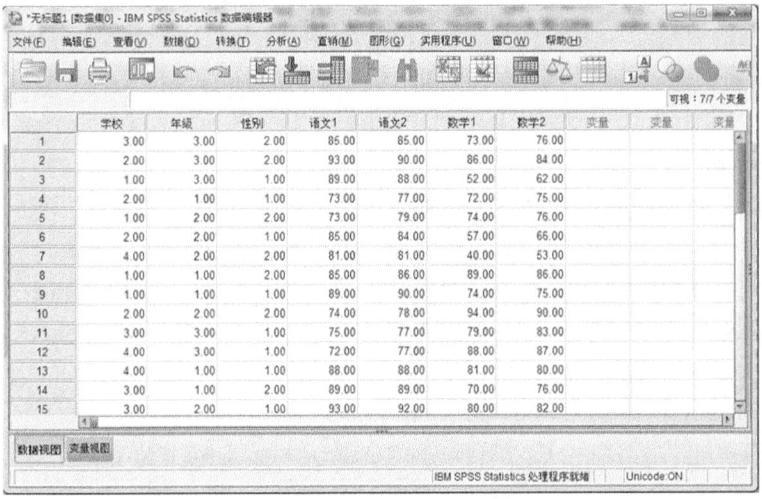

	学校	年级	性别	语文1	语文2	数学1	数学2	变量	变量	变量
1	3.00	3.00	2.00	85.00	85.00	73.00	76.00			
2	2.00	3.00	2.00	93.00	90.00	86.00	84.00			
3	1.00	3.00	1.00	89.00	88.00	52.00	62.00			
4	2.00	1.00	1.00	73.00	77.00	72.00	75.00			
5	1.00	2.00	2.00	73.00	79.00	74.00	76.00			
6	2.00	2.00	1.00	85.00	84.00	57.00	66.00			
7	4.00	2.00	2.00	81.00	81.00	40.00	53.00			
8	1.00	1.00	2.00	85.00	86.00	89.00	86.00			
9	1.00	1.00	1.00	89.00	90.00	74.00	75.00			
10	2.00	2.00	2.00	74.00	78.00	94.00	90.00			
11	3.00	3.00	1.00	75.00	77.00	79.00	83.00			
12	4.00	3.00	1.00	72.00	77.00	88.00	87.00			
13	4.00	1.00	1.00	88.00	88.00	81.00	80.00			
14	3.00	1.00	2.00	89.00	89.00	70.00	76.00			
15	3.00	2.00	1.00	93.00	92.00	80.00	82.00			

图 6-1　数据视图

1）标题栏显示当前所打开的数据文件名称，由于没有给文件另外命名，图 6-1 中的标题栏显示“无标题 1”。

2）主菜单栏包含编辑、处理和分析数据的 11 个常用功能：①“文件”即为文件操作，可以对相关数据文件进行新建、打开、读取、保存和重命名等基本管理；②“编辑”为数据编辑，可以对数据编辑显示区的数据进行撤销、重做、复制与粘贴等基本编辑，同时也包括查找数据、设置软件参数以及语言转换等功能；③“查看”为窗口外观状态管理，主要用于对主菜单栏、工具栏与字体等窗口外观进行设置；④“数据”为数据的操作和管理，可以对数据编辑显示区中的原始数据进行标识、排序、转置、选取、加权、拆分与汇总等基本的加工；⑤“转换”为数据基本处理，主要进行计算变量、变量重新编码以及个案排秩等和原始数据相关的基本处理；⑥“分析”为统计分析，用于对数据进行描述统计、均值比较、一般线性模型、相关与回归等统计分析；⑦"直销"则为客户管理，多用于市场营销领域，教育学中应用甚少；⑧"图形"为统计图形的制作，根据数据编辑显示区的数据而生成条形图、折线图、饼图、散点图以及直方图等各类统计图形；⑨"实用程序"包括 SPSS 其他辅助管理，如显示变量信息、合并模型、定义/使用变量集等；⑩"窗口"即窗口管理，可对窗口进行拆分、最小化和切换等操作，也可设置对话框的大小与位置；⑪"帮助"主要用于实现 SPSS 软件操作与使用的联机帮助。

3）工具栏罗列了部分主菜单当中较为常用的数据编辑功能图标，使用者可以通过鼠标点击相应的功能图标来对数据进行操作处理，相较而言更加方便快捷。

4）编辑栏会显示当前所选单元格位置以及当中的数据内容，使用者可以在此对单元格进行数据录入与修改。

5）变量名栏会列出所打开的数据文件中包含了哪些变量，在图 6-1 中，"学校""年级""性别"等即为该文件含有的变量名称。

6）数据编辑显示区即为 SPSS 数据内容显示和管理区域，使用者也可以在此对数据内容进行编辑。在数据编辑显示区中每一行为一个被测个案的数据，该区域最左边的数字代表个案的编号。

7）视图切换栏用于切换数据视图和变量视图，使用者使用鼠标点击即可完成二者的切换。

2. 变量视图

变量视图与数据视图的不同点主要在数据编辑显示区域，如图 6-2 所示，该区域的主要功能为显示与设置当前数据文件中各变量的特性。在进行数据录入之前，使用者必须在此视图中对变量的名称、类型、宽度、小数位数、标签、值等方面进行设置，也就是需要对 SPSS 数据的结构进行定义，而定义变量相关内容将在后面 SPSS 数据录入部分进行介绍，在此不再赘述。

图 6-2　变量视图

（二）SPSS 结果输出窗口

结果输出窗口是 SPSS 软件另一主要窗口，该窗口主要用于输出数据编辑窗口当中的分析运算结果。如图 6-3 所示，结果输出窗口的上方也为标题栏、主菜单栏和工具栏，但在这里主菜单栏增加了"插入"与"格式"两项，工具栏也添加了一些独有的功能图标以方便使用者进行操作。

工具栏下面则是分析结果显示区，该区域分为两个部分。左边是目录区，按照已经进行的数据分析操作名称和内容进行分级显示。右边区域则为内容区，用于显示与目录区相对应的详细数据分析结果。使用者可以在这两部分进行内容的修改或增减，也可以点击目录区每项操作名称前的"＋"和"－"来对相应输出结果进行显示或隐藏。

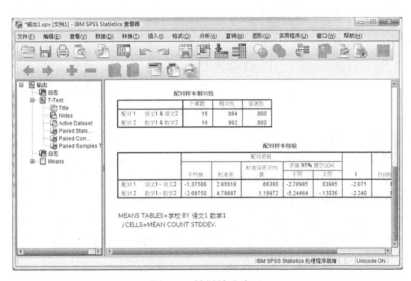

图 6-3　结果输出窗口

二、SPSS 数据录入

利用 SPSS 进行数据分析，首先要进行 SPSS 数据的录入，建立一个随时能够读取、修改和分析的数据文件。SPSS 数据的录入一般包含定义变量、数据输入以及数据保存等步骤。

（一）定义变量

定义变量就是对变量名称及其各个属性进行设定，包括对变量名、变量类型、宽度、小数位数、变量名标签、变量值标签、缺失值等的定义。在教育测量与评价的结果分析中，一般需要对变量名、变量名标签、变量值标签以及缺失值进行设定，对其他属性可直接采用默认值。

1. 变量名及其标签设定

使用者可打开变量视图，在数据编辑显示区域的"名称"列的单元格内编辑变量名称。在定义变量名称时，需要注意：①变量名应以汉字或英文字母开头，后面可以使用任何汉字、字母、数字以及除"！""？""*"以外的其他字符；②不能使用下划线"_"、圆点"."和句号"。"作为变量名称的最后一个字符；③变量名不能采用 SPSS 的保留字，如 ALL、AND、OR、NOT、TO、WITH 等；④不能使用重复的变量名称，而且不区分大小写，如 age 和 AGE 即为相同名称。在图 6-4 中，每一行表示一个变量的名称及其各属性，这些变量名分别是"学校""年级""性别""语文 1""语文 2""数学 1""数学 2"。

变量名一般不超过 8 个字符，使用者可能需要对复杂的变量名进行简缩，这时可以在变量名"标签"内对变量名的含义进一步解释说明，以便于更好地理解变量名，这在图 6-4 中也有体现。

	名称	类型	宽度	小数位数	标签	值	缺失	列	对齐	测量	角色
1	学校	数字	8	2		{利小学}...	无	8	右	未知	输入
2	年级	数字	8	2		{1.00, 二年...	无	8	右	未知	输入
3	性别	数字	8	2		{1.00, 男}...	无	8	右	未知	输入
4	语文1	数字	8	2	数学方法改变前测试	无	无	8	右	未知	输入
5	语文2	数字	8	2	数学方法改变后测试	无	无	8	右	未知	输入
6	数学1	数字	8	2	数学方法改变前测试	无	无	8	右	未知	输入
7	数学2	数字	8	2	数学方法改变后测试	无	无	8	右	未知	输入

图 6-4 设置变量

2. 变量值标签设定

在教育测量与评价的结果分析中，变量值标签一般是对离散型变量（称名变量和顺序变量）各个取值的含义进行解释和说明。在图 6-4 中，"学校"即为离散型变量，可使用鼠标点击该变量的"值"列对应单元格，再点击单元格中"…"图标，打开设置变量值标签的对话框，如图 6-5 所示。在"值"中输入"1"，在"标签"中输入"胜利小学"，之后单击"添加"图标即可。如此反复进行操作，直到设定完所有的取值，再单击"确定"，该变量值标签即设定完成。

图 6-5 设置变量值标签

3. 缺失值设定

在收集教育测量与评价数据时，有时被试可能未填某道题目或者收集上来的某些数据存在明显不合理之处（如身高 161 米），这些不完全的数据就是缺失值。在 SPSS 中有系统默认缺失值和使用者设定缺失值两种缺失值。系统默认缺失值在数据编辑显示区中用"."表示。一般来说，如果任何一个变量中存在缺失值，就需要把相对应的被试的所有数据剔除。但缺失值所占比例如果比较大，显然就不适用这种方法，这时就需要使用者设定缺失值，让系统自动筛除这些缺失值，从而使缺失值不再参与之后的统计分析。

点击变量视图中某变量在缺失值列的单元格即可打开"缺失值"对话框，如图 6-6 所示。该对话框有三个选项：①无缺失值，一般系统默认为该选项；②离散缺失值，可以在这个选项下的三个对话框中输入所要定义的缺失值，如 99、999、9999；③范围加上一个可选的离散缺失值，可以在"下限"和"上限"中各输入一个范围，再输入一个离散值，系统则认为凡属于该范围的都为缺失值。

在数据分析中，如果大量缺失值未被处理，就会导致数据分析结果出现重大偏差，产生严重影响。因此，对缺失值的处理非常有必要。

图 6-6 设置缺失值

（二）数据输入

完成所有变量的定义后，使用者即可切换至数据视图来进行具体数据的输入，输入方法与 Microsoft Excel 表格类似。在输入数据时需要注意以下三个方面。

1）在数据编辑显示区中，当前正在进行录入或修改等数据编辑操作的单元格会显示黄色。使用者在输入数据之前用鼠标左键单击某个数据单元格，确定当前数据编辑单元。

2）数据输入可以按照被测个案逐行进行，其操作为使用者输完一个数据之后，按键盘"Tab"键或"→"键，即可对当前单元的右侧单元格进行数据输入；数据输入也可以按照变量逐列进行，其操作为使用者输完一个数据之后，按键盘"Enter"键或"↓"键，即可对当前单元的下方单元格进行数据输入；当然，使用者也可通过单击鼠标左键来确定下一个需要输入的单元格。

3）在输入带有变量值标签的数据时可以直接进行数据输入，也可以通过下拉按钮完成。不过在此之前需要使用者打开变量值标签的显示开关。右键单击主菜单栏中的"查看"菜单即可看到"值标签"选项，它是一个可重复开关的选项。点击"值标签"的小方框，如果出现一个"√"，就说明变量值标签的显示开关已经打开，这时便可以通过下拉来完成数据输入，同时输入具体数据也将会显示相应的变量值标签，值得一提的是系统实际存储的数据仍是具体数值；使用者也可在此关闭值标签显示，仅显示具体数据值。

　　有时使用者为方便输入，也会按照 SPSS 的数据呈现方式在 Microsoft Excel 表格上进行数据录入，之后再将数据整体或逐列复制粘贴到数据视图当中。

（三）数据保存

　　SPSS 数据输入后，使用者应及时将数据输入窗口的数据以文件的形式保存到电脑磁盘当中，以防数据丢失。数据可以保存为多种文件格式（如 SPSS 文件格式、Microsoft Excel 格式、dBASE 格式等），在教育测量与评价中一般将其保存为 SPSS 文件格式。

　　SPSS 格式文件的扩展名为.sav，能够被 SPSS 软件直接读取但无法被其他软件直接读取，是该软件默认的数据格式，同时该文件格式可以完整地保存变量视图中变量属性的设定以及数据视图当中的所有内容。对新建的数据文件，使用者可点击文件菜单的"保存"项或直接点击工具栏当中的文件保存图标，打开数据保存对话框，如图 6-7 所示。输入数据保存位置以及文件名，点击"保存"图标即可成功保存该文件。

图 6-7　数据保存对话框

三、运用 SPSS 进行数据整理

　　数据文件建立之后，我们就可以对数据进行分析了。但面对庞大的数据，并不是每一个个案数据或每一个变量都需要进行分析处理的，所以使用者一般会根据数据分析的需要和目的，使用 SPSS 的相关功能提前对数据进行整理。整理数据一方面可以更加了解数据，另一方面也关系到分析结果的好坏。

（一）数据的排序

　　数据视图中的个案顺序往往是由使用者输入的先后顺序来决定的。在整理数据时，有时需要根据数据分析的目的将数据按照一定的顺序进行重新排序。例如，在图 6-1 中，可以根据年级由低到高或者由高到低重新排列，以便更好地了解数据信息。

　　SPSS 中的数据排序就是将数据编辑显示区中的数据，按照指定的某个或多个变量的数值大小进行升序或降序的重新排列。数据排列分为两种，当仅指定一个变量作为排序变量时即为单值排序，当有多个指定的排序变量时则为多重排序。多重排序中第一个排序变量被称为主排序变量，其他排序变量依次被称为第二排序变量、第三排序变量等。在进行多重排序时，个案首先会按照主排序变量值的大小排序，若遇到主排序变量值相同的状况，就按照第二排序变量值的大小排序，以此依次类推。

　　例如，在图 6-1 中，使用者可以将"年级"作为主排序变量，将"语文 1"的成绩作为第二排序变量来对个案重新排序。其具体操作步骤为：①单击"数据"菜单下的"个案排序"项，打开数据排序对话框，如图 6-8 所示；②从左侧列表框中，将"年级"与"语文 1"变量按照主次顺序选到"排列依据"框内，并在"排列顺序"下选择"升序"或"降序"；③点击"确定"图标，SPSS 将会执行该命令对个案数据进行排序，图 6-9 即为图 6-1 所示的个案数据以"年级"和"语文 1"按"升序"排序后的结果。

图 6-8　数据排序对话框

	学校	年级	性别	语文1	语文2	数学1	数学2	变量	变量	变量
1	2.00	1.00	1.00	73.00	77.00	72.00	75.00			
2	1.00	1.00	2.00	85.00	86.00	89.00	86.00			
3	4.00	1.00	1.00	88.00	88.00	81.00	80.00			
4	1.00	1.00	1.00	89.00	90.00	74.00	75.00			
5	3.00	1.00	1.00	89.00	89.00	70.00	76.00			
6	1.00	2.00	2.00	73.00	79.00	74.00	76.00			
7	2.00	2.00	2.00	74.00	78.00	94.00	90.00			
8	4.00	2.00	2.00	81.00	81.00	40.00	53.00			
9	2.00	2.00	1.00	85.00	84.00	57.00	66.00			
10	3.00	2.00	1.00	93.00	92.00	80.00	82.00			
11	4.00	3.00	2.00	64.00	69.00	83.00	84.00			
12	4.00	3.00	1.00	72.00	77.00	88.00	87.00			
13	3.00	3.00	1.00	75.00	77.00	79.00	83.00			
14	3.00	3.00	2.00	85.00	85.00	73.00	76.00			
15	1.00	3.00	1.00	89.00	88.00	52.00	62.00			
16	2.00	3.00	2.00	93.00	90.00	86.00	84.00			

图 6-9　排序后数据文件

（二）个案的选取

　　在分析数据中，有时我们并不需要对所有的个案数据进行处理。个案选取就是根据数据分析的需要，从已经收集到的大量个案数据（总体）中按照一定的规则抽取部分个案数据（样本）用于数据分析，这一过程也称为样本抽样。为提高数据分析的效率，那些未被选中的个案数据将不参与之后的分析处理，除非被使用者再次选取。

例如，对图 6-1 所示的个案数据，使用者可以要求只分析女生的考试成绩。其具体操作如下。

1）点击"数据"菜单下的"选择个案"项，打开个案选取对话框，如 6-10 所示。

2）个案选取对话框中有"所有个案""如果条件满足""随机个案样本""基于时间或个案范围""使用过滤变量"等，在本案例中需要选中"如果条件满足"并点击"如果"图标，将会打开 If 对话框，如图 6-11 所示。

图 6-10　个案选取对话框

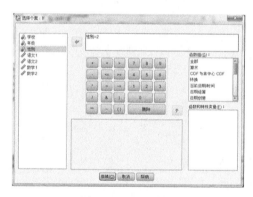

图 6-11　If 对话框

3）在 If 对话框右侧的框中定义选取条件，即"性别=2"，随后依次点击"继续"图标以及个案选取对话框中的"确定"图标，系统将执行该选取操作，图 6-12 即为个案选取后的数据结果。

因为在个案选取对话框"输出"选项中默认为"过滤掉未选定的个案"，所以数据结果中会在未选中的个案号码上添加一个"/"进行标记，当然也可将选定个案复制到指定的新数据集中，或删除未选定的个案数据。如果想要清除选取条件的影响，则单击变量名称"filter $"，选中这一列并单击，在弹出的快捷菜单中选择"清除"，删除选取条件即可。

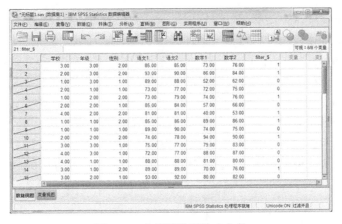

图 6-12 个案选取后输出文件

（三）数据的分组

在对数据进行统计分析时，可能只需要分析那些具有某种特性的数据，那么就涉及数据的分组。SPSS 拆分个案功能可以实现对数据的分组，它能使数据分析过程按照分组变量进行分组分析，得到各个分组的结果。通过拆分功能，还可以实现对原始数据的重新排序，使某一变量取值相同的个案集中在一起，便于观察和比较。

例如，要按照年级分别计算学生"语文 1"和"语文 2"的均值与标准差，就需要先对数据进行分组。其步骤如下。

1）鼠标单击"数据"菜单下的"拆分文件"项，打开数据分组对话框，如图 6-13 所示。

图 6-13 数据分组对话框

2）根据对数据分析的具体需要选择"分析所有个案，不创建组""比较组""按组来组织输出"中的某个选项，系统一般默认为第一个选项。"比较组"按所选变量进行分组并将各组的分析结果放在一起进行比较，而"按组来组织输出"按所选变量进行分组并将各组分析结果单独放置，这里选择了"比较组"选项，随后需要将"年级"变量选入至"分组依据"框中。

3）指定排序方式，可以直接选用系统默认的"按分组变量进行文件排序"选项，那么分组时会将数据按所选取的分组依据排序，若在分组前已经将数据按分组依据排序了，不需要重新排序，则可以选择"文件已排序"。

4）点击"确定"图标，系统将执行该选取操作，图 6-14 即为数据分组的数据结果。从数据编辑显示区来看，经过分组后的文件与经过相同变量排序后的文件在已有数据方面是相同的，而区别在于数据视图的右下角会显示"拆分依据"，同时分组的作用在进行数据分析时才会显现。

数据分组之后，就可以按照不同年级分别对"语文 1""语文 2"变量的均值和标准差进行描述分析，表 6-1 和表 6-2 分别是文件分组前后描述分析的输出结果。

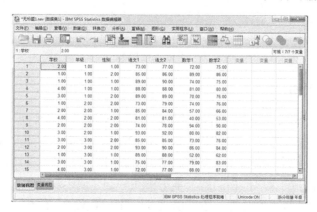

图 6-14　数据分组后输出文件

表 6-1　分组前描述分析输出结果

项目	个案数	最小值	最大值	平均值	标准差
语文 1	16	64.00	93.00	81.750 0	8.759 76
语文 2	16	69.00	92.00	83.125 0	6.469 16
有效个案数（成列）	16	—	—	—	—

表 6-2　分组后描述分析输出结果

年级	项目	个案数	最小值	最大值	平均值	标准差
二年级	语文 1	5	73.00	89.00	84.800 0	6.797 06
	语文 2	5	77.00	90.00	86.000 0	5.244 04
	有效个案数（成列）	5	—	—	—	—
四年级	语文 1	5	73.00	93.00	81.200 0	8.258 33
	语文 2	5	78.00	92.00	82.800 0	5.630 28
	有效个案数（成列）	5	—	—	—	—
六年级	语文 1	6	64.00	93.00	79.666 7	11.129 54
	语文 2	6	69.00	90.00	81.000 0	8.024 96
	有效个案数（成列）	6	—	—	—	—

（四）新变量的计算

计算出一个新结果，并将结果存入一个指定的变量中。这个指定的变量可以是一个新变量，也可以是一个已经存在的变量。

在数据分析过程中，有时会因为原始数据不能完全满足统计分析的要求，而需要某些新变量的加入。计算新变量的这一功能就是基于原有的变量数据，根据使用者所用的 SPSS 算术表达式，对所有个案或满足条件的部分个案，计算产生一系列新变量，从而有效地完成某一方面的分析工作。

例如，如果需要计算图 6-1 所示数据中所有女生语文和数学这两个科目前测成绩的平均分，则可以进行以下的操作步骤：①鼠标单击"转换"菜单下的"计算变量"项，打开计算变量对话框，如图 6-15 所示；②在"目标变量"框中输入需生成的新变量的名称"女生前测平均分"，在"数字表达式"框中则输入计算公式"（语文 1+数学 1）/2"；③点击"如果"图标，打开如图 6-16 所示的 If 个案对话框，单击"在个案满足条件时包括"选项，在其框中输入"性别=2"，随后依次点击"继续"图标以及计算变量对话框中的"确定"图标，系统将执行该选取操作，图 6-17 即为计算新变量后的数据结果。

图 6-15 计算变量对话框

图 6-16 If 个案对话框

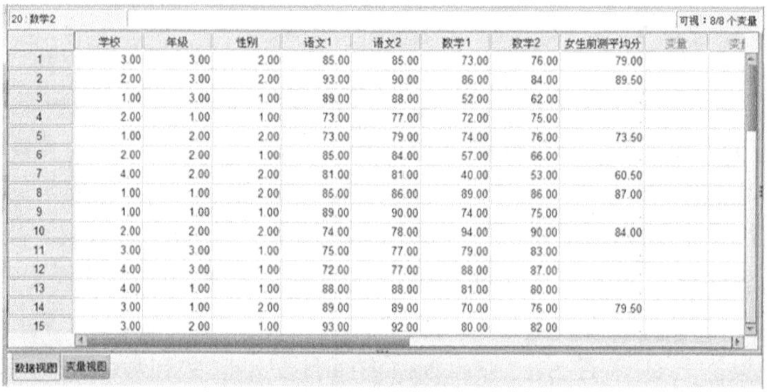
20：数学2　　可视：8/8 个变量

	学校	年级	性别	语文1	语文2	数学1	数学2	女生前测平均分	变量
1	3.00	3.00	2.00	85.00	85.00	73.00	76.00	79.00	
2	2.00	3.00	2.00	93.00	90.00	86.00	84.00	89.50	
3	1.00	3.00	1.00	89.00	88.00	52.00	62.00		
4	2.00	1.00	1.00	73.00	77.00	72.00	75.00		
5	1.00	2.00	2.00	73.00	79.00	74.00	76.00	73.50	
6	2.00	2.00	1.00	85.00	84.00	57.00	66.00		
7	4.00	2.00	2.00	81.00	81.00	40.00	53.00	60.50	
8	1.00	1.00	2.00	85.00	86.00	89.00	86.00	87.00	
9	1.00	1.00	1.00	89.00	90.00	74.00	75.00		
10	2.00	2.00	2.00	74.00	78.00	94.00	90.00	84.00	
11	3.00	3.00	1.00	75.00	77.00	79.00	83.00		
12	4.00	3.00	1.00	72.00	77.00	88.00	87.00		
13	4.00	1.00	1.00	88.00	88.00	81.00	80.00		
14	3.00	1.00	2.00	89.00	89.00	70.00	76.00	79.50	
15	3.00	2.00	1.00	93.00	92.00	80.00	82.00		

数据视图　变量视图

图 6-17　计算新变量后输出文件

第二节　教育测量与评价结果的描述

描述性统计分析是进行其他统计分析的基础和前提。在描述性统计分析中，使用者可以通过各种统计图表及数字特征量，较为准确地把握数据的总体特征，为后续推断统计方法的选取提供指导和参考。在 SPSS 软件中，有许多项目都能完成对教育测量与评价结果的描述性统计，但专门为该目的而设计的几个项目多集中在“描述统计”菜单项中。教育测量与评价结果的描述性统计分析常用的有对单个变量频数分布表的编制、单个变量描述统计量的计算以及多选项分析等，本节主要对这几项进行介绍。

一、运用 SPSS 进行频数分析

描述统计的第一步，是对原始数据的整理与呈现，最简单且最常用的方法就是进行频数分析。频数分析有两个基本任务：首先要编制一个含有频数、百分比、有效百分比与累计百分比等信息的频数分布表；其次是根据数据分析目的或变量类型绘制条形图、饼图、直方图等常用的统计图，通常情况下离散型数据（称名数据和顺序数据）会选用条形图或饼图，连续型数据（等距数据和等比数据）则选用直方图来直接对数据进行刻画。除此之外，频数分析还包括描述数据的集中趋势与离散趋势、偏态与峰度或有无极端值等扩展功能。由此可见，频数分析对更好地了解变量取值分布情况、整体把握数据特征还是非常有利的。

使用者可以利用 SPSS 软件的“频率”项来完成对原始数据的频数分析。以分析图 6-1 所示数据中所有学生语文前测成绩的频数分布情况为例，其 SPSS 操作步骤如下。

1）鼠标单击“分析”菜单后，再点击“描述统计”下的“频率”项，打开频数分析对话框，将“语文 1”变量从左侧方框中选至右侧“变量”框中，如图 6-18 所示。

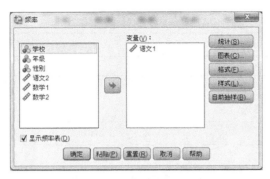

图 6-18　频数分析对话框

2）单击"图表"图标，打开图表对话框。由于成绩为连续型变量，所以单击"图表类型"中的"直方图"选项，再点击"在直方图中显示正态曲线"前的方框至其中出现"√"，如图 6-19 所示。

图 6-19　图表对话框

3）单击"继续"图标返回频数分析主对话框，在此系统默认为显示频率分析表，单击主对话框中的"确定"图标，系统将执行该频率分析操作。表 6-3 与图 6-20 即为系统输出的频率分析结果。

表 6-3　语文前测成绩频数分布表

项目	分数	频率	百分比/%	有效百分比/%	累计百分比/%
	64.0	1	5.9	6.3	6.3
	72.0	1	5.9	6.3	12.5
	73.0	2	11.8	12.5	25.0
	74.0	1	5.9	6.3	31.3
有效	75.0	1	5.9	6.3	37.5
	81.0	1	5.9	6.3	43.8
	85.0	3	17.6	18.8	62.5
	88.0	1	5.9	6.3	68.8
	89.0	3	17.6	18.8	87.5

续表

项目		分数	频率	百分比/%	有效百分比/%	累计百分比/%
有效		93.0	2	11.8	12.5	100.0
	总计	16	94.1	100.0	—
缺失	系统		1	5.9	—	—
总计			17	100.0	—	—

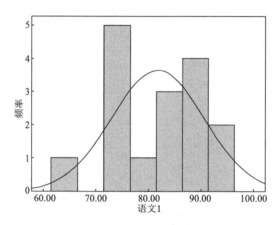

图 6-20　语文前测成绩频数分布直方图

如果有其他数据描述的要求，可以在第三步之前点击主对话框中的"统计"图标，打开频率分析[①]中的统计对话框，如图 6-21 所示。单击所需要的统计量前的方框，方框内则会显示出"√"，再点击"继续"图标即可，系统将会在最后的分析结果中输出所需要的统计量。

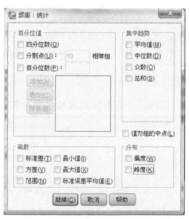

图 6-21　频数分析中的统计对话框

从表 6-3 中可以看出，有两名学生的成绩为 93.0 分，有三名学生的成绩为 89.0 分，有一名学生的成绩是 88.0 分等；而通过图 6-20 可以发现，学生的语文前测成绩多

---

① 这一统计方法被称为"频数分析"，在这个软件中是"频率"。

集中在 70.0～90.0 分的区域。

二、运用 SPSS 计算基本描述统计量

基于频率分析了解变量取值分布情况之后，通常还需要计算一些基本的描述统计量来对数据进行更精确的分析。基本的描述统计量大致分为三类：①体现数据集中趋势的描述性统计量，主要为均值；②体现数据离散程度的描述性统计量，包括全距、标准差、方差、最大值和最小值等；③体现数据分布形态的描述性统计量，主要包括偏态系数和峰度。这些统计量均可通过 SPSS 中的"描述"项进行计算，同时它还具有一个对变量做标准化转换（Z 变换）的重要功能。在教育测量与评价当中，需要计算的多是和数据集中趋势或离散程度相关的描述统计量。

以计算图 6-1 所示数据中所有学生语文前测成绩的基本描述统计量为例，其 SPSS 操作如下。

1）鼠标单击"分析"菜单后，再点击"描述统计"下的"描述"项，打开计算基本描述统计量对话框，将"语文 1"变量从左侧方框中选至右侧"变量"框中，如图 6-22 所示；

图 6-22　计算基本描述统计量对话框

2）点击"选项"图标，打开基本描述统计量选项对话框，根据需要设置输出的基本统计量，如图 6-23 所示，点击"继续"图标返回主对话框；

图 6-23　基本描述统计量选项对话框

3）设置是否对该变量数据进行标准化转换，并产生一个相对应的新变量，变量名为相应原变量名加前缀“Z”，表示一个新的语文前测成绩标准化变量，若需要标准化则可在左下侧“将标准化值另存为变量”前面的方框里打“√”。

4）单击主对话框中的“确定”图标，系统将执行该项计算基本描述统计量的操作，表 6-4 即为系统输出的分析计算结果。

表 6-4 基本描述统计量输出结果

项目	个案数	范围	最小值	最大值	总和	平均值	标准误差	标准差	方差
语文 1	16	29.00	64.00	93.00	1 308.00	81.750 0	2.189 94	8.759 76	76.733
有效个案数（成列）	16	—	—	—	—	—	—	—	—

根据基本描述统计量计算输出结果，可以看到个案数为 16，全距为 29.00，最大值和最小值分别为 93.00 和 64.00，分数总和是 1308.00，平均值为 81.7500，标准差和方差分别是 8.759 76 和 76.733。基本描述统计量分析过程中将原始数据进行标准化，得到标准化后的新变量语文前测成绩，如图 6-24 所示。运用 SPSS 计算基本描述统计量可以对一个或多个变量同时进行分析计算，只需要在要分析的变量列表中依次将其添加进去即可。

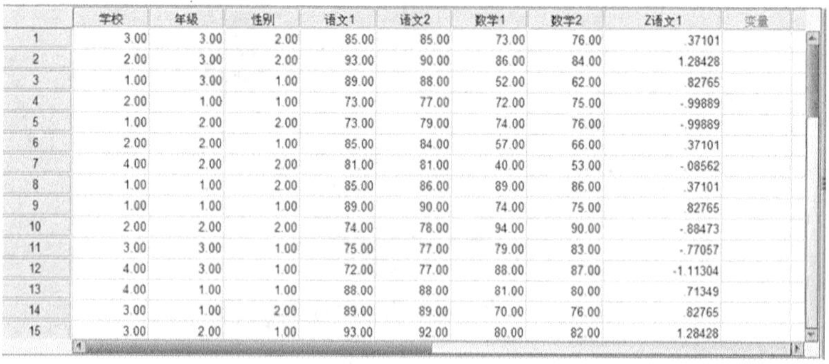

	学校	年级	性别	语文1	语文2	数学1	数学2	Z语文1	变量
1	3.00	3.00	2.00	85.00	85.00	73.00	76.00	.37101	
2	2.00	3.00	2.00	93.00	90.00	86.00	84.00	1.28428	
3	1.00	3.00	1.00	89.00	88.00	52.00	62.00	.82765	
4	2.00	1.00	1.00	73.00	77.00	72.00	75.00	-.99889	
5	1.00	2.00	2.00	73.00	79.00	74.00	76.00	-.99889	
6	2.00	2.00	1.00	85.00	84.00	57.00	66.00	.37101	
7	4.00	2.00	2.00	81.00	81.00	40.00	53.00	-.08562	
8	1.00	1.00	2.00	85.00	86.00	89.00	86.00	.37101	
9	1.00	1.00	1.00	89.00	90.00	74.00	75.00	.82765	
10	2.00	2.00	2.00	74.00	78.00	94.00	90.00	-.88473	
11	3.00	3.00	1.00	75.00	77.00	79.00	83.00	-.77057	
12	4.00	3.00	1.00	72.00	77.00	88.00	87.00	-1.11304	
13	4.00	1.00	1.00	88.00	88.00	81.00	80.00	.71349	
14	3.00	1.00	2.00	89.00	89.00	70.00	76.00	.82765	
15	3.00	2.00	1.00	93.00	92.00	80.00	82.00	1.28428	

图 6-24 变量标准化转换后输出文件

三、多选项分析

在教育测量与评价的问卷中，除了单选题之外，还经常会根据实际调查的需要涉及多选题，即要求被试从问卷题目给出的若干个可选答案中选择一个以上的答案。多选项分析就是主要针对问卷中多选题进行的分析。

在用 SPSS 处理单选题时，使用者一般会将每一道题设置为一个变量，变量中的数据值则为该题答案。对多选题来说，若参考相同方法就只能将多个答案输入到同一个数据单元格，这样一来软件则无法直接支持对问题的分析。因此，我们首先需要对多选题进行分解，即将一道多选题分解成若干个问题，对应设置多个变量，分别存放描述这些问题的几个可能备选答案。这时，对一道多选题的分析就可以转化成对多个问题的分析，也就是对多个 SPSS 变量的分析。接下来要做的就是运用频数分析或交叉分组下的频数分析等方法对分解后的数据进行分析处理。

多选题的分解方法通常有两种，分别是多选项二分法与多选项分类法。在多选项二分法中，将每一道多选题设为一个变量集，将多选题的每个答案选项设为一个变量，每个变量取值只有 0 和 1，分别表示没有选择该答案和选择该答案，这种方法多适用于选项数目未限定个数和没有顺序的情况。在多选项分类法中，首先要明确多选题最多可能出现的答案选项个数，然后设置等数量的变量，每个变量为被试的一种选择，变量取值为多选题中的可选答案，多选项分类法多适用于选项数目已限定个数和具有一定顺序的情况。使用者应该根据数据分析的要求和目的来选择分解方法。

例如，调查大学生手机使用情况时，有一道多选题为：

在您平常的生活中，哪些类型的手机软件使用较为频繁？

A. 社交类　　B. 学习类　　C. 游戏类　　D. 购物类　　E. 影视类　　F. 新闻类

下面将会分两种情况讨论如何对这道多选题的数据进行分析。

（一）没有限定选项的个数和顺序

若该题没有限定选项的个数和顺序，其 SPSS 操作步骤如下。

1）运用多选项二分法对数据进行分解，并建立数据文件，分别以“选项 A”“选项 B”“选项 C”“选项 D”“选项 E”“选项 F”为六个变量命名，如图 6-25 所示，并且均设置变量值标签为“0=未选，1=选择”。

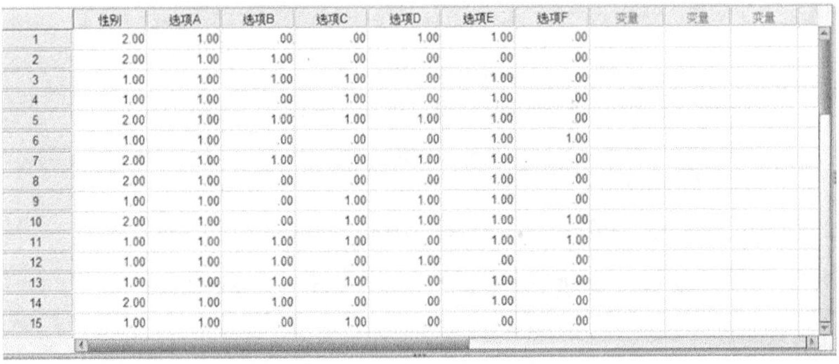

	性别	选项A	选项B	选项C	选项D	选项E	选项F	变量	变量	变量
1	2.00	1.00	.00	.00	1.00	1.00	.00			
2	2.00	1.00	1.00	.00	.00	.00	.00			
3	1.00	1.00	1.00	1.00	.00	1.00	.00			
4	1.00	1.00	.00	1.00	.00	1.00	.00			
5	2.00	1.00	1.00	1.00	1.00	1.00	.00			
6	1.00	1.00	.00	.00	.00	1.00	1.00			
7	2.00	1.00	1.00	.00	1.00	1.00	.00			
8	2.00	1.00	.00	.00	.00	1.00	.00			
9	1.00	1.00	.00	1.00	1.00	1.00	.00			
10	2.00	1.00	.00	1.00	1.00	1.00	1.00			
11	1.00	1.00	1.00	1.00	.00	1.00	1.00			
12	1.00	1.00	1.00	.00	1.00	.00	.00			
13	1.00	1.00	1.00	1.00	.00	1.00	.00			
14	2.00	1.00	1.00	.00	.00	1.00	.00			
15	1.00	1.00	.00	1.00	.00	.00	.00			

图 6-25　多选项二分法的数据文件

2）单击“分析”菜单中“多重响应”下的“定义变量集”项，打开如图 6-26 所示的多选项定义集定义对话框。

3）将左侧方框中的选项 A～F 六个变量选入至“集合中的变量”方框，指定分解方法为“二分法”，在“计数值”后的方框填入“1”，表示仅对选了这些选项的数据进行统计。

4）在左下角的“名称”内输入变量集的名称“手机软件变量集”，单击“添加”图标，将该变量集添加至“多重响应集”方框内，系统会自动给名称加前缀“$”，如图 6-26 所示，再点击“关闭”图标，这样就完成了对多选项变量集的定义。

5）单击“分析”菜单中“多重响应”下的“频率”项，打开多选项频数分析对话框，将“多重响应集”方框中的“$手机软件变量集”选至“表”方框内，如图 6-27 所示，点击“确定”图标即可完成对多选项的频数分析。表 6-5 为多选项频数分析输出结果。

图 6-26 多选项定义集定义对话框

图 6-27 多选项频数分析对话框

表 6-5 手机软件变量集多选项频数分析输出结果

项目	选项	响应		个案百分比/%
		个案数	响应百分比/%	
$手机软件变量集	选项 A	16	28.6	100.0
	选项 B	9	16.1	56.3
	选项 C	9	16.1	56.3
	选项 D	6	10.7	37.5
	选项 E	13	23.2	81.3
	选项 F	3	5.4	18.8
总计		56	100.0	350.0

注：使用了值 1 对二分组进行制表。

6）若需要进行多选项交叉分组下的频数分析，就单击"分析"菜单中"多重响应"下的"交叉表"项，打开如图 6-28 所示的多选项交叉分组下的频率分析对话框，选"性别"为行变量并定义范围的最小值为"1"、最大值为"2",选"$手机软件变量集"为列变量,再点击"确定"图标,系统将执行该 SPSS 命令。表 6-6 即为多选项交叉分组下频数分析的输出结果。

使用者可以从表 6-5 与表 6-6 中看到每类手机软件的使用情况以及不同性别被试在手机软件上的使用差别。

图 6-28　多选项交叉分组下的频率分析对话框

表 6-6　手机软件变量集多选项交叉分组下频率分析的输出结果表

项目		\$手机软件变量集						总计
		选项 A	选项 B	选项 C	选项 D	选项 E	选项 F	
性别	男	8	4	6	2	6	2	8
	女	8	5	3	4	7	1	8
总计		16	9	9	6	13	3	16

注:百分比和总计基于响应者;使用了值 1 对二分组进行制表。

(二)限定选项的个数

若该题限定选项的个数,以限定个数为 3 个为例,其 SPSS 操作步骤如下。

1)运用多选项分类法对数据进行分解,并建立数据文件,分别以"手机软件 1""手机软件 2""手机软件 3"为三个变量命名,如图 6-29 所示,并且均设置变量值标签为"1=社交类、2=学习类、3=游戏类、4=购物类、5=影视类、6=新闻类";

2)点击"分析"菜单中"多重响应"下的"定义变量集"项,打开如图 6-26 所示的多选项定义集定义对话框;

3)将左侧方框中的手机软件 1~3 这三个变量选入至"集合中的变量"方框,指定分解方法为"类别",在"范围"后的方框分别填入"1"和"6",表示数据取值 1~6 均为统计范围;

4)在左下角的"名称"内输入变量集的名称"手机软件变量集 2",单击"添加"图标,将该变量集添加至"多重响应集"方框内,系统会自动给名称加前缀"$",如图

6-26 所示，再点击"关闭"图标，这样就完成了对多选项变量集的定义。

对多选项的频数分析以及多选项交叉分组下的频数分析步骤与前一种情况相同，这里不再赘述。

	性别	手机软件1	手机软件2	手机软件3	变量	变量	变量	变量	变量	变量
1	2.00	1.00	5.00	3.00						
2	2.00	5.00	1.00	2.00						
3	1.00	3.00	1.00	6.00						
4	1.00	1.00	2.00	4.00						
5	2.00	1.00	2.00	6.00						
6	1.00	1.00	4.00	5.00						
7	2.00	1.00	4.00	2.00						
8	2.00	1.00	2.00	6.00						
9	1.00	1.00	3.00	5.00						
10	2.00	1.00	4.00	5.00						
11	1.00	1.00	3.00	5.00						
12	1.00	1.00	2.00	3.00						
13	1.00	1.00	3.00	5.00						
14	2.00	1.00	1.00	5.00						
15	1.00	1.00	3.00	4.00						

图 6-29　多选项分类法的数据文件

第三节　教育测量与评价结果的分析与检验

在正态或近似正态分布的数据资料中，经常在使用描述统计分析后，还要进行组与组之间平均水平的比较（推断性统计分析），分析方法主要有 t 检验和方差分析。t 检验分为单样本 t 检验（one-sample t test）、独立样本 t 检验（independent samples t test）和配对样本 t 检验（matched samples t test），可以应用在单一样本均值与指定值间或者两个样本间均值的比较。如果需要比较两组以上样本均值的差别，则需要使用方差分析进行分析。除此之外，若要对某些变量之间的相关性进行分析，则需要运用线性相关分析。

一、样本均值与指定值间的差异检验——单样本 t 检验

单样本 t 检验就是要比较某个变量的总体均值和某指定值之间是否存在显著差异。其统计前提是样本总体服从正态分布，不过由中心极限定理可知，只要样本量足够大，其样本均数的抽样分布仍然是正态的，所以当样本量较大时，研究者无须考虑这一前提条件。

（一）分析思路

1）提出零假设。单样本 t 检验的零假设为总体均值与检验值之间不存在显著差异，可以写为 H_0：$\mu = \mu_0$。其中，μ 为总体均值，μ_0 为检验值。

2）选择检验统计量。统计量 t 评价一个总体中小样本平均数之间的差异程度，其

服从自由度为 n–1 的 t 分布。t 统计量的计算公式为

$$t=\frac{\overline{x}-\mu}{\frac{S}{\sqrt{n}}} \tag{6.1}$$

式中，$\overline{x}$ 为样本均值；n 为样本数；μ 为总体均值；S 为样本方差。当零假设成立时，$\mu=\mu_0$。由于总体方差未知，则用样本方差 S 代替总体方差。

3）计算检验统计量观测值和概率 p 值。这一步的目的为计算检验统计量的观测值和相应的概率 p 值。SPSS 将自动把样本均值、μ_0、样本方差、样本数代入式（6.1）中，计算出统计量的观测值和对应的概率 p 值。

4）给定显著性水平 α，并做出假设检验的决策。将显著性水平 α 和概率 p 值进行比较：如果 $p<\alpha$，则应拒绝零假设，认为总体均值与检验值之间存在显著差异；如果 $p>\alpha$，则不应拒绝零假设，认为总体均值与检验值之间无显著差异。

（二）SPSS 操作

以分析图 6-30 所示数据中某班 35 名学生的普通高中招生考试语文成绩和全市平均成绩 76 分是否存在显著差异为例，其 SPSS 操作如下。

	语文	数学	变量	变量	变量	变量	变量	变量	变量	变量	变量
1	85.00	76.00									
2	90.00	84.00									
3	88.00	62.00									
4	77.00	75.00									
5	79.00	76.00									
6	84.00	66.00									
7	81.00	53.00									
8	86.00	86.00									
9	90.00	75.00									
10	78.00	90.00									
11	77.00	83.00									
12	77.00	87.00									
13	88.00	80.00									
14	89.00	76.00									
15	92.00	82.00									

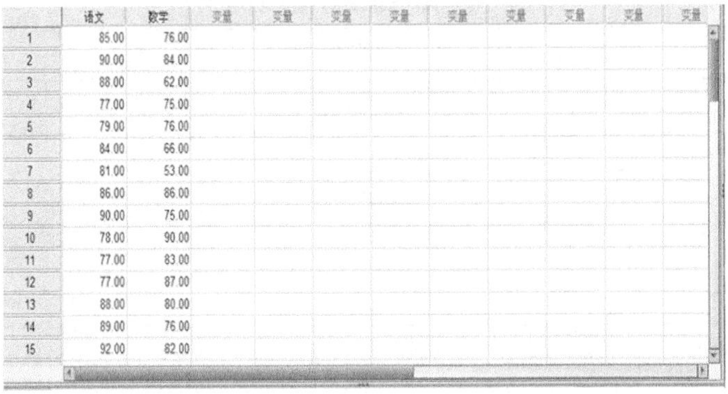

图 6-30　某班普通高中招生考试成绩数据

1）鼠标单击“分析”菜单后，再单击“比较平均值”下的“单样本 t 检验”项，打开单样本 t 检验对话框，如图 6-31 所示；

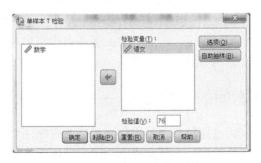

图 6-31　单样本 t 检验对话框

2）将"语文"变量从左侧方框中选至右侧"检验变量"框内，在"检验值"框中输入需要进行比较的全市平均成绩"76"；

3）单击"选项"图标，打开如图 6-32 所示的单样本 t 检验选项对话框，设置置信区间和缺失值处理方法，置信区间默认值为"95%"，缺失值的默认处理方法为"按具体分析排除个案"，使用者一般可直接采用默认项；

图 6-32　单样本 t 检验选项对话框

4）依次单击选项对话框中的"继续"图标以及主对话框中的"确定"图标，系统将执行该项单样本 t 检验的操作。表 6-7 与表 6-8 即为系统输出的分析计算结果。

表 6-7　单样本 t 检验统计量表

项目	个案数	平均值	标准差	标准误差平均值
语文	35	80.200 00	7.218 44	1.220 14

表 6-8　单样本 t 检验分析表

项目	t	自由度	显著性（双尾）	平均值差值	差值95%置信区间	
					下限	上限
语文	3.442	34	0.002	4.200 00	1.720 4	6.679 6

注：检验值=76。

从输出结果可以看出，该班 35 名学生的语文成绩平均值为 80.20000，标准差为 7.21844，均值误差为 1.220 14。本例中的检验值为 76，样本均值和检验值差为 4.200 00，根据式（6.1）计算出的 t 值为 3.442，p 值为 0.002，95%的置信区间为（1.7204，6.6796），表示 95%的样本差值在该区间。假设显著性水平 α 为 0.05，p 值小于 α，因此可以拒绝 H_0，认为该班 35 名学生的普通高中招生考试语文成绩和全市平均成绩存在显著差异，且显著高于全市平均成绩。

二、两独立样本间的差异检验——独立样本 t 检验

独立样本 t 检验主要通过比较两个独立样本均值来推断两个总体的均值是否存在显著差异。采用此检验有三个前提：一是两样本来源的总体服从或近似服从正态分布；二

是两样本相互独立，即从一个总体中抽取一组样本对从另一个总体中抽取一组样本没有任何影响；三是方差齐性，即两组方差相等。

（一）分析思路

1）提出零假设。两独立样本 t 检验的零假设为两总体均值无显著差异，可以写为 H_0：$\mu_1 - \mu_2 = 0$。其中，μ_1 和 μ_2 分别为第一个和第二个总体的均值。

2）选择检验统计量。此时会有两种情况：一种情况为两总体方差未知且相同，另一种情况为两总体方差未知且不同。

当两总体方差未知且相同时，t 统计量的计算公式为

$$t = \frac{\overline{x_1} - \overline{x_2}}{\sqrt{\dfrac{S_P^2}{n_1} + \dfrac{S_P^2}{n_2}}} \tag{6.2}$$

其中，

$$S_P^2 = \frac{(n_1 - 1)S_1^2 + (n_2 - 1)S_2^2}{n_1 + n_2 - 1} \tag{6.3}$$

式中，n_1 和 n_2 分别为两个样本的样本量；S_1^2 和 S_2^2 分别为两样本方差；S_P^2 为总体方差；$\overline{x_1}$ 和 $\overline{x_2}$ 分别为两样本均值。这里的 t 统计量服从自由度为 n_1+n_2–2 的 t 分布。

当两总体方差未知且不同时，t 统计量的计算公式为

$$t = \frac{\overline{x_1} - \overline{x_2}}{\sqrt{\dfrac{S_1^2}{n_1} + \dfrac{S_2^2}{n_2}}} \tag{6.4}$$

这时，t 统计量服从修正自由度的 t 分布，修正的自由度定义为

$$f = \frac{\dfrac{S_1^2}{n_1} + \dfrac{S_2^2}{n_2}}{\dfrac{\left(\dfrac{S_1^2}{n_1}\right)^2}{n_1} + \dfrac{\left(\dfrac{S_2^2}{n_2}\right)^2}{n_2}} \tag{6.5}$$

3）计算检验统计量观测值和概率 p 值。SPSS 将自动把两组样本的均值、样本数、抽样分布方差等代入式（6.2）或式（6.4）中，计算出 t 统计量的观测值和对应的概率 p 值。

4）给定显著性水平 α，并做出假设检验的决策。将显著性水平 α 和概率 p 值进行比较：如果 $p < \alpha$，则应拒绝零假设，认为两总体均值有显著性差异；反之，如果 $p > \alpha$，则不应拒绝零假设，认为两总体均值无显著差异。

（二）SPSS 操作

以分析 A、B 两所学校高一学生的普通高中招生考试语文成绩是否存在显著差异为例，其 SPSS 操作如下。

1）随机抽取 A、B 两所学校各 35 名高一学生的普通高中招生考试语文成绩作为样本数据建立 SPSS 文件，如图 6-33 所示。将两个样本的语文成绩都录入到"语文"变量当中，再添加一个"学校"变量并设置值标签"1=学校 A，2=学校 B"，以此对来自不同学校的数据进行区分。

	学校	语文	变量	变量	变量	变量	变量	变量	变量	变量
28	1.00	78.00								
29	1.00	63.00								
30	1.00	71.00								
31	1.00	71.00								
32	1.00	84.00								
33	1.00	79.00								
34	1.00	78.00								
35	1.00	72.00								
36	2.00	85.00								
37	2.00	90.00								
38	2.00	88.00								
39	2.00	77.00								
40	2.00	79.00								
41	2.00	84.00								
42	2.00	81.00								

图 6-33　两所学校的样本数据

2）鼠标单击"分析"菜单后，再单击"比较平均值"下的"独立样本 t 检验"项，打开独立样本 t 检验对话框，如图 6-34 所示。

图 6-34　独立样本 t 检验对话框

3）将"语文"变量从左侧方框中选至右侧"检验变量"框内，将"学校"变量选至右侧"分组变量"框内。

4）单击"定义组"图标，打开如图 6-35 所示的定义组对话框。在该对话框中设置标识变量的区分方法，选择"使用指定的值"选项，在"组 1"框中输入 1，在"组 2"框中输入 2，表示根据标识变量的取值进行区分。

图 6-35　定义组对话框

5）单击"继续"图标返回独立样本 *t* 检验对话框，再单击"确定"图标，系统将执行该项独立样本 *t* 检验的操作。表 6-9 与表 6-10 即为系统输出的分析计算结果。

需要说明的是，若在第四步中选择"分割点"选项，则表示要选择一个分割点，高于该值的个案组成一个样本，低于该值的个案组成另外一个样本。这适合于标识变量为连续变量的情况。

由输出结果（表 6-9）可以看出，两所学校各 35 名高一学生的语文成绩平均值分别为 77.8857 和 80.2000，标准差分别为 10.002 27 和 7.218 44，均值误差分别为 1.690 69 和 1.220 14。

从表 6-10 中可以看到，该检验的 *F* 统计量的观察值为 2.990，对应的概率 *p* 值为 0.088，大于 0.05，可以认为两总体的方差无显著差异，由此应该从"假定等方差"那一行读取后续 *t* 检验数据值。*t* 值为−1.110，*p* 值为 0.271。假设显著性水平 α 为 0.05，*P* 值大于 α，因此不能拒绝 H_0，也就是说 A、B 两所学校高一学生的普通高中招生考试语文成绩不存在显著差异。

表 6-9　独立样本 *t* 检验统计量表

科目	学校	个案数	平均值	标准差	标准误差平均值
语文	学校 A	35	77.885 7	10.002 27	1.690 69
	学校 B	35	80.200 0	7.218 44	1.220 14

表 6-10　独立样本 *t* 检验分析表

科目	项目	莱文方差等同性检验		平均值等同性 *t* 检验					差值95%置信区间	
		F	显著性	*t*	自由度	显著性（双尾）	平均值差值	标准误差差值	下限	上限
语文	假定等方差	2.990	0.088	−1.110	68.000	0.271	−2.314 29	2.084 99	−6.474 82	1.846 24
	不假定等方差	—	—	−1.110	61.859	0.271	−2.314 29	2.084 99	−6.482 31	1.853 74

三、两配对样本均值间的差异检验——配对样本 *t* 检验

配对样本 *t* 检验通过对来自两个不同总体的配对样本进行比较，推断两个总体的均值是否存在显著差异。在教育测量与评价中，该方法一般用于同一组被试或者两组配对被试分别接受了两种不同处理后的效果比较，以及同一组被试处理前后的效果比较。前者推断两种效果有无差别，后者是推断某种处理是否有效。采用这个方法有两个前提：一是两样本来源的总体服从或近似服从正态分布；二是两样本必须是配对的，即两样本的观察值数目相等且观察值的顺序不能随意改变。

（一）分析思路

1）提出零假设。配对样本 *t* 检验的零假设为两总体均值无显著差异，可以写为 H_0：$\mu_1 - \mu_2 = 0$。其中，μ_1 和 μ_2 分别为第一个和第二个总体的均值。

2）选择检验统计量。两配对样本 *t* 检验所采用的检验统计量与单样本 *t* 检验类似，要通过转化成单样本 *t* 检验来实现。

3）计算检验统计量观测值和概率 *p* 值。SPSS 将自动根据原始数据统计两个样本的差值，并将它们代入式（6.1）中，计算出 *t* 统计量的观测值和对应的概率 *p* 值。

4）给定显著性水平 α，并做出假设检验的决策。将显著性水平 α 和概率 *p* 值进行比较：如果 $p < \alpha$，则应拒绝零假设，认为差值样本的总体均值与 0 有显著不同，两总体的均值有显著差异；如果 $p > \alpha$，则不应拒绝零假设，认为差值样本的总体均值与 0 没有显著不同，两总体的均值无显著差异。

（二）SPSS 操作

以分析图 6-1 所示数据中学生的两科成绩在教学方法改变前后是否存在显著差异为例，其 SPSS 操作如下。

1）鼠标单击"分析"菜单后，再单击"比较平均值"下的"成对样本 *t* 检验"项，打开成对样本 *t* 检验对话框，如图 6-36 所示。

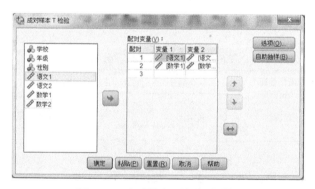

图 6-36　成对样本 *t* 检验对话框

2）从左侧的变量列表方框中选中"语文 1"，单击中间朝向为右的箭头，这时"语文 1"变量就出现在"配对变量"框内第一行的"变量 1"中。然后从左侧的对话框中

选中"语文 2",单击中间朝向为右的箭头,"语文 2"变量就出现在"配对变量"框内第一行的"变量 2"中,即将这两个变量配对。照此可以将"数学 1"和"数学 2"添加到"配对变量"框的第二行中。

3)单击"确定"图标,系统将执行该项配对样本 t 检验的操作。表 6-11 与表 6-12 即为系统输出的分析计算结果。

表 6-11　配对样本 t 检验统计量表

项目	科目	平均值	个案数	标准差	标准误差平均值
配对 1	语文 1	77.885 7	35	10.002 27	1.690 69
	语文 2	80.200 0	35	7.218 44	1.220 14
配对 2	数学 1	75.428 6	35	12.783 92	2.160 88
	数学 2	78.000 0	35	8.996 73	1.520 73

表 6-12　配对样本 t 检验分析表

项目	科目	配对差值					t	自由度	显著性（双尾）
		平均值	标准差	标准误差平均值	差值 95%置信区间				
					下限	上限			
配对 1	语文 1-语文 2	−2.314 29	3.084 80	0.521 43	−3.373 95	−1.254 62	−4.438	34	0.000
配对 2	数学 1-数学 2	−2.571 43	4.038 68	0.682 66	−3.958 76	−1.184 09	−3.767	34	0.001

由表 6-11 可以看出,教学方法改变前后的语文平均成绩分别为 77.8857 和 80.2000,标准差分别为 10.002 27 和 7.218 44,均值误差分别为 1.690 69 和 1.220 14;教学方法改变前后的数学平均成绩分别为 75.4286 和 78.0000,标准差分别为 12.783 92 和 8.996 73,均值误差分别为 2.160 88 和 1.520 73。由表 6-12 可知,教学方法改变前后语文和数学成绩差值序列的平均值分别为−2.314 29 和−2.571 43,t 值分别为−4.438 和−3.767,p 值分别为 0.000 和 0.001。假设显著性水平 α 为 0.05,p 值小于 α,因此拒绝 H_0,也就是说,教学方法改变前后语文和数学成绩具有显著性差异。从两个样本的平均值可以看出教学方法改变后的成绩显著高于改变前的成绩。

四、某因素对多个独立样本的影响分析——单因素方差分析

教育测量与评价当中的数据往往是复杂的,前面介绍的 t 检验适用于两个样本或变量间均值的比较,但是涉及两个以上的样本或变量时此方法就不再适用。例如,分析多种教学方法对成绩的影响或多所学校在某方面的差异时,我们可以采用单因素方差分析的方法。单因素方差分析也称作一维方差分析,即研究单个因素对观测变量的影响,也就是测试某一个控制变量的不同水平(≥3)是否对观测变量产生了显著影响,当然该方法也可用于之前所说的多个样本均值间的比较。采用此方法的前提条件是:①各观测变量总体服从或近似服从正态分布;②具备独立性,即在各个水平之下观测对象是独立

随机抽样；③具备方差齐性，即观测变量各总体的方差应相同。

（一）分析思路

1）提出零假设。单因素方差分析的零假设为控制变量不同水平下观测变量各总体的均值无显著差异，控制变量不同水平下的效应同时为 0，表述为 H_0：$a_1 = a_2 = \cdots = a_k = 0$，即控制变量不同水平的变化没有对观测变量产生显著影响。

2）选择检验统计量。方差分析采用的检验统计量是 F 统计量，它服从（$k-1$，$n-k$）个自由度的 F 分布。其公式为

$$F = \frac{SSA/(k-1)}{SSE/(n-1)} = \frac{MSA}{MSE} \tag{6.6}$$

式中，n 为总样本量；SSA 为组间离差平方和；SSE 为组内离差平方和；$k-1$ 和 $n-1$ 分别为 SSA 和 SSE 的自由度；MSA 为平均组间平方和，也称为组间方差；MSE 为平均组内平方和，也称组内方差。除以自由度则是为了消除水平数和样本量对分析带来的影响。

3）计算检验统计量观测值和概率 p 值。SPSS 会自动将相关数据代入式（6.6）进行计算。若 F 值显著大于 1，便可认为控制变量对观测变量产生了显著影响；相反，若 F 值接近 1，则认为控制变量没有对观测变量产生显著影响，观测变量的变差的产生可以归结为是由随机变量造成的。

4）给定显著性水平 α，并做出假设检验的决策。将显著性水平 α 和概率 p 值进行比较：如果 $p < \alpha$，则应拒绝零假设，认为控制变量不同水平下观测变量的总体均值存在显著差异，即控制变量的不同水平对观测变量产生了显著影响；如果 $p > \alpha$，则不应拒绝零假设，认为控制变量不同水平下观测变量的总体均值无显著差异，即控制变量的不同水平对观测变量没有产生显著影响。

（二）SPSS 操作

以分析图 6-1 所示数据中四所学校的语文前测成绩是否存在显著差异为例，其 SPSS 操作如下。

1）鼠标单击"分析"菜单后，再点击"比较平均值"下的"单因素 ANOVA 检验"项，打开单因素方差分析对话框，如图 6-37 所示。

图 6-37　单因素方差分析对话框

2）从左侧的变量列表方框中将"语文 1"选至"因变量列表"方框中，将"学校"这一变量作为自变量选至"因子"框中。

3）单击"事后比较"图标，打开如图 6-38 所示的单因素方差分析事后比较对话框，点击"假定等方差"下 LSD 选项前的小方框，然后单击"继续"返回主对话框。这里的 LSD（least significant difference）法即最小显著性差异法，主要用 t 检验对自变量不同水平进行组间两两成对均值的比较，其检验的敏感度比较高，各个水平间的均值存在的差别即使细微也能被检验出来。

4）单击"选项"图标打开单因素方差分析的选项对话框，如图 6-39 所示。在此可以进行描述统计量、方差齐性检验、均值图、缺失值处理等方面的设置。单击"统计"栏中"描述"和"方差齐性检验"前的小方框，缺失值处理方法默认为"按具体分析排除个案"，单击"继续"返回主对话框。

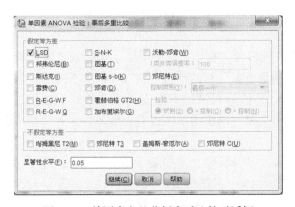

图 6-38　单因素方差分析事后比较对话框

图 6-39　单因素方差分析的选项对话框

5）单击"确定"图标，系统将执行该项单因素方差分析的操作。表 6-13～表 6-16 即为系统输出的分析计算结果。

　　单因素方差分析的结果比较多，这里一一对其进行介绍分析。

　　表 6-13 为单因素方差分析统计量表，主要显示了自变量的组别（水平）即案例中的四所学校，并且罗列出这四所学校的个案数、均值、标准差、标准误差、均值的置信区间，以及最小值与最大值，以便于使用者大体了解数据的各方面情况。

表 6-13　语文前测成绩的单因素方差分析统计量表

学校	个案数	平均值	标准差	标准误差	平均值的95%置信区间		最小值	最大值
					下限	上限		
胜利小学	8	76.000 0	13.384 43	4.732 11	64.810 3	87.189 7	49.00	89.00
希望小学	9	81.777 8	7.661 23	2.553 74	75.888 8	87.666 7	72.00	93.00
实验小学	9	78.111 1	10.481 47	3.493 82	70.054 3	86.167 9	59.00	93.00
光明小学	9	75.444 4	8.516 32	2.838 77	68.898 2	81.990 7	63.00	88.00

　　表 6-14 为方差齐性检验分析表，主要显示了单因素方差分析的方差是否相等的检验结果，即检查是否满足方差分析的前提。表 6-14 中不同学校学生语文前测成绩的方差齐性检验值为 0.556，p 值为 0.648。假设显著性水平 α 为 0.05，由于 p 值大于 α，可以认为不同学校学生语文前测成绩的总体方差无显著性差异，基本满足单因素方差检验中方差相等的要求。

　　表 6-15 为单因素方差分析表，主要显示了变异来源、平方和、自由度、均方、F 值与显著性分析值。表 6-15 中 F 统计量的值为 0.711，p 值为 0.553。假设显著性水平 α 为 0.05，p 值大于 α，因此不能拒绝 H_0，也就是说四所学校学生的语文前测成绩不存在显著差异。

表 6-14　语文前测成绩方差齐性检验分析表

莱文统计	自由度 1	自由度 2	显著性
0.556	3	31	0.648

表 6-15　语文前测成绩单因素方差分析表

变异来源	平方和	自由度	均方	F	显著性
组间	218.876	3	72.959	0.711	0.553
组内	3182.667	31	102.667	—	—
总计	3401.543	34	—	—	—

　　若单因素方差分析结果显示四所学校学生的语文前测成绩具有显著差异，则需要查看如表 6-16 所示的 LSD 事后分析表。表 6-16 主要显示了对自变量不同水平的数据进行两两比较的结果，包括两组平均值差值、差值的标准误差、显著性水平以及差值的置信区间。使用者可以查看这些数值，以便做出正确的选择。

表 6-16　语文前测成绩 LSD 事后分析表

（I）学校	（J）学校	平均值差值（I-J）	标准误差	显著性	95%置信区间	
					下限	上限
胜利小学	希望小学	−5.777 78	4.923 49	0.250	−15.819 3	4.263 7
	实验小学	−2.111 11	4.923 49	0.671	−12.152 6	7.930 4
	光明小学	0.555 56	4.923 49	0.911	−9.486 0	10.597 1
希望小学	胜利小学	5.777 78	4.923 49	0.250	−4.263 7	15.819 3
	实验小学	3.666 67	4.776 49	0.449	−6.075 0	13.408 4
	光明小学	6.333 33	4.776 49	0.195	−3.408 4	16.075 0
实验小学	胜利小学	2.111 11	4.923 49	0.671	−7.930 4	12.152 6
	希望小学	−3.666 67	4.776 49	0.449	−13.408 4	6.075 0
	光明小学	2.666 67	4.776 49	0.581	−7.075 0	12.408 4
光明小学	胜利小学	−0.555 56	4.923 49	0.911	−10.597 1	9.486 0
	希望小学	−6.333 33	4.776 49	0.195	−16.075 0	3.408 4
	实验小学	−2.666 67	4.776 49	0.581	−12.408 4	7.075 0

五、变量间线性相关关系强弱分析——线性相关分析

对教育测量与评价所收集的数据，除了上述的参数检验以外，可能还要对数据某些变量之间的相关性进行数量分析，例如分析量表或问卷的信度时，就需要用到相关分析这一分析方法。相关分析的主要目的之一是研究变量之间的密切程度，这一点可以通过确定一个变量的取值之后，进而观察另一个与之具有同样地位变量的变异程度来获取；而另一主要目的则是根据样本数据来推断总体是否相关。使用者可以通过 SPSS 计算相关系数来描述两个变量之间线性关系的紧密程度。

（一）分析思路

利用相关系数进行变量间线性关系的分析，需要完成以下两个步骤。

1）计算相关系数 r。变量的类型不同，其相关系数计算公式也有所差异。在相关分析中，常用的相关系数主要有积差相关系数［式（3.5）］、斯皮尔曼等级相关系数［式（3.12）］和肯德尔和谐系数［式（3.13）、式（3.14）］等。

2）对来自样本的两总体是否存在显著线性关系进行推断。由于抽样存在随机性，样本相关系数一般不能直接用来说明两个变量是否具有显著的线性相关性，所以需要通过假设检验的方式对两总体变量间是否存在显著线性相关进行推断。推断思路为：①提出零假设 H_0 为两总体无显著的线性相关关系。②选择检验统计量，对应不同的相关系数选择不同的检验统计量。③计算检验统计量观测值和概率 p 值。④给定显著性水平

α，并做出假设检验的决策。将显著性水平 α 和概率 p 值进行比较：如果 $p<\alpha$，则应拒绝零假设，认为两总体间存在显著相关；如果 $p>\alpha$，则不应拒绝零假设，认为两总体无显著的线性相关关系。

（二）SPSS 操作

例如，以 A、B 数学复本测验对五年级某班的学生进行测试，分析其复本信度如何。由于两个测验的成绩都为连续变量，所以选择积差相关系数，其 SPSS 操作如下。

1）以该班 A 卷和 B 卷的数学测验成绩作为样本数据建立 SPSS 文件，其中将 A 卷成绩和 B 卷成绩分别作为一个单独变量进行数据录入，如图 6-40 所示。

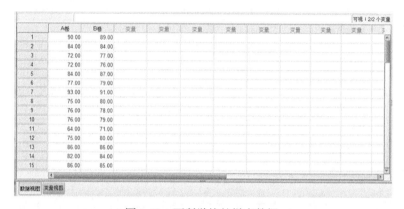

图 6-40　两所学校的样本数据

2）鼠标单击"分析"菜单后，再单击"相关"下的"双变量"项，打开线性相关分析对话框，如图 6-41 所示。

图 6-41　线性相关分析对话框

3）将左侧列表方框中的"A 卷"和"B 卷"变量选至"变量"方框内，单击"相关系数"栏下的"皮尔逊"选项，"显著性检验"下默认为"双尾"，相关性显著性也默认为标记状态。

4）单击"选项"图标，打开线性相关分析的选项对话框，如图 6-42 所示。在此可以进行描述统计量与缺失值处理的设置。点击"统计"栏下的"平均值和标准差"选项，缺失值处理方法则默认为"成对排除个案"，单击"继续"返回主对话框。

图 6-42　线性相关分析的选项对话框

5）单击"确定"图标，系统将执行该项线性相关分析的操作。表 6-17 与表 6-18 即为系统输出的分析结果。

由输出结果（表 6-17、表 6-18）可以看出，A 卷和 B 卷的平均成绩分别为 80.4000 和 82.4444，标准差分别为 8.491 71 和 6.032 32；A 卷和 B 卷的积差相关系数为 0.984，其相关系数检验为 0.000，因此，无论显著性水平 α 是 0.05 还是 0.01，都应该拒绝 H_0，认为两复本成绩存在显著线性相关关系，说明复本的信度高、可靠性好。

表 6-17　线性相关分析统计表

项目	平均值	标准差	个案数
A 卷	80.4000	8.49171	45
B 卷	82.4444	6.03232	45

表 6-18　线性相关分析表

项目	统计量	A 卷	B 卷
A 卷	皮尔逊相关性	1.000	0.984[**]
	显著性（双尾）	—	0.000
	个案数	45	45
B 卷	皮尔逊相关性	0.984[**]	1.000
	显著性（双尾）	0.000	—
	个案数	45	45

注：**表示在 0.01 级别（双尾）相关性显著。

本章小结

在教育测量与评价过程当中，SPSS 统计软件是对研究者所收集数据进行统计分析的常用软件。本章首先介绍了 SPSS 的不同窗口及其功能，阐述了怎样运用该软件对数据进行录入、保存和初步的数据整理，接着介绍了对数据进行描述性统计分析和推断性统计分析的方法和步骤。数据的整理与分析是得出研究结论的前提，只有运用准确的分析方法，才能保证研究结果和研究结论的科学性。

练习思考

1. 简述教育测量与评价数据整理的步骤。
2. 简述教育测量与评价结果描述的几个部分。
3. 简述教育测量与评价结果分析与检验的几种方法及其 SPSS 操作步骤。

第七章

学 生 评 价

学习目标

● 掌握学生评价的内涵；
● 了解学生评价的意义；
● 掌握学生评价的内容和方法；
● 理解学生综合素质评价的实施程序；
● 把握我国学生评价的最新发展趋势。

知识导图

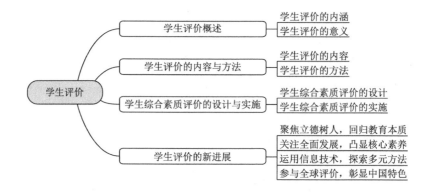

学生评价是教育评价最基本的组成部分，在教育评价中处于核心地位，对学生成长和发展有着重要的意义。自教育评价诞生以来，学者们对学生评价进行了大量研究。进入 21 世纪以后，随着我国基础教育改革的不断深化，学生评价也日益成为教育工作者关注的热点。

第一节　学生评价概述

学生评价是衡量教育质量的重要手段，是促进学生全面发展的途径之一。因此，厘清学生评价的内涵，明晰学生评价的意义，将有利于我们在实践中更好地开展学生评价工作。

一、学生评价的内涵

目前，关于学生评价的界定，可谓众说纷纭。涂艳国认为："学生评价是评价主体依据一定评价标准，对学生个体学习的进展和变化及其影响因素进行系统分析和价值判断的过程。"[1]胡中锋认为："学生评价是以学生为对象的教育评价，它是依据一定的价值标准对学生的学业成就、个性发展、品德状况、体质体能等方面进行价值判断，并把判断结果反馈于教育实践以改进教学，是对学生学习进展与行为变化的评价。"[2]金娣和王钢认为："学生评价是在系统地、科学地和全面地搜集、整理、处理和分析学生信息的基础上，对学生发展和变化的价值做出判断的过程，目的在于促进教育与教学改革，使学生全面发展。学生评价包括学业成绩的评定（认知的发展），思想品德和行为规范的评价（品德的发展），体格和体能的评定（动作技能的发展），学生态度、兴趣和个性心理特征的评价（个性的发展）等多方面。"[3]可见，价值观不同，学者们对学生评价的理解也不相同。

结合以上观点和要求，我们认为，学生评价是指依据一定的价值标准，运用多种科学方法系统地、全面地收集、处理和分析学生信息，对学生的思想品德、学业成就、身体健康、艺术素质、劳动素养等方面的发展和变化做出价值判断的过程，目的在于促进学生全面发展，提高教师教学质量。

从以上界定中可以看出，学生评价内涵发生了很大变化，具体表现在以下四个方面。

1）评价目的强调发展性。以往学生评价的目的是进行甄别和选拔，存在"唯分数"的痼疾，只注重考核学生的学业成就，把学生分为三六九等；而现代学生评价的根本目的是更好地促进学生发展，提高教师教学水平，为实施素质教育提供保障。可见，现代学生评价强调评价目的的发展性功能，将学生发展、教师发展和学校发展融为一体，以评促学、以评促教，帮助学生认识自我、发展自我。

2）评价重心强调过程性。以往学生评价过于注重对学生学习结果的评价，即采用终结性评价的方式对学生进行甄别和淘汰；而现代学生评价在肯定结果评价的同时，更加强调过程性评价，关注学生发展和成长的过程，要求评价必须贯穿教育教学的全过程，并对学生发展情况给予及时反馈，帮助学生有效地调控学习过程，使学生在学习过程中获得成就感，增强自信心。

3）评价内容强调全面性。以往学生评价过分注重对知识和技能的评价，忽视了对学生身体素质、艺术素质、劳动素养、综合素质等方面的评价；而现代学生评价则更加全面，强调要对学生德智体美劳的全面发展进行评价，且更加注重学生的综合素质评价。《深化新时代教育评价改革总体方案》中明确指出，要"改革学生评价，促进德智体美劳全面发展"；要"完善综合素质评价体系"；要"完善德育评价""强化体育评价""改进美育评价""加强劳动教育评价""严格学业标准"。因此，只有坚持评价内容的全面性，才能培育出合格的时代新人。

4）评价方式强调多样化。评价内容决定了选择何种评价方式。以往评价内容比较单一，人们常常采用纸笔测验这一量化方式对学生进行评价。随着评价内容越来越全面，量化数据已无法全面衡量出学生发展的真实情况。因此，现代学生评价倡导采用多

① 涂艳国. 教育评价[M]. 北京：高等教育出版社，2007：3.

② 胡中锋. 教育测量与评价[M]. 2 版. 广州：广东高等教育出版社，2006：300.

③ 金娣，王钢. 教育评价与测量[M]. 2 版. 北京：教育科学出版社，2007：260.

样化的评价方式，强调量化评价和质性评价的综合使用。除了考试外，还要重视表现性评价、档案袋评价、日常行为观察、自我评价等质性评价方式，从而全面、客观、公正地评价学生发展。

二、学生评价的意义

（一）学生评价是学生自我发展和调节学习行为的重要手段

学生评价是学生自我完善的重要手段，其结果可以为学生提供努力的方向，有助于激发学生的学习动机，调动学生的学习积极性，促进学生主动发展。同时，及时、积极的学生评价能使学生感受到来自他人的尊重，有利于其增加自信心，促进身心健康成长。总之，通过学生评价的反馈信息，学生可以客观地了解自身学习情况，及时反思学习过程中的不足，有利于依据目标不断地调节自己的学习过程。

（二）学生评价是教师了解学生和改进教学的重要途径

通过学生评价，教师可以及时了解学生的学习和身心发展状况，从而有针对性地促进和帮助学生成长。在教学活动前，教师可以通过多种方式了解学生的知识储备和心理状况，进而制定适度的教学目标，选择恰当的教学手段与模式。在教学活动中，教师要善于观察，结合过程性评价的反馈信息，及时地调整教学内容和教学策略，使其适应学生的学习需求。在教学活动后，教师可以通过学生评价结果来反思教学情况，从而发现自身教学过程中的成功与疏漏。当教学比较成功的时候，教师可以进一步地提炼经验，做到巩固和推广。当教学效果与预期相距较大时，教师要善于反思，找出问题并及时地改进，从而不断地提高教学质量，促进自身专业发展。

（三）学生评价是学校落实立德树人根本任务的关键途径

学生是一个"整体的人"，根据立德树人的要求，需加强对学生德智体美劳的全面培养，学校教育要做到全员、全过程、全方位育人。这与实施学生评价的初心——促进学生全面发展，是完全一致的。因此，学校在开展学生评价时，要坚持导向性原则，认真贯彻党的教育方针，引导广大师生朝着正确的方向开展学生评价工作，以满足学生个性化、多样化的发展需求。同时，学生评价强调对学生的思想品德、学业成就、身体健康、艺术素质、劳动素养等进行全面评价，其目的就是要引导学生努力践行社会主义核心价值观，发现和培育良好个性，提升社会责任感、创新精神和实践能力等。因此，学生评价是学校落实立德树人根本任务的关键路径，有着丰富的价值诉求和教育意蕴。

总而言之，现代学生评价不再仅仅关注甄别和选拔，而是为了充分发挥评价的激励和改进作用。通过学生评价，学生自身可以明确发展目标，调节学习行为；教师可以全面了解学生情况，及时改进教学过程；学校可以更好地落实立德树人根本任务，提升教育质量。

第二节 学生评价的内容与方法

目前，我国学生评价改革强调以德为先、能力为重、全面发展，要面向人人、因材施教、知行合一；要改变用分数给学生贴标签的做法，创新德智体美劳过程性评价办法，完善综合素质评价体系；要切实引导学生坚定理想信念、厚植爱国主义情怀、加强品德修养、增长知识见识、培养奋斗精神、增强综合素质。这些改革要求使学生评价的发展面临着重大挑战。因此，只有明确学生评价内容，采用科学评价方法，才能促进学生评价的良性发展。

一、学生评价的内容

结合学生评价的内涵和新时代教育评价改革的基本精神，学生评价的内容主要包括思想品德评价、学生学业成就评价、身体健康评价、艺术素质评价及劳动素养评价五个方面。

（一）思想品德评价

思想品德评价是指在遵循学生思想品德发展规律的基础上，依据一定社会行为规范和各学段德育目标，运用多种科学方法，系统全面地收集、处理和分析学生信息，对学生政治素质、思想素质、道德素质、法纪素质、心理素质等方面的发展进行价值判断的过程。一般来说，学生思想品德评价内容主要包括政治素质、思想素质、道德素质、法纪素质、心理素质等。[①]

1. 政治素质

政治素质是指学生基本的政治立场、观点、态度和行为。它是学生思想品德评价的核心内容，关系到为谁培养人、培养什么人、怎么培养人的大问题。虽然不同学段对学生政治素质的要求不同，但从整体上看，评价学生政治素质主要看其对党、对国家、对社会主义的感情。学生要热爱祖国，热爱集体，拥护中国共产党的领导，坚持社会主义道路，具有共产主义远大理想和中国特色社会主义共同理想。

2. 思想素质

思想素质是指学生的世界观、人生观和价值观等思想观念。它是学生思想品德评价中最本质的要素，关系到引导学生为谁活、怎样活的严肃问题。世界观、人生观和价值观有正确与错误之分。在评价学生思想素质时，应从学习、生活和各种现实问题中去

---

① 黄光扬. 教育测量与评价[M]. 2 版. 上海：华东师范大学出版社，2012：276.

考察和评判。在评价过程中，应遵循不同学段学生的身心发展特点，坚持全面、辩证、突出重点的原则，紧紧围绕坚持和发展中国特色社会主义这一主题，紧紧围绕实现中华民族伟大复兴的中国梦这一目标，重点考查学生思想观念的发展水平。

3. 道德素质

道德素质是指学生在道德认知、道德情感、道德意志、道德行为等方面的发展情况。它是规范道德教育、促进学生道德品质健康发展的重要手段。对学生道德品质进行评价，是为了提高其道德觉悟，陶冶其道德情操，锻炼其道德意志，树立其道德信念，培养其道德品质，最终使学生养成良好的道德习惯。在评价过程中，主要考查学生是否有正确的道德认知，是否有高尚的道德情感，是否有坚强的道德意志，以及是否有良好的道德行为。

4. 法纪素质

法纪素质是指学生对社会主义民主、社会主义法律制度、社会主义组织纪律等基本知识的认识和态度，以及坚持民主，遵守和维护法律，遵守组织纪律的行为品质。对学生法纪素质进行评价，是为了增强其民主法治意识，提高其民主参与意识、能力和责任，掌握法律知识，培养法治精神，在社会生活中做到遵纪守法。在评价过程中，主要考查学生是否有基本的法纪常识和社会主义法治观念，是否有遵纪守法的良好品质，是否懂得同丑恶现象、不良现象、违法犯罪现象做斗争，以及是否能运用法律武器保护自己的合法权益。

5. 心理素质

心理素质是指学生在心理状态、心理品质、心理能力、心理特征等方面的发展情况，其外在表现形式为心理健康状况。心理健康的学生一般具有以下特点：智力水平正常；自我意识正确；人际关系和谐；生活平衡积极；社会适应良好；情绪乐观向上；意志行为健全；人格统一完整；身心特征一致。[1]需要说明的是，心理健康标准是动态的，不是静态的；是相对的，不是绝对的。学生心理健康是一种状态，更是一个过程。因此，在对学生心理健康进行评价时，要综合考察其在较长的一段时间内的持续状态。

（二）学生学业成就评价

学生学业成就评价是指依据一定的学科课程标准，运用多种科学方法，系统全面地收集、处理和分析学生信息，对学生在学校课程学习中取得的学习成就进行价值判断的过程。学生学业成就评价内容主要包括学科基础知识与基本技能、发展能力、情意领域等。[2]

1. 学科基础知识与基本技能

学科基础知识是指构成各门学科的基本事实以及基本概念、原理和公式等。它是组成各门学科的基本结构，揭示了学科研究对象的规律，反映了科学文化发展的现有水平。学生学业成就评价中所强调的学科基础知识并非固化的结论或绝对的真理，而是提

---

[1] 姚本先. 学校心理健康教育新论[M]. 北京：高等教育出版社，2010：19-21.

[2] 朱德全. 教育测量与评价[M]. 北京：高等教育出版社，2016：266-276.

升学生学科素养的关键载体。对学科基础知识的评价应该注重从学生对知识的表征、领悟和整合三个层面去把握。基本技能是指获得各门学科知识和运用知识去完成某项活动时最主要、最常见的能力，比如语文中的阅读技能、数学中的计算技能。在对学生基本技能进行评价时，主要考察其口头语言表达技能、实验操作技能等方面的发展状况。

2. 发展能力

学生的发展能力主要涵盖专业能力、方法能力、社会能力和创新能力，常涉及生存和从业能力、创新精神和创业能力、社会适应能力、自我调控能力、不断学习和发展的能力等具体内容。其中，专业能力评价主要指对学生从事职业活动所需要的技能与相应的知识的评价；方法能力评价主要指对学生从事实践活动时所需要的工作方法和学习能力的评价；社会能力评价主要指对学生从事社会实践活动所需行为能力的评价，主要是对学生在学会共事、学会做人的过程中所形成的正确行为规范、价值观念和积极人生态度的评价；创新能力评价主要指对学生在校期间进行的创新实践活动的各个环节进行的评价。

3. 情意领域

情意领域评价主要涉及对学生学习价值观、学习态度、学习兴趣、学习动机、自我概念等方面的评价。其中，学习价值观评价主要包括对知识内容有用性的看法、对学校活动目的的认识、对学业要求的认同、对培养自我学习能力意义的理解等方面的评价。学习态度评价不仅要做出概括性的评价，更要指出学生究竟对哪些教学因素具有积极的态度，并能描绘出学生在学习活动中的实际感觉。学习兴趣评价主要包括对学生的兴趣广度、兴趣持久性和兴趣效能等方面的评价。学习动机评价可以从学生是否努力取得成功，是否全力以赴去实现自己制定的目标，是否尽力达到教师提出的期望、动机类型等方面进行评价。自我概念则主要包括现实自我、理想自我和镜像自我三个方面，评价时要深入地了解学生，帮助学生形成有利于健康成长的自我概念，建立起较强的学习自信心。

（三）身体健康评价

学生身体健康评价是指根据一定的健康标准，运用多种科学方法，系统全面地收集、处理和分析学生信息，对学生的身体形态、生理功能、身体机能与运动能力等方面的发展进行价值判断的过程。根据《国家学生体质健康标准（2014 年修订）》的规定，学生身体健康评价内容主要包括身体形态、身体机能、身体素质等。

1. 身体形态

身体形态发育水平是决定一个人体质好坏的重要条件。其评价内容主要包括长度（指身高、手足长等）、围度与重量（指体重、腿围等）、宽度（指肩宽等）、体型、骨龄等。

2. 身体机能

身体机能是指人体在新陈代谢作用下，各器官系统工作的能力。其评价内容主要有脉搏、血压和肺活量。比如，《国家学生体质健康标准（2014 年修订）》规定，小学一年级男生肺活量在 1500～1700 毫升为优秀，在 1300～1400 毫升为良好，在 700～

1240 毫升为及格，在 500~660 毫升为不及格。

3. 身体素质

身体素质主要指学生在运动时表现出来的速度、力量、灵敏、耐力、柔韧、协调等素质。根据学段不同，其评价内容也不相同。其中，小学一、二年级包括 50 米跑、坐位体前屈、1 分钟跳绳；小学三、四年级包括 50 米跑、坐位体前屈、1 分钟跳绳、1 分钟仰卧起坐；小学五、六年级包括 50 米跑、坐位体前屈、1 分钟跳绳、1 分钟仰卧起坐、50 米×8 往返跑；初中、高中、大学各年级包括 50 米跑、坐位体前屈、立定跳远、引体向上（男）和 1 分钟仰卧起坐（女）、1000 米跑（男）和 800 米跑（女）。

（四）艺术素质评价

学生艺术素质评价是指在遵循艺术教育规律的前提下，运用多种科学方法，系统地、全面地收集、处理和分析学生信息，对学生的艺术兴趣、艺术知识与技能、艺术特长等方面的发展进行价值判断的过程，其目的是了解学生的艺术素养发展状况，改进美育教学，提高学生的审美和人文素养。在对学生艺术素质进行评价时，应坚持科学的教育质量观：既要关注学生艺术课程学习水平，也要关注学生参与艺术实践活动的经历；既要关注学生的学习成果，也要关注学生的学习态度；既要关注对学生的基本要求，也要关注对学生特长的激励。根据教育部印发的《中小学生艺术素质测评办法》，学生艺术素质评价内容主要包括基础指标、学业指标、发展指标等。

1. 基础指标

基础指标主要包括学生的课程学习和课外活动两个方面的发展情况。其中，课程学习是指学生在音乐、美术等艺术课程学习中的出勤率、参与度和学习任务完成情况；课外活动是指学生在其参与的学校组织的艺术兴趣小组、艺术社团和各类艺术活动中的表现。

2. 学业指标

学业指标主要包括学生的基础知识和基本技能两个方面的发展情况。其中，基础知识是指学生理解和掌握音乐、美术等艺术课程标准要求的基础知识的情况；基本技能是指学生掌握和运用音乐、美术等艺术课程标准要求的基本技能的情况。

3. 发展指标

发展指标主要包括学生的校外学习和艺术特长两个方面的发展情况。其中，校外学习是指学生自主参加校外艺术学习、参与艺术实践的情况（主要指参与社区、乡村文化艺术活动，学习优秀的民族民间艺术，欣赏高雅的文艺演出和展览等）；艺术特长是指学生在学校现场测评中展现的某一艺术特长，包括声乐、器乐、舞蹈、戏剧、戏曲、绘画、书法等。

（五）劳动素养评价

学生劳动素养评价是指依据劳动教育的目标和内容要求，运用多种科学的方法，系统地、全面地收集、处理和分析学生信息，对学生的劳动观念、劳动能力、劳动精神、劳动习惯和品质等方面的发展进行价值判断的过程。根据教育部印发的《大中小学劳动教育指导纲要（试行）》，学生劳动素养评价内容主要包括劳动观念、劳动能力、劳动精神、劳动习惯和品质等。

1. 劳动观念

劳动观念是指学生在劳动活动中所形成的综合性认知，是学生劳动意识、劳动思想和劳动态度的表达。其评价目标是学生能正确理解劳动是人类发展和社会进步的根本力量，认识劳动创造人、创造价值、创造财富、创造美好生活的道理，尊重劳动，尊重普通劳动者，牢固树立劳动最光荣、劳动最崇高、劳动最伟大、劳动最美丽的思想观念。

2. 劳动能力

劳动能力是学生劳动知识、劳动技能以及劳动实践创新等多项内容的综合表现，主要包括劳动知识、劳动技能和劳动创新，是学生个体劳动观念、劳动精神以及劳动习惯等劳动品质形成的坚实基础。其评价目标是学生能掌握基本的劳动知识和技能，正确使用常见劳动工具，增强体力、智力和创造力，具备完成一定劳动任务所需要的设计能力、操作能力及团队合作能力。

3. 劳动精神

劳动精神是指学生面对劳动所秉持的精神风貌和人格气质，是学生劳动素养的核心内容。其评价目标是学生能领会"幸福是奋斗出来的"的内涵与意义，继承中华民族勤俭节约、敬业奉献的优良传统，弘扬开拓创新、砥砺奋进的时代精神。

4. 劳动习惯和品质

劳动习惯和品质是随着学生成长而养成的人格品质，体现为日常的自觉化劳动行为与思考方式，是从个体内在思维、思想到外在行为表现的素养展现，也是学生劳动素养体系的关键内容。其评价目标是学生能够自觉自愿、认真负责、安全规范、坚持不懈地参与劳动，形成诚实守信、吃苦耐劳的品质，珍惜劳动成果，养成良好的消费习惯，杜绝浪费。

二、学生评价的方法

评价内容是决定评价方法的重要因素。随着学生评价内容的全面化，单一的评价方式已不能全面、客观地评价学生的真实发展水平。因此，只有综合运用多种评价方法，才能全面地衡量学生的发展和变化。下面详细介绍几种常用的学生评价方法。

（一）纸笔考试

1. 纸笔考试的含义

纸笔考试是指教师将要考查的教学内容以不同的问题形式展现在考试纸上，学生在规定的时间里运用书面语言回答所有问题，然后教师按照预先制定的评分标准进行评分，从而判断学生的学业发展水平。目前，纸笔考试是学生评价中最常用的一种方式，在考查学生学科学习方面发挥着重要的作用。

2. 纸笔考试的类型

（1）标准化考试和非标准化考试

按照考试的标准化程度，纸笔考试可分为标准化考试和非标准化考试。标准化考试是指在试题的编制、实施、计分以及考试分数的解释等方面都有严格程序的考试。这类纸笔考试一般由考试专家进行设计，主要用于大型的正规考试当中。非标准化考试是指在试题的编制、实施、计分以及考试分数的解释等方面程序不是十分严格、科学程度不高的考试。这类纸笔考试只能粗略地检测学生对知识的掌握情况，而不适用于对学生进行选拔。

（2）客观性考试和主观性考试

按照考试题目的类型，纸笔考试可分为客观性考试和主观性考试。客观性考试是指考试题目具有唯一答案，评分不受主观影响，且要求学生在考试中做出唯一正确答案。主观性考试是指考试题目没有固定标准答案或唯一结论，且学生可以根据自己的理解和思考来回答。教师主要采用等级描述性评定和要素分析性评定来对这类考试题目进行评分。

（3）闭卷考试和开卷考试

按照考试的要求，纸笔考试可分为闭卷考试和开卷考试。闭卷考试是指要求学生不借助任何外在辅助工具，在规定时间内完成答题的考试。这类考试是最常用，也是历史最悠久的一种考试类型，考试内容大多侧重于学生对书本知识的掌握，容易使学生养成死记硬背的习惯。开卷考试是指允许学生在考试时借助教科书、笔记、相关参考资料以及工具书等独立完成答题的考试。这类考试题目的综合性和开放性较强，大多没有现成答案，主要考查学生对知识的理解、分析、归纳、应用等能力，有利于学生创造性思维的发展。

3. 纸笔考试试卷的编制

尽管各种纸笔考试的目的和内容存在差别，但是试题编制的过程大致相同，一般包括确定考试目标、编制命题双向细目表、编制试题、组合试卷、试测、制定参考答案和评分标准等环节，各个环节的注意事项和具体要求在第四章已有详细的阐述，此处不再赘述。

4. 纸笔考试的优势与局限

纸笔考试作为最常用的学生评价方式之一，相对于其他评价方式，具有简便、易行的特点，但其局限也是十分明显的。

（1）纸笔考试的优势

纸笔考试的优势主要体现在：①纸笔考试内容覆盖广，可以对学生的知识掌握情况进行全面的考查；②其实施条件简单，只需编制好试卷、安排好场所和时间即可进行；③纸笔考试评分的过程节省人力和时间，成本较低，便于操作。

（2）纸笔考试的局限

纸笔考试的局限主要体现在：①纸笔考试的实施受特定的时间和空间的限制，不能检查学生的动手操作能力；②受考试时间、题目类型和试题容量的限制，纸笔考试不适合考查学生的高阶思维能力；③纸笔考试不能描述学生学习变化的过程，需要与其他评价方式相结合才能全面地衡量学生在整个学习过程中的发展和变化。

（二）表现性评价

1. 表现性评价的含义

表现性评价是指在尽量合乎真实的情境中，运用评分规则对学生完成表现性任务的过程与结果做出判断。与纸笔考试不同，表现性评价的聚焦点从学生"知道什么"转向学生"能做什么"。它是在真实或模拟真实的情境中评价学生应用知识解决问题的能力，需要通过某种任务来引发学生相对应的表现，且任务往往没有唯一的标准答案，需基于评分规则对学生的真实表现做出判断。一般来说，表现性评价主要包括评价目标、表现性任务、评价标准三个核心要素。[①]

2. 表现性评价的类型

按照表现性任务的不同，可以把表现性评价分为演示、口头表述、模拟表现、实验或调查、项目研究以及作品创作这六种类型。

（1）演示

演示是指学生按一定要求完成一项定义良好的复杂任务，以展示其运用知识和技能的能力。这类表现性任务通常是定义良好的，且学生和评价主体也知道完成演示的正确或最佳方式，比如设计一张旅游线路图、演示实验步骤、使用演示仪器等。

（2）口头表述

口头表述是指学生以独白或对话的形式来完成相应任务。这类表现性任务主要考查学生的口头表达能力、逻辑思维能力、随机应变能力、情绪掌控能力等，比如演讲、辩论、朗诵等。

（3）模拟表现

模拟表现是指根据教学需要，学生在模拟的真实情境中通过角色扮演等所表现出来的一系列行为。这类表现性任务主要考查学生的综合知识、与人交流与合作的能力、信息处理能力、应变能力等，比如模拟法庭、模拟商业谈判、模拟课堂教学等。

（4）实验或调查

实验或调查是指以实地或问卷调查、实验室实验等形式，让学生通过直接感知去了解和体验事物的发生、揭示事物发展的规律及现象背后的本质等。这类表现性任务主要考查学生的操作能力、分析能力、信息搜集和处理能力、创新能力等，比如让学生调查某地区的环境污染情况，找出原因并提出相应改善办法。

（5）项目研究

项目研究是指让学生或学生群体围绕一定主题，运用多种科学的研究方法开展研究。这类表现性任务非常接近于科学研究活动，是对科学家科学研究活动的一种模拟，有时甚至就是真实科学研究活动的一部分，主要考查学生运用知识的能力，科学探究能力，以及科学精神、科学态度、科学方法等方面的发展状况。

（6）作品创作

作品创作是指让学生创作一首诗歌、谱写一首曲子、制作一件物品等。这类表现性任务要求学生不仅要有一定的知识和技能，而且要有较强的表现欲望、丰富的想象力以及标新立异的创新精神。

3. 表现性评价的实施

一般来说，表现性评价的实施主要包括确定评价目标、设计表现性任务、制定评

---

① 周文叶. 中小学表现性评价的理论与技术[M]. 上海：华东师范大学出版社，2014：53.

价标准、收集表现信息、评价学生表现等环节。

（1）确定评价目标

确定评价目标是实施表现性评价的首要环节。评价目标的确定要综合考虑学科特点、课程标准、教学内容及学生实际情况等因素。学科不同，表现性评价的目标也不同。比如，物理、化学、生物等学科的表现性评价应注重考查学生的逻辑能力、动手操作能力、运用知识解决实际问题的能力，而英语和语文等学科的表现性评价应注重考查学生运用语言的能力。

（2）设计表现性任务

表现性任务是学生能力或能力倾向的外在表现，是表现性评价的对象。在设计表现性任务时，必须以学生为中心，既要遵循知识的内在联系，又要关注学情，这样才能得到有效的反馈信息。同时，还要考虑表现性任务的可行性、趣味性、挑战性、典型性和实效性，使学生能够体验各种学习方式和思维过程，以确保评价目标的实现。除此之外，还可根据实际需要，把表现性任务拓展到校外，以加强学生和社会实践的联系，使学生有更多机会展示自己的知识和技能，提高其实践和创新能力。

（3）制定评价标准

表现性评价的评价指标要紧紧围绕学生的"表现"，要有具体评价要点的描述，要贯穿整个表现活动过程中。针对不同类型的表现性任务，教师一定要认真分析学生的关键行为，研制每个标准的评价等级量表，使评价有据可依，有纲可循。但评价标准不宜过多、过细，避免使评价过程变得十分烦琐。

（4）收集表现信息

科学、合理、全面地收集学生的表现性信息是对学生做出客观评价的基础。在收集信息的过程中，教师要利用各种方法和手段，对学生的实际行为和表现进行仔细观察和记录，为评价学生表现做好铺垫。

（5）评价学生表现

在评价学生表现时，可以采用整体评价法和分析评价法两种方法。整体评价法是以对学生表现的整体印象为基础，综合考虑所有评价准则，然后对学生的学习过程和学业成果质量水平进行整体判断，而不考虑个别细节。分析评价法是指根据每一项评价准则，对学生表现的每个重要细节分别进行分析和评分，然后再将每一部分分数相加得到总分。这两种评价方法各有特点：整体评价法侧重对学生表现进行综合判断，比较笼统，注重全局；而分析评价法则比较具体，注重细节，有利于发现学生在某一方面取得的进步及存在的问题。因此，在评价中教师要根据具体目的，灵活选用不同的评价方法，并引导学生在评价中学会反思，以便及时调节学习行为。

4. 表现性评价的优势与局限

表现性评价因其接近现实、突出学生个性的鲜明特征，在学生评价中发挥着独特价值。但在实践过程中，表现性评价也有一定的局限性。

（1）表现性评价的优势

表现性评价的优势主要体现在：①表现性评价将学生置于真实任务情境中，注重学生对知识和技能的整合与灵活运用，有助于提升学生解决实际问题的能力；②评价的反馈信息比较全面，不仅能够全面反映学生学习结果，也能够反映学生的学习过程，使学生、教师及家长等获得丰富的反馈信息，有利于教师不断地优化教学过程、学生不断地反思和调整学习过程；③表现性评价的评价标准不唯一，没有预先制定的固定标准，而是根据学生完成任务的表现进行综合衡量和判断，有利于学生创新意识和能力的发展。

（2）表现性评价的局限

表现性评价的局限主要体现在：①表现性评价在开发任务、实施任务、进行评价的整个过程中，要花费大量的时间、人力和物力；②表现性任务的数量有限，只能针对某些特定范围内的知识和能力进行考察，不能完全衡量学生的整体学习状态及其实力；③表现性评价中主观性价值判断因素较多，其信度和公平性易引起人们的质疑。

（三）档案袋评价

1. 档案袋评价的含义

档案袋评价又称成长记录袋评价，是指以档案袋为依据对学生进行的客观而综合的评价。它是伴随着西方"教育评价改革运动"于20世纪80年代出现的一种新型质性评价方法。它以一种形象、动态、连续的方式呈现学生学习与成长的整个过程，通过对学生学习情况、代表性作品等进行分析来判断学生的发展情况。在档案袋评价中，档案袋里的内容是有关学生的标志性、真实性、个性化的材料，主要包括测验卷、作业、学习心得、反思资料、小组评价、教师建议等，其表现形式既可以是文字、图像，也可以是其他具体材料。

2. 档案袋的类型

档案袋评价是一种以档案袋为依据的评价方法。根据评价目的的不同，可以把档案袋分为展示型档案袋、过程型档案袋和评价型档案袋三种类型。

（1）展示型档案袋

展示型档案袋也称最佳成果型档案袋，其目的是展示学生一学期或一学年内所取得的成果。通过展示成果，给每个学生提供了展示自我的机会，可以使学生不断地自我激励，增加学习动力。这类档案袋内容完全由学生负责选择，大多是学生自己认为最好或最喜欢的作品，教师较少干预，每个学生档案袋里的内容也不可能完全一致。

（2）过程型档案袋

过程型档案袋记录学生在某一领域学习中的进步过程，有助于教师对学生的发展状况做出诊断，帮助学生反思自己的学习过程。跟其他类型档案袋不同，过程型档案袋不是为了呈现最佳或最终作品，而是更为关注学生的学习过程，通过比较不同时期学生的表现来判断学生的发展状况，是一种形成性评价。这类档案袋内容多由教师根据教学目标与学生的学习状况来确定，学生只负责选择和提交符合要求的相关材料，主要包括学生作品产生的过程记录以及学生对作品的反思。

（3）评价型档案袋

评价型档案袋是为了收集事实以系统地评价学生在某一时间段的发展状况，并将结果报告给家长或学校管理者。这类档案袋的评价标准是预先确立的，往往在对学生划分等级水平的时候使用。评价型档案袋的内容一般由教师负责选择，往往是反映学生学习的结果及对结果的反思等方面的材料。

3. 档案袋评价的实施

一般来说，档案袋评价的实施主要包括确定评价目的、选择档案袋内容、制定评价标准、收集并分析有关材料、反馈评价结果、引导学生反思等环节。

（1）确定评价目的

实施档案袋评价的首要环节是确定评价目的。只有明确档案袋评价的目的，才能有针对性地收集信息资料。在确定档案袋评价目的时，教师要结合学生评价工作的整体要求，综合考虑个人教学要求和学生个性化发展需求。

（2）选择档案袋内容

评价目的不同，档案袋内容也会有所不同。如果评价是为了展示学生的最佳成果，档案袋内容只需收集学生最满意的作品即可，而反映学生进步过程的作业、测验结果等都不需要；如果评价是为了了解学生的发展状况，档案袋内容就必须是学生在某一时间内的连续积累，以全面反映学生在某一领域存在的不足和取得的进步；如果评价是为了对学生的发展状况进行鉴定，档案袋内容就必须是根据统一标准选择出来的作品。总之，在选择档案袋内容时，教师要正确引导学生，让其充分参与讨论，在评价中发挥主体作用。另外，教育行政部门、学校管理者、家长等也可对档案袋内容提出建议，从而更好地反映学生发展的真实情况。

（3）制定评价标准

为保证档案袋评价的信度和效度，需要根据评价目的来制定相应的评价标准。如果评价是为了了解学生的学习过程，评价标准只需进行质性描述即可，不必要细化。但如果评价是为了给学生升学或评优提供依据，或者要对学生的发展状况做出鉴定并记录入档，评价标准则要进行相应的指标细化，并用文字明确表述某个等级的具体要求，以保证评价结果的公正和全面。总之，不管出于何种目的，评价标准都要具有一定的针对性，其表述也必须清晰、具体。

（4）收集并分析有关材料

在确定评价标准之后，就要有针对性地收集档案袋材料，并对材料做出具体分析，这是档案袋评价的中心工作。在收集和分析档案袋材料时，只有坚持系统性、科学性、全面性的原则，才能对学生发展和进步做出准确判断。

（5）反馈评价结果

促进学生发展是评价的出发点和归宿。学生只有及时了解评价结果，才能不断地改进学习方法，促进自身发展。档案袋评价是一种形成性评价，应将评价结果的反馈穿插在整个评价过程中，把档案袋评价当成是教师、学生、家长等主体之间进行信息交流的过程，充分发挥学生评价的反馈、激励和促进功能。

（6）引导学生反思

评价结果反馈后，并不意味着档案袋评价的结束，教师还要引导学生学会反思，提升学生自我评价的能力，促进学生的自我成长。因此，在档案袋评价中，教师要为学生创造反思机会，用具体问题引导学生不断反思，逐渐养成反思习惯。

4. 档案袋评价的优势与局限

档案袋评价能够为教师提供学生学习与个人发展的过程性信息，但其在实践运用中也面临着一些困境。

（1）档案袋评价的优势

档案袋评价的优势主要体现在：①档案袋评价给学生提供了很大的自主空间，可以培养学生的主体精神，激发其内在潜能和学习积极性；②档案袋内容是有关学生学习成果和进步信息的作品和资料的汇集，能够在一定程度上反映学生的学习过程和发展状况，可以比较全面地衡量出学生的综合素质；③学生在选择档案袋内容时，不仅需要不断地修改和反思自己的成果和作品，而且很多内容还需要学生亲自动手完成，有助于提高学生的自我反思意识和动手实践能力。

（2）档案袋评价的局限

档案袋评价的局限主要体现在：①档案袋评价比传统纸笔考试更加耗时耗力，加重了教师和学生的负担，且往往由于时间仓促，效果也不是十分理想；②档案袋评价的信度和效度难以保证，档案袋内容的真实性无法保证，无法真实反映学生的实际发展情况；③档案袋评价的标准化程度较低，在大规模、高利害的学生评价中往往难以发挥应有价值，适用范围比较受限。

第三节　学生综合素质评价的设计与实施

随着新时代教育评价改革的深入，学生综合素质评价越来越成为破除"唯分数"评价的关键所在，受到社会各界的高度关注。根据《教育部关于加强和改进普通高中学生综合素质评价的意见》的精神，综合素质评价是指以学生成长记录为基础，通过描述和记录学生在校期间的学习行为和结果、日常表现，以及参与社会公益活动、综合实践活动情况等，从德智体美劳等方面对学生素质进行分析和评价，以发现和培育学生良好个性、促进学生全面发展的过程。下面以综合素质评价为例，详细阐述学生评价的设计与实施。

一、学生综合素质评价的设计

（一）评价目的

综合素质评价通过观察、记录、分析学生的成长过程，发现和培育学生良好个性。通过综合素质评价，可以引导学生自我认识、自我规划、自我教育，明确发展方向，促进其全面而有个性的发展。它可以促使教师树立正确的教育质量观、发展观、学生观和评价观，坚持立德树人，转变教育教学行为和方式，运用科学的评价理论和方法对学生进行评价。同时，综合素质评价还可以引导家长和社会逐步形成科学的人才观念，营造有利于学生发展的家庭和社会舆论氛围，为学生发展提供支持和服务。

（二）评价指标体系

根据国家相关文件精神，学生综合素质评价指标主要包括思想品德、学业水平、身心健康、艺术素养和社会实践五大维度，各个地区甚至各个学校只是在评价要点、关键性实证、评价标准等方面有所不同。

1. 思想品德

主要考查学生在爱党爱国、理想信念、诚实守信、仁爱友善、责任义务、遵纪守法等方面的表现。重点是学生参与党团活动、社团活动、公益劳动、志愿服务等的次数、持续时间，如为孤寡老人、留守儿童、残疾人等弱势群体提供无偿帮助，到福利院、医院、社会救助机构等公共场所、社会组织做无偿服务，在赛会保障、环境保护等活动中做志愿者。

2. 学业水平

主要考查学生各门课程基础知识、基本技能掌握情况以及运用知识解决问题的能力等。重点是学生的学业水平考试成绩、选修课程内容和学习成绩、研究性学习与创新成果等，特别是具有优势的学科学习情况。

3. 身心健康

主要考查学生的健康生活方式、体育锻炼习惯、身体机能、运动技能、心理素质等。重点是《国家学生体质健康标准（2014 年修订）》测试的主要结果、体育运动特长项目、参加体育运动的效果、应对困难和挫折的表现等。

4. 艺术素养

主要考查学生对艺术的审美感受、理解、鉴赏和表现的能力。重点是学生在音乐、美术、舞蹈、戏剧、戏曲、影视、书法等方面表现出来的兴趣特长，参加艺术活动的成果等。

5. 社会实践

主要考查学生在社会生活中动手操作、体验经历等情况。重点是学生参加实践活动的次数、持续时间、形成的作品、调查报告等，如与技术课程等有关的实习，生产劳动、勤工俭学、军训，参观学习与社会调查等。

下面结合《长沙市初中学生综合素质评价实施办法》[①]中的有关规定，详细介绍学生综合素质评价的指标体系（表 7-1）与等级评价标准（表 7-2）。

---

① 长沙市教育局. 关于印发《长沙市初中学生综合素质评价实施办法》的通知[EB/OL]. （2019-03-29）[2022-09-07]. http://jyj.changsha.gov.cn/zfxxgk/fdzdgk/lzyj/bmwj/201903/t20190329_3282522.html.

表 7-1　长沙市初中学生综合素质评价指标体系

评价维度	评价要点及相关表现	关键性实证
思想品德	1. 理想信念：爱党爱国爱家乡，积极参加党团队等集体活动；了解党史国情，拥护中国共产党的领导，坚持社会主义道路，了解中国共产党、中国共青团、中国少年先锋队的历史和光荣传统；拥护党的意识和行动，具有共产主义远大理想和中国特色社会主义共同理想	1. 学生自我陈述报告（个人在思想品德、学业水平、身心健康、艺术素养、社会实践五个方面的综合表现）
	2. 国家认同：具有国家意识，珍视国家荣誉，捍卫国家主权；具有文化自信，尊重中华民族的优秀文明成果，弘扬中华优秀传统文化；具有全球意识，尊重世界多元文化的多样性和差异性；关注人类面临的全球性挑战，理解人类命运共同体的内涵与价值	2. 初中学生综合素质评价学期报告单 3. 参加学校、家庭、社会和集体公益活动的原始证据。如：参加生态环境保护活动、了解湖湘文明或走进伟人故里活动、学雷锋活动、担任小记者的活动、为省市"三馆一厅"担任义务讲解员的活动、慰问福利院孤寡老人与儿童等尊老爱幼活动、为赛会保障及社会救助机构等公共服务担任志愿者活动等
	3. 公民素养：遵纪守法，诚实守信，明辨是非，具有规则与法治意识；尊敬老师、孝顺父母、团结同学、关爱他人、有仁爱友善和感恩之心；热爱生活，尊重自然，具有绿色生活方式和可持续发展理念与行动；积极履行公民义务，理性行使公民权利，有强烈的社会责任感，维护社会公平正义	
	4. 人格品质：拥有积极的人生态度，自尊自爱、自信自律；勇敢面对困难，坚韧乐观，具有抗挫折能力；正直善良、以人为本，尊重和维护人格尊严，关注人类生存、发展和幸福；甘于奉献、敢于担当、有责任心、能吃苦耐劳、生活朴素	4. 参加党、团、队、班级以及其他社团活动，积极为集体争得荣誉的原始证据 5. 个人获得校级及校级以上奖励或处分的原始证据。如：获得校级或校级以上孝星少年、美德少年、公益之星、文明之星、助人为乐积极分子、三好学生、优秀干部等荣誉称号
	5. 行为习惯：遵守《中学生日常行为规范》，文明礼貌，能抵制不良诱惑，有良好的行为习惯；珍视集体荣誉，积极参加公益活动，乐意为他人和社会服务；保护地球、爱护环境，爱惜花草树木；勤俭节约、低碳环保、健康生活，自觉礼让与排队，自觉遵守公共道德、自觉维护公共卫生和公共设施	
学业水平	1. 学习态度：正确认识和理解学习的价值，具有积极的学习态度和浓厚的学习兴趣；崇尚真知、尊重事实，有求知意识和严谨治学态度	6. 初中每个学期期末考试成绩 7. 校本课程选修内容和考查成绩
	2. 学习方法：具有学科思维，能自主学习，养成良好的学习习惯，掌握适合自身的学习方法；能独立思考、刻苦钻研，通过自主、合作、探究等学习方式，解决学习、生活中的问题	* 8. 初中毕业语文口语交际考查成绩 * 9. 初中毕业英语口语考查成绩 10. 课外阅读的原始证据。如：读书笔记、读后感、随笔和其他课外阅读相关资料等
	3. 知识技能：能理解与掌握各科课程标准要求的基础知识与基本技能	11. 个人学习计划或总结
	4. 反思能力：对自己的学习状态有反思的意识，能大胆质疑、善于分析和总结经验教训；能根据不同情境和自身实际，选择或调整学习策略	12. 小组合作学习记录。如：小组成员就某个学科或学科延伸问题开展的创新、探究活动记录，参与模拟法庭、辩论赛等活动记录
	5. 创新意识：具有探索和创新意识，能辩证分析问题，大胆提出想法，具有创新思维，能综合运用所学知识解决社会生活中的实际问题	13. 个人在学科学习中获得校级或校级以上教育行政部门认可竞赛活动荣誉的原始证据
身心健康	1. 珍爱生命：正确理解生命的意义和人生的价值，悦纳自我、珍爱生命，掌握急救常识，坚决远离毒品，具有安全意识和自我保护的能力	* 14. 初中毕业学生体质健康测试成绩 15. 初中体育与健康平时考查成绩。含：体育与健康课出勤情况，参加课间操、眼保健操出勤情况，参加集体健身活动以及平时体育运动项目考查情况
	2. 人际交往：能大胆表达，友好交流，与父母、老师、同学、朋友等相处融洽、和谐	

续表

评价维度	评价要点及相关表现	关键性实证
身心健康	3. 心理素质：具有积极、乐观心态，能调节和管理自己情绪，能应对和克服学习生活中遇到的困难；正确认识与评价自我，能根据自身个性特长和优势潜能选择适合的目标与发展方向	16. 积极参加学校体育节、运动会、体育活动、心理健康活动的原始证据
	4. 身体机能：身高、体重、肺活量、视力以及身体运动能力等，达到《国家学生体质健康标准》要求	17. 个人在体育活动中获得校级或校级以上荣誉的原始证据。如：在体育竞赛活动中，个人获得奖励；个人某一项体育特长，获得专门机构的资格认证。个人持续参加学校田径队、篮球队、足球队、排球队、羽毛球队、网球队、游泳队、击剑队、马术队、健美操队、乒乓球队等团体活动，受到校级或校级以上的表彰或奖励；学校认定的体育特长项目证书；个人代表校级或校级以上参加大型体育赛事活动等
	5. 健康生活：了解健康生活常识，养成良好的生活习惯，平衡饮食，坚持锻炼身体，兴趣广泛，积极参加各项有益活动；养成良好的用眼及卫生习惯，懂得爱眼护眼；选择适合自身的运动爱好，掌握2—3项体育运动技能	
艺术素养	1. 艺术兴趣：喜欢上艺术课（音乐、美术等），积极参加各种艺术活动，认真完成艺术学科作业，对艺术课程或艺术作品有较强的兴趣爱好	* 18. 初中毕业艺术考查成绩
		19. 初中艺术平时考查成绩
		20. 初中艺术课堂或日常学习生活中完成的艺术作品
	2. 审美修养：具有健康的审美价值取向，有一定的审美情趣和艺术修养，能理解与尊重我国文化艺术的多样性	21. 参加学校、班级、社团或其他组织进行艺术活动的原始记录。如参加学校艺术节、文艺汇演、专场音乐会等活动的原始证据
	3. 理解鉴赏：具有一定的艺术基本知识、技能与方法；有发现、感知、欣赏、评价美的基本能力，能在生活中拓展与升华；了解家庭、学校、社区以及国家的文化艺术	22. 个人在艺术活动中获得校级或校级以上荣誉的原始证据。如：个人的文化艺术作品发表或获奖；在艺术竞赛活动中个人获得奖励；个人某一项艺术特长获得专门机构的资格认证；个人参加校级及以上艺术团、合唱团、交响乐团、美术社团等活动获得的表彰或奖励；学校认定的艺术特长项目证书；个人持续（两次及两次以上）担任校级及以上艺术节、校庆、读书节、诗歌朗诵、团队活动、校际联谊等重要活动主持，受到的表彰或奖励等
	4. 表现创造：具有艺术表达和创造的意识；能够运用所学知识，创新艺术表现或创造艺术作品，包括音乐、美术、舞蹈、戏剧、影视、书法、动漫、文学艺术等艺术活动	
	5. 艺术特长：有参加艺术活动的特长爱好、艺术成果。在音乐、美术、舞蹈、戏剧、影视、书法、动漫、文学艺术等方面拥有1—2项艺术爱好或特长	
社会实践	1. 实践能力：积极主动参加社区服务、垃圾分类实践、社会实践调查等活动	23. 参与社会实践活动的记录。如：参与大气、水土、生态等环境污染防治社会实践调查活动；参与车站、机场等公共场所服务体验活动；参与学校广播站、食堂、实验室等体验活动；参与家务劳动、实践基地的生产劳动、军训活动、野外生存训练活动以及其他职业体验等综合实践活动（含培育植物、种植蔬菜、饲养动物、木工、泥工、湘绣、湘菜、编织等）的原始证据
	2. 合作能力：有较强的沟通能力与团队协作精神，能与小组成员共同合作完成实践活动，含研究性课题或学习任务、实践作品等	
	3. 探究精神：强烈的好奇心和丰富的想象力，具有坚持不懈的探究精神；不盲从权威，能运用科学的思维方式认识事物与指导自身实践行为	
	4. 劳动技术：尊重劳动，具有积极的劳动态度和良好的劳动习惯，掌握一定的劳动技能；主动参加学校劳动、家务劳动和社会劳动；有通过诚实合法劳动，创造幸福生活的意识和行动	* 24. 初中毕业理科实验操作考查成绩
		25. 信息技术能力测试成绩

评价维度	评价要点及相关表现	关键性实证
社会实践	5. 信息素养：能有效地获取、鉴别、加工、处理、传递和使用信息，具有数字化生存能力；主动适应"互联网+"等社会信息化发展趋势，具有信息伦理道德与信息安全意识，学会保护个人的隐私和尊重知识产权	26. 研究性学习成果或创新性成果。如：研学实践考察报告、学科实验研究报告、研究性学习报告、学科项目化学习策划书、小发明小创作成果、人工智能机器人创新成果、创客、3D 打印等技术成果；航空航天航海模型、其他科学技术创新成果等

注意："*"号标注的关键性实证，初中毕业生综合素质评价材料以全市统一考查数据为准，由教育行政部门或学校提供。非初中毕业生，由学校根据实际综合考虑，可以作为学期综合素质评价的参考依据。

表 7-2　长沙市初中毕业生综合素质等级评价标准

维度	等级	评价标准
思想品德	A	完整提供第 1—4 条实证，学生互评结果为 A，且在思想品德方面有突出表现的（如：获得校级或校级以上孝星少年、美德少年、公益之星、文明之星、助人为乐积极分子、三好学生、优秀干部等荣誉称号的）
	B	完整提供第 1—3 条实证，学生互评结果为 B 或者 B 以上，在校三年无不良行为记录
	C	完整提供第 1—2 条实证，学生互评结果为 C 或者 C 以上，在校三年无严重违纪违规的行为记录。如有综合素质评价实证等材料作弊或造假等不诚信行为的，直接认定为 C 等
	D	有违法犯罪行为的；有严重违纪违规行为的；有对别人生命和与财产安全造成严重后果的或有校园欺凌行为的
学业水平	A	完整提供第 6—12 条实证，且学生互评结果为 A，语文口语交际考查成绩与英语口语考查成绩为 B 或 B 等以上，期末考试成绩 B 等及以上，校本课程考查成绩合格；在学业水平方面有突出表现的（如：获得校级或校级以上教育行政部门认可竞赛活动荣誉的）
	B	完整提供第 6—11 条实证，且学生互评结果为 B 或 B 以上，语文口语交际考查成绩与英语口语考查成绩为 C 或 C 等以上，期末考试成绩合格，校本课程考查成绩合格
	C	完整提供第 6—10 条实证，且学生互评结果为 C 或 C 以上，语文口语交际考查成绩与英语口语考查成绩合格，期末考试成绩合格，校本课程考查成绩合格
	D	语文口语交际考查或英语口语考查成绩为 D 等；期末考试成绩五科及以上待合格；校本课程考查成绩两科及以上待合格
身心健康	A	完整提供第 14—16 条实证，学生互评结果为 A，初中毕业体质健康测试结果达到《国家学生体质健康标准》要求，体育与健康平时成绩 A 等；在身心健康方面有突出表现的（如：获得学校体育特长认定证书或校级及以上荣誉的）
	B	完整提供第 14—16 条实证，且学生互评结果为 B 或 B 以上，初中毕业体质健康测试结果达到《国家学生体质健康标准》要求，体育与健康平时成绩 B 或 B 等以上
	C	完整提供第 14—15 条实证，且学生互评结果为 C 或 C 以上，体育与健康平时成绩 C 或 C 等以上，初中毕业体质健康测试结果达到《国家学生体质健康标准》要求
	D	体育与健康平时成绩待合格或初中毕业体质健康测试结果没有达到《国家学生体质健康标准》要求
艺术素养	A	完整提供第 18—21 条实证，学生互评结果为 A，艺术平时考查成绩与初中毕业艺术考查成绩均为 A 等，在艺术素养方面有突出表现的（如：获得学校艺术特长认定证书或校级及以上荣誉的）
	B	完整提供第 18—21 条实证，学生互评结果为 B 或 B 以上，艺术平时考查成绩与初中毕业艺术考查成绩均为 B 或 B 等以上

续表

维度	等级	评价标准
艺术素养	C	完整提供第 18—20 条实证，学生互评结果为 C 或 C 以上，艺术平时考查成绩与初中毕业艺术考查成绩均为 C 或 C 等以上
	D	艺术平时考查成绩待合格或初中毕业艺术考查成绩为 D 等
社会实践	A	完整提供第 23—26 条实证，学生互评结果为 A，理科实验考查成绩为 A 等，信息技术能力测试成绩合格，在社会实践方面有突出表现的（如：获得校级和校级以上创新性成果或研究性学习成果等荣誉的）
	B	完整提供第 23—25 条实证，学生互评结果为 B 或 B 以上，理科实验考查成绩为 B 或 B 等以上，信息技术能力测试成绩合格
	C	完整提供第 23—25 条实证，学生互评结果为 C 或 C 以上，理科实验考查成绩为 C 或 C 等以上，信息技术能力测试成绩合格
	D	理科实验考查成绩为 D 等或信息技术能力测试成绩待合格

（三）评价方式

1. 学生自评

学生自评是指学生根据综合素质评价指标体系的要求，对自身发展状况进行记录、分析并做出评判，以促进自我发展。通过学生自评，能够帮助学生发现自身存在的不足，引导其主动地进行自我调节。在综合素质评价中，教师要有计划地培养学生的自我反思意识，训练学生的自我评价技能，从而促进学生的个性发展。

2. 学生互评

学生互评是指学生根据综合素质评价指标体系的要求，对本班其他同学所进行的评价。在综合素质评价中，学生互评主要有同伴互评、小组互评、班级集体对个体的评价这三种形式。其中，同伴互评是指一个学生与另一个学生结成同伴并彼此评价，是最为常见的互评形式，实施起来比较方便。小组互评是指小组成员之间的相互评价或与其他小组间的相互评价，教师要引导学生自主管理小组活动，自主实施小组评价任务。班级集体对个体的评价则需要全班参与合作评价，要做好周密的规划与组织工作。

3. 教师评价

教师评价是指教师根据综合素质评价指标体系的要求，对学生综合素质发展状况做出评价，主要有对全班的评价、对小组的评价和对学生个人的评价这三种方式。其中，教师对全班的评价是指教师对班级的整体表现进行评价，目的是发挥群体优势，找出存在的问题，制定班级活动的总体目标。教师对小组的评价应重点关注小组活动的项目，观察不同小组内部的互动情况、小组领导力的强弱、小组成员间的交流与沟通情况、小组解决问题的成效等。教师对学生个人的评价则需要教师以个案的形式来观察学生综合素质发展的具体表现，要分层次、有重点地进行评价。

总之，学生综合素质评价的方式是多样的，学生本人、同学、教师，甚至家长、学校管理者等都可参与到评价的过程中。各评价主体需依据评价指标，综合运用多种方法收集评价信息，进而做出科学、全面的判断。

二、学生综合素质评价的实施

（一）准备工作

为了保证综合素质评价的顺利实施，需要做好相应的准备工作：①要对参与评价的人员进行培训。为了避免教师、学生、家长及其他相关人员在评价中出现问题，必须认真组织培训，使其熟练掌握综合素质评价的内容、方法、标准和操作流程；指导学生从入学开始就养成及时收集整理关键性实证材料的习惯；指导学生掌握信息平台的操作方法，为学生遴选、编辑、整理、提交实证材料提供便利，避免集中突击整理。②要根据综合素质评价的指标体系，确定收集信息的方法。在综合素质评价中，既要重视观察、访谈、论文式测验等定性方法的使用，也不能忽视纸笔测验、评价量表等定量方法的使用；既要重视社会实践、实际操作等方法的使用，也不能忽视模拟实践、情景测验等方法的使用。③根据评价信息的种类，准备相应的评价工具，可采用记录表、档案袋等。

（二）实施程序

综合素质评价是一项政策性、专业性、技术性以及操作性比较强的工作。根据国家规定，学校应遵照以下程序常态实施。

1. 写实记录

在每学期学习过程中，教师要指导学生根据自己的实际情况，做好关于成长过程的写实记录，收集相关事实材料。写实记录要交代清楚活动或事件的要素，不同活动或事件的写实记录在内容上应有所侧重，比如，帮扶助残类写实记录要侧重帮扶助残对象、内容方式、持续时间或次数等；义务劳动类写实记录要侧重劳动地点或场所、具体劳动任务的完成情况、持续时间等；研究性学习类写实记录要侧重项目名称、完成时间及主要阶段、成果内容概要及其展示交流情况等。同时，相关事实材料应有据可查，可以是活动或事件过程的录像或图片、活动产品、创作作品、事件活动的新闻报道等。在教师或家长协助下，学生可随时将活动记录和实证材料上传到综合素质评价的管理系统中。在学校没有审核之前，学生可对写实记录进行修改和完善。

2. 审阅遴选

班主任应定期审阅学生提交的写实记录，了解学生的成长情况，并可按规定程序在一定范围内向任课教师、学生进行公开。每学期结束时，班主任及有关教师应指导、督促学生整理个人写实记录材料，完善有关佐证材料，并遴选出具有代表性的重要活动记录和典型事实材料。如果学生没有参与某方面的活动或事迹，也可以空缺。在整理遴选过程中，学生可以征求教师、家长、同学的意见，但材料最终的取舍应由学生自己决定。除此之外，学生必须要对材料的真实性做出承诺，并在规定时间内进行提交。

3. 公示审核

每学期末，学校要在信息平台或教室、公示栏等显著位置或校园网等网络平台对遴选出来的不涉及个人隐私的写实记录材料进行公示，且公示时间不少于五个工作日。学校应设立举报信箱和电话，对收到的质疑及时进行核实和回复。公示结束后，学生、班主任及有关教师要对无异议的个人写实记录进行确认，并统一提交到信息平台中进行审核。一经审核，相关记录则不可更改。

4. 形成档案

教师要指导学生及时记录和遴选成长过程中的关键性实证，形成每个学期的综合素质成长档案。在毕业时，学生需要对成长记录及相关佐证材料进行整理、遴选、归档，撰写自我陈述报告，并且该报告将纳入毕业生综合素质评价档案。随后，学校会对学生综合素质评价档案的材料进行审核。一般来说，综合素质评价档案的内容主要包括：学生主要成长记录；学生自我陈述报告；班级评价工作小组的综合性评语以及典型事实材料等。

（三）材料使用

每学期，教师要充分利用学生的实证材料，对学生成长过程进行科学分析，引导学生发现自我，建立自信，克服不足，明确努力的方向。因此，综合素质评价结果为确定学生下一阶段的综合素质发展目标提供了参考。同时，综合素质评价结果也是高一级学校招生录取及在学生入学后开展针对性教育的参考依据。教育行政部门要把学生综合素质评价结果作为评价学校办学水平的重要依据，学校和教师要根据学生综合素质评价结果改进教育教学行为，全面落实素质教育，提高学校办学水平。此外，要加强对学生综合素质评价数据的分析与应用，为提升区域教育质量提供数据支撑。

第四节　学生评价的新进展

教育要发展，评价是关键。以教育评价改革为牵引，推动整个教育领域全方位改革，将是未来一段时间内我国教育改革的总体思路。[①]随着《深化新时代教育评价改革总体方案》的颁布，"破五唯"已经成为我国教育评价改革的一个核心目标。在"五唯"中，学生评价中的"唯分数"现象是最基础、最严重的问题。因此，学生评价改革已经成为推动教育综合改革、落实教育立德树人根本任务、全面提升教育质量的关键突破口。本节通过介绍学生评价改革的新动向，进一步揭示我国学生评价的发展趋势。

一、聚焦立德树人，回归教育本质

教育的本质是培养人的社会实践活动，其根本任务是立德树人。但具体到"立什么德""树什么人"的问题，又有社会性和时代性，反映了一个时期社会政治、经济、

---

① 柯政. 学生评价改革的难为、应为、须为[J]. 教育发展研究，2021，41（18）：29-37.

文化、科技等方面的特殊要求。党的十八大以来，以习近平同志为核心的党中央高度重视"为谁培养人、培养什么人、怎样培养人"的问题，其中"培养什么人"是教育的根本问题。习近平总书记指出，我国是中国共产党领导的社会主义国家，这就决定了我们的教育必须把培养社会主义建设者和接班人作为根本任务，培养一代又一代拥护中国共产党领导和我国社会主义制度、立志为中国特色社会主义奋斗终身的有用人才。①这是教育工作的根本任务，也是教育现代化的方向目标。因此，学生评价的改革与发展也要紧紧围绕教育现代化的方向目标，聚焦立德树人，回归育人之本，使学生在"成才"与"成人"的递进变革中形成自我发展的能力和价值追求的动力。

为了回归教育本质，应注意以下几个方面：①要树立科学的成才观。我国以往的学生评价一直存在"唯分数"的痼疾，给人才观打上了不科学的"高分"烙印。科学的人才观应坚持以德为先、能力为重、全面发展，坚持面向人人、因材施教、知行合一。因此，在学生评价中，应坚决改变用分数给学生贴标签的做法，创新德智体美劳过程性评价办法，完善综合素质评价体系，切实引导学生坚定理想信念、厚植爱国主义情怀、加强品德修养、增长知识见识、培养奋斗精神、增强综合素质。②要树立"以人为本"的学生观。"以人为本"学生观的本质是"一切为了学生的发展"，而学生的发展是一个动态过程，如果仅以某次考试成绩评价学生，难以客观全面地衡量学生成长过程中的点滴进步。因此，在学生评价中，必须尊重学生发展的自主性、独特性和动态性，凸显过程性评价的价值，引导学生主动参与到评价过程中。③要树立多元评价观。多元评价观表现为评价目标、评价主体、评价内容与评价方式的多元性。因此，在学生评价中，应以促进学生全面而个性的发展为目标，发挥社会、学校、家庭等多元主体的合力作用，采用多种评价方式客观、科学地衡量学生的发展水平，以发挥评价激发、改进与发展的功能。

二、关注全面发展，凸显核心素养

促进学生全面发展，使学生具备适应终身发展和时代发展需要的必备品格和关键能力，始终是我国深化教育改革的重要战略性目标，也是我国全面深化基础教育课程改革的基本理念和价值旨归。核心素养是学生在接受相应学段教育过程中逐步形成的适应个人终身发展和社会发展需要的必备品格和关键能力。②核心素养概念的提出重点解决两个问题：一是把对学生德智体美劳全面发展的总体要求和社会主义核心价值观的有关内容细化，将其转化为具体的品格和能力要求，进而贯穿到各学段，融合到各学科，最后体现在学生身上，深入回答"培养什么人、怎样培养人"的问题。二是为衡量学生全面发展状况提供评判依据，引导教育教学评价从单纯考查学生的基本知识和基本技能转向考查学生的综合素质。③因此，能否有效地评价学生核心素养的发展，直接关系到我

① 新华社. 习近平出席全国教育大会并发表重要讲话[EB/OL]. （2018-09-10）[2022-09-07]. http://www.gov.cn/xinwen/2018-09/10/content_5320835.htm?tdsourcetag=s_pcqq_aiomsg.

② 辛涛，姜宇，林崇德，等. 论学生发展核心素养的内涵特征及框架定位[J]. 中国教育学刊，2016，（6）：3-7，28.

③ 胡定荣. 全面发展·综合素质·核心素养[J]. 新疆师范大学学报（哲学社会科学版），2018，39（6）：61-78，2.

国基础教育改革的成效。

为了探索中国特色学生核心素养评价方式，应注意以下几个方面：①要确定科学合理的评价框架和水平表现。在学生评价实践中，人们往往会关注易观察、易量化的内容，忽视内隐的、不易量化的内容，而核心素养是一种复杂的学习结果，超越了学习内容。因此，在评价时要重视核心素养的整合性，加强核心素养指标体系的衔接与贯通，平衡核心素养学习结果的具体化与评价的可操作性。②要探索多元评价方法，提升核心素养的评价水平。核心素养是一种复杂的学习结果，单一的评价方式难以全面反映学生核心素养的发展状况。因此，要加强学科素养评价的情境性，提升对跨学科素养和问题解决能力的考查，研发跨学科素养的测评工具，提高核心素养评价的可操作性，丰富形成性评价方法，促进核心素养的发展。③要采取多样化措施，提升教师的评价素养。教师是学生评价活动中不可或缺的主体，其评价素养的高低势必影响学生核心素养评价的实施。因此，应结合我国教师评价素养及其培养实际，开展基于教师需求的针对性培训，通过多种途径提升教师的评价素养。[①]

三、运用信息技术，探索多元方法

随着智能时代的到来，学生评价与信息技术的深度融合是一种必然发展趋势。信息技术赋能学生评价的本质是对传统学生评价的突破和创新，通过解构、重构，形成新的评价模式。其实施的关键在于用信息技术助力学生评价信息的采集、处理、分析和使用，实现学生评价的数据化、智能化，并由此引发学生评价形态的变革。具体来说，就是充分利用人工智能、大数据、云计算、区块链等先进技术，实现对全过程、全方位学生评价数据的采集，进而深度挖掘分析和反馈应用，对学生的学习和成长发展过程及结果进行多元综合评价，为教育教学改进提供全面、有效的决策依据，实现学生评价的现代化、专业化。

为了充分利用信息技术探索多元评价方法，应注意以下几个方面：①要充分利用信息技术赋能结果评价。在学生评价中，结果评价通常是在学习活动完成后对最终结果做出价值判断。在信息技术赋能下，学生评价将在命题与组卷、考场管理、组卷与评测、考试分析等方面提升其智能化水平，促使结果评价由"量"的评价向"质"的评价转变，实现智能化考评。②要充分利用信息技术赋能过程评价。在学生评价中，过程评价是对学生的学习过程做出及时的评判，聚焦学生成长过程，注重对学习者习得过程的评估与测量。在信息技术赋能下，我们能够采集到全过程、伴随式、多模态的评价信息，达到实时反馈与调控的效果。③要充分利用信息技术赋能增值评价。在学生评价中，增值评价是以学生的进步幅度来衡量学生发展的一种新型评价方式，重视学生的学习起点，关注学习过程，依据一段时间内学生的学业水平、综合能力和素质等方面的表现，开展纵向比较，引导学生专注于自身的综合表现，并获得学校对学生的"净增值"。在信息技术赋能下，学生评价能够更加精准、全面地获得增值评价的数据，更加精确地剔除学生自身和家庭、教师和学校等因素对学生成绩的影响，更加客观地获取到

① 郭宝仙. 核心素养评价：国际经验与启示[J]. 教育发展研究，2017，37（4）：48-55.

学生学业水平的"净增值",提升增值评价的科学性、客观性、有效性。④要充分利用信息技术赋能综合评价。在学生评价中，综合评价是从全面、多维的角度对学生综合素质的发展状况进行价值判断。在信息技术赋能下，人工智能、大数据等可以作为健全综合评价的关键技术支撑，在学生评价模型建构、评价数据采集、数据深度挖掘分析、数字画像等方面极大地提高综合评价的操作效率和评价效能。①

四、参与全球评价，彰显中国特色

国际学生评价项目（Programme for International Student Assessment，PISA）是由经济合作与发展组织（Organization for Economic Co-operation and Development，OECD）提出，并在有关国家组织和实施的一项国际性评估项目。PISA 测评的对象是 OECD 国家（也包括少数非 OECD 国家）的青少年。测评内容为学生未来工作和生活所必需的知识和技能，主要包括阅读、数学、科学素养和问题解决四个领域。测评目的主要是了解即将完成义务教育阶段的学生是否具备了未来生活所需的知识和技能，是否为终身学习打下了良好的基础，是否做好了应对未来挑战的准备。自 2000 年首次举办以来，PISA 在国际社会的影响力越来越大，其测评结果逐渐被视为衡量国家和地区间教育质量的重要指标，引起了教育决策者和学校的广泛关注，为各国家和地区及时调整教育政策提供了非常有用的信息。

2009 年，我国上海首次参与 PISA 测评。随后，我国参与 PISA 测评的范围不断扩大。2012 年，上海有 155 所学校 5177 名在校学生参与 PISA 测评②；2015 年，北京、上海、江苏、广东 4 省市 268 所学校 9841 名在校学生参加 PISA 测评③；2018 年，北京、上海、江苏、浙江 4 省市共 361 所学校 12 058 名学生参与 PISA 测评④。对比我国与其他国家的学生成绩，在历届 PISA 测评中，我国学生的阅读、数学、科学素养成绩均高于 OECD 平均水平，其中，2009 年、2012 年、2018 年的 PISA 测评成绩位列全球第一，数学、科学素养成绩遥遥领先。当然，面对我国学生在历次 PISA 测评中所取得的优良成绩，我们也应该保持理性审视。有学者研究历次 PISA 测评中我国参评学生的表现发现：我国学生的知识识记与应用能力优于高阶思维与复杂问题的分析和解决能力；校内外学习时间长，社交水平与学校归属感水平偏低；主体意识与成长型思维水平偏低，自我效能感有待提高；未来职业准备不足，未来从事与科学、工程和健康相关的专业工作的意愿偏低；我国区域教育发展水平互有参差，城乡、校际教育发展不均衡不充分的矛盾依然突出。⑤因此，在积极参与全球学生质量评价的同时，我们也应该学习

① 刘邦奇，袁婷婷，纪玉超，等. 智能技术赋能教育评价：内涵、总体框架与实践路径[J]. 中国电化教育，2021，（8）：16-24.

② 胡咏梅，范文凤，丁维莉. 影子教育是否扩大教育结果的不均等——基于 PISA2012 上海数据的经验研究[J]. 北京大学教育评论，2015，13（3）：29-46，188.

③ 黄亮，赵德成. 校园欺凌对学生教育表现的影响效应评估——来自 PISA2015 我国四省市的证据[J]. 教育与经济，2020，36（1）：31-41，53.

④ 廖琴，王哲. 中国四省市学生阅读素养的影响因素研究——基于 PISA2018 数据的分析[J]. 上海教育科研，2020，（6）：24-29.

⑤ 杨文杰，范国睿. 基于"国际学生评估项目"成绩的学生发展审视[J]. 教育研究，2020，41（6）：92-105.

和借鉴其他国家和地区的教育改革发展经验，探索建立中国特色教育考试评价体系，促进学生终身学习能力的发展。

本章小结

本章在厘清学生评价的内涵与意义的基础上，首先详细介绍了学生评价的主要内容和常用的评价方法，然后以综合素质评价为例，阐述了学生综合素质评价的设计与实施，最后介绍了我国学生评价发展的新进展。学生评价是教育评价研究领域中较为具体的内容，具有较强的实践操作特点。随着我国基础教育课程改革的实施，学生评价也日益成为广大教育工作者关注的热点。

练习思考

1. 简述学生评价的内涵。

2. 简述表现性评价的含义、类型及其实施步骤。

3. 简述纸笔考试、表现性评价及档案袋评价的优缺点。

4. 简述学生综合素质评价的实施过程。

5. 谈一谈目前我国学生评价实践中的有益做法及不足，并提出有针对性的建议与对策。

6. 查阅相关文献资料，谈一谈国外学生评价中值得我国借鉴的有益经验。

第八章

教师评价

学习目标

- 理解教师评价的概念；
- 了解教师评价的意义；
- 掌握教师评价的内容；
- 掌握教师评价的设计与实施过程；
- 理解教师评价的发展趋势。

知识导图

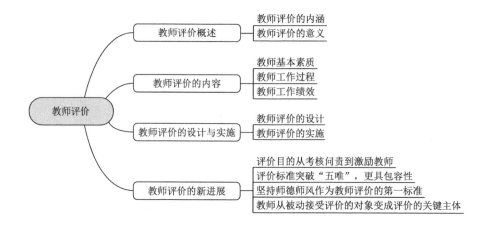

教师评价是教育评价的重要组成部分，是教师管理的重要手段，也是促进教师专业发展的有效途径。为了更好地发挥评价的发展功能，2020 年 10 月，中共中央、国务院印发了《深化新时代教育评价改革总体方案》，其中提到要"改革教师评价，推进践行教书育人使命"。本章主要从教师评价的内涵与意义、教师评价的内容、教师评价的设计与实施、教师评价的新进展四个方面对教师评价展开论述。

第一节　教师评价概述

一、教师评价的内涵

什么是教师评价？这是我们进行教师评价之前必须明确的问题。当前，学者们对教师评价内涵的认识未能达成统一。陈玉琨认为："教师评价是对教师工作现实的或潜在的价值作出判断的活动。"[①]朱德全认为："教师发展的测量与评价是指根据教育方针、政策、法规和学校培养目标、要求，运用教育评价的理论、方法和技术，对教师的素质、工作过程以及工作绩效等进行全面、客观、公正的价值判断活动，也是一项内容多、层次多、涉及因素广的测评活动。"[②]胡中锋认为："教师评价是评价者根据一定的评价标准和程序，采取多种方法搜集评价资料，对教师个人的资格、能力及表现进行价值判断的过程。"[③]芦咏莉和申继亮认为："教师评价是教育主管部门，或学校及教师自行组织的，以教育评价理论为指导，以教师评价制度为依据，确定相应的评价标准，运用某种具体的方法收集处理评价信息，对教师的素质、工作过程、工作效果进行价值判断的过程。"[④]从以上定义可以看出，学者们对教师评价的理解不一，其中主要的分歧在于教师评价的内容，有些学者认为要对教师的素质、表现和效能进行全方位的评价，而有些学者强调要对教师的工作表现进行评价。学者们对教师评价内涵的认识虽然未能达成统一意见，但是仍然有一致的观点：教师评价是评价主体按照一定的标准对教师进行价值判断的过程。教师评价包含教师评价的目的、教师评价的内容、教师评价的方法三个要素。综上所述，教师评价是评价主体按照一定的评价标准，选择恰切的评价方法，对教师素质、教师工作表现和教师工作绩效进行价值判断的过程，以此提高教师教学效能和促进教师专业发展。

二、教师评价的意义

（一）有利于提升国家教师队伍整体质量

随着时代的发展，教育改革不断深化，公众对提高教育质量的呼声也越来越高，对教师的要求也在不断提高。教师是从事教育活动的专门人员，教师队伍质量影响国家的教育质量。为了保证教师队伍质量，《中华人民共和国教师法》对取得教师资格应具备的学历做出规定。除了立法之外，教师评价也是督促教师不断走向卓越的有效手段。2001 年，教育部颁布的《基础教育课程改革纲要（试行）》也明确要求："建立促进教师不断提高的评价体系。强调教师对自己教学行为的分析与反思，建立以教师自评为主，校长、教师、学生、家长共同参与的评价制度，使教师从多种渠道获得信息，不断提高教学水平。"这样，通过提供建设性的反馈意见，教师评价为教师专业发展指明了方向，有利于促进教师自身的专业成长，并最终提升国家教师队伍的整体质量。

（二）有利于对教师进行科学管理与考核

教师是学校人员的重要组成部分，学校领导者高度重视对教师的管理与考核。过去，管理者主要依靠个人主观判断对教师进行管理与考核，评价标准较随意，管理手段不够科学。为了科学、公正地对教师进行管理与考核，需要借助教师评价。教师评价是

---

① 陈玉琨. 教育评价学[M]. 北京：人民教育出版社，1999：98.

② 朱德全. 教育测量与评价[M]. 北京：高等教育出版社，2016：248.

③ 胡中锋. 教育评价学[M]. 3 版. 北京：中国人民大学出版社，2016：208.

④ 芦咏莉，申继亮. 教师评价[M]. 北京：北京师范大学出版社，2012：5.

教师管理科学化的重要方法和手段。一方面，教师评价是在科学的评价理论指导下，借助科学的技术和方法，收集、整理、分析相关数据，为管理教师提供依据。通过教师评价，学校领导能够了解教师队伍的整体情况及教师的个人素质，例如学校教师的年龄结构、学历结构、职称结构，教师的专业知识、专业能力、专业道德，教师的工作绩效等。通过这些信息，管理人员能够有针对性地开展教师聘用、培养和奖惩工作，从而统筹规划，制定出更有利于教师发展的政策。与此同时，通过了解教师的个人素质，能够做到人尽其才，才尽其用，改变"一刀切"的教师管理模式。另一方面，教师评价也能使教师考核更加客观公正。教师考核关乎教师的薪资、晋升、奖惩、聘用等问题，考核是否公正直接影响到教师是否有获得感和幸福感。教师评价利用科学的评价方案，严格按照测评程序开展，为教师考核提供客观、公正的事实依据，避免了主观因素导致的考核不公。

（三）有利于改进教学，提高教育质量

教学是教师的首要工作职责，是教师的立身之本，它既是教师评价的重要内容，同时也是教师评价的目的。教学评价贯穿教师教学生涯的全过程，涉及教师教学的全方面，包括教学理念、教学态度、教学方法等内容。通过评价，教师可以及时了解自身在教育教学工作中的成绩与不足，在自我认识、自我调节、自我反思和自我改进中不断提高自己的教育教学质量和工作水平。不仅如此，在评价的激励作用下，教师将自觉地投身到教学改革中，接纳新的教学理念，尝试采用新的教学方法，从而不断地改进教学，提高教育质量。

（四）有利于促进教师专业发展

教师评价是促进教师专业发展的一种有效方式。通过教师评价，能够全面地了解教师的专业知识、专业能力、专业情感等方面的发展状况，从而有针对性地对教师专业发展进行指导。不仅如此，根据评价的反馈结果，教师会积极改进教育实践，主动提升自身的专业素质。在这个过程中，教师不再处于被动的地位。相反，教师会将提升教学质量和专业学习结合起来，真正实现在教育实践中学习、反思和改进。但需要注意的是，通过教师评价促进教师专业发展需要一定条件：①教师评价的目的不是问责，而是提升教师的专业素质；②教师评价的结果必须反馈给教师，教师要详细了解自己在专业发展过程中的优势与不足；③教师要发挥自主性，将评价结果作为促进发展的引子，实现更高水平的发展。

第二节　教师评价的内容

教师评价是对教师进行价值判断的活动，而教师评价的内容则反映了人们对教师

本身及其工作的基本价值认识。概括而言，教师评价的内容主要包括教师基本素质、教师工作过程及教师工作绩效。

一、教师基本素质

教师是从事教育的专门人员，是学生成长过程中的重要他人和关键影响因素。教师通过教育实践，传授知识，启迪人生智慧，帮助学生提高品德修养，使学生成为适应并引领社会发展的人。为了完成教书育人的使命，教师需要具备一定的基本素质。"教师素质是教师稳固的职业品质，它是以人的先天禀赋为基础，通过教育和自我提高而形成的具有一定时代特点的思想、知识、能力等方面的身心特征和职业修养。"[1]教师基本素质是教师职业区别于其他职业的根本参照标准，是教师从事专业实践的理论及技能基础。2012 年，教育部颁布了《幼儿园教师专业标准（试行）》《小学教师专业标准（试行）》和《中学教师专业标准（试行）》等文件，这些文件围绕"专业理念与师德""专业知识"等对教师的专业素质提出了基本要求，这些要求成了教师入职、培训、考核等工作的重要依据。

（一）专业知识

教师在教育的过程中到底需要什么样的知识？这是我们一直在思考的问题。相对于知识探究而言，人们对教师知识的系统研究较晚。随着教师专业发展研究的深入，20 世纪 80 年代，教师知识成为世界教师教育研究领域的一个焦点问题。关于教师专业知识的构成，学者们还没有统一的定论。李·舒尔曼（Lee S. Shulman）认为教师专业知识包括"学科知识、一般教学知识、课程知识、学科教学知识、学生及学习特点的知识、教育情境的知识、教育目的及价值的知识"[2]。我国学者林崇德认为教师专业知识包括本体性知识、条件性知识、实践性知识、文化知识。[3]叶澜指出教师的知识结构包括当代科学和人文两方面的基本知识、1～2 门学科的专门性知识和技能、教育学科类知识[4]三个层面。基于这些观点，我们认为教师的专业知识主要包括基本文化知识、学科知识、教育教学知识及实践性知识。

1. 基本文化知识

教师职业自诞生之日起，就承担着传递知识、传承人类文化经验的职责。在古代，由于人们获取知识的途径比较单一，教师就成为可依赖的知识源头。在当今知识爆炸的时代，尽管学生获得知识的渠道较多，但为了完成教书育人、启迪学生智慧的任务，教师仍然需要具备广博的文化知识。一般来说，教师需要掌握的基本文化知识包括自然和人文科学知识，艺术欣赏和表现知识，具有适应教学内容、教学手段和方法、教学对象的学习特点的信息技术知识。基本文化知识是教师个人文化素质的体现，是承担

---

① 刘志军. 教育评价[M]. 北京：北京师范大学出版社，2018：251.

② 转引自朱旭东. 教师专业发展理论研究[M]. 北京：北京师范大学出版社，2011：66.

③ 林崇德. 教育的智慧[M]. 北京：开明出版社，1999：38-41.

④ 叶澜. 新世纪教师专业素养初探[J]. 教育研究与实验，1998，（1）：41-46，72.

教育活动的基本条件。教师只有掌握基本文化知识，才能激发学生的学习兴趣，引导学生观察自然，洞察社会，并赢得学生的信赖和爱戴。

2. 学科知识

学科知识包括特定学科专业知识和学科教学知识。学科专业知识是指学科的知识体系、基本思想与方法、学科的发展历史、学科知识在社会中的应用。教师只有熟练地掌握学科专业知识，才能保证知识的准确性和科学性，进而帮助学生培养学科思维。但在授课的过程中，教师还需要考虑怎样把专业知识以适当的方法教给学生，使学生有所收获。因此，教师还需要具有学科教学知识，主要包括对学科课程标准的解读，学科专业知识的组织与课程资源的开发，教学方法的选用与学生认知特点的适配等，具备丰富的学科知识是教师完成教学任务的必要条件和基础。

3. 教育教学知识

教育是一种专业活动，教师开展教育教学活动，需要依托一定的教育教学知识。运用教育教学知识来思考学科知识并对学科知识进行重组和表征，是现代教育科学的基本要求。教师的教育教学知识主要包括教育的基本原理和主要方法、学生身心发展的一般规律与特点、教学的基本理论与实践、教育管理理论与方法等。教师只有掌握了教育教学知识，才能对教育教学活动有科学全面的认识，遵循教育原则，总结教育对象的发展规律，借助教育教学基本规律去开展教学，思考和解决实践中碰到的难题。教育教学知识有利于教师提高教育教学效果，促进学生全面发展，以避免不顾教育教学规律而盲目开展教育活动的错误做法。

4. 实践性知识

教育的魅力之一就在于它的创造性和生成性。这种创造性和生成性离不开教师的教育机智，而教师教育机智的产生离不开教师的实践性知识。实践性知识是教师长期开展教育活动的经验总结与反思，能在具体的教育情境中发挥作用。陈向明对教师的实践性知识进行了分类，包括教师的教育信念、教师的自我知识、教师的人际知识、教师的情境知识、教师的策略性知识、教师的批判反思知识。[①]这些知识包含了教师对教育的理解和对教育中自我的剖析与认知，包含了教师在未知的教育情境中做出的决策以及对自己的教育实践的批判反思。与教育理论性知识不同，实践性知识呈现为内隐的状态，具有个体性、生成性、非系统性和缄默性。因此，在评价实践性知识时，要充分尊重教师本人的经验，制定科学的评价标准，选用合适的评价方法，避免用整齐划一的评价标准进行机械的评判。

（二）专业能力

教育是一种复杂的社会实践活动，具有科学性、艺术性和精神性。因此，教师需要具备一定的专业能力才能从事教育工作。教师的专业能力是教师在工作中综合运用各类知识开展教育教学活动的基本保证，世界各国对教师的专业能力都十分重视，并各有侧重。1993 年，国际培训、绩效、教学标准委员会（International Board of Standards for

---

① 陈向明. 对教师实践性知识构成要素的探讨[J]. 教育研究，2009，30（10）：66-73.

Training, Performance and Instruction，IBSTPI）制定了一个较为权威的国际教师能力标准（IBSTPI 能力标准），其将能力标准定义为"一整套使得个人可以按照专业标准的要求有效完成特定职业或工作职责的相关知识、技能和情感态度"①。这套标准对 5 个能力维度的 18 项能力以及 98 条具体的绩效指标进行了描述。2007 年，法国国民教育部颁布了《教师培训大学学院的教师培训管理手册》（*Cahier des charges de la formation des maîtres en Institut Universitaire de Formation des Maîtres*），其中第 5 条列举了中小学教师应该具备的 10 项专业能力，包括：教师作为国家公务员的道德和职责；教学和沟通的语言能力；学科教学能力和综合文化素质；计划并实施教学活动的能力；组织班级工作的能力；了解学生多样性的能力；评价学生的能力；使用信息与通信技术的能力；与学生家长和学校伙伴协调合作的能力；改革创新能力。②在我国，根据《中学教师专业标准（试行）》，教师的专业能力主要包括教学设计、教学实施、班级管理与教育活动、教育教学评价、沟通与合作、反思与发展。

（三）职业道德

教师的职业道德是教师在进行教育活动时应遵守的一系列行为准则的总和，也是教师专业特性的彰显。教师职业具有突出的示范性、公共性和教育性，相对于其他职业而言，具有更高、更严的职业道德要求。我国历来重视教师的道德品质，对教师抱有极高的期待与要求。在古代，教师是道德的化身，是学生品德修养的典范。在现代，随着教师的专业化发展，我国也在不断地出台政策法规以对教师职业道德作出规定。2008 年，我国重新修订了 1997 年印发的《中小学教师职业道德规范》，明确规定中小学教师职业道德规范包括爱国守法、爱岗敬业、关爱学生、教书育人、为人师表和终身学习。这些职业道德规范鲜明地体现了时代发展和教育进步对教师道德品质和职业行为的基本要求。《国家中长期教育改革和发展规划纲要（2010—2020 年）》中也提出，要"加强教师职业理想和职业道德教育，增强广大教师教书育人的责任感和使命感。教师要关爱学生，严谨笃学，淡泊名利，自尊自律，以人格魅力和学识魅力教育感染学生，做学生健康成长的指导者和引路人"。2022 年，为了全面深化教师队伍建设改革，教育部等八部门印发《新时代基础教育强师计划》，强调"坚持师德为先"，"把教师思想政治和师德师风建设放在首要位置"。

（四）其他素质

教师的工作特点决定了教师不仅仅需要专业素质，还要具备其他的素质，如良好的身体素质和心理素质，这为教师工作奠定了基础。教师的工作具有长期性和复杂性，甚至有时候比较烦琐，这就需要教师拥有良好的体格和体能。只有这样，教师才能以饱满的精神状态、持续的工作动力以及高涨的热情投入教育教学工作。除了良好的身体素质之外，教师还要有健康的心理品质。健康的心理品质意味着教师要有较高的认知能

---

① 转引自严玉萍. 中美教师评价标准比较研究[M]. 南京：南京师范大学出版社，2011：71.

② 胡森. 21 世纪法国中小学教师专业能力标准探析[J]. 比较教育研究，2011，33（8）：40-44，59.

力、稳定的情绪、坚定的意志和符合规范的行为。在与学生交往过程中，教师要拥有完善的人格，保持自我的一致性，避免人格的分裂与不稳定。总之，良好的身心素质是教师工作和发展的基础，也是促进学生全面发展的根本保证。

二、教师工作过程

教师工作指的是教师按照社会对教师职业的角色要求，在教育教学过程中表现出来的种种行为。教师工作以精神劳动为主，具有知识的再生产性、教育结果的延时性、教育过程的创造性。同时，教师工作也是复杂的，主要包括教学、教育科学研究、专业发展等。

（一）教学工作

对教师的教学工作进行评价，有利于引导教师遵循教学规律进行教学，不断提升教学质量。教学工作主要包括备课、课堂教学、辅导和作业布置、课外活动、学生学业成就评价等。这些工作是教师在不同的时间和空间完成的，对其进行评价时需要全面收集资料和信息，既要从量上有评定，又要从质的方面有说明。

1. 备课

备课是教师开展教学活动的起始环节，也是上好一堂课的必要条件。在备课环节，教师要钻研教材，分析了解学生，制订教学进度计划，选择合适的教学手段和方法，编写完整教案。教材是教师教学的材料，是教学内容选择的重要依托。为了保证课堂教学的高效，教师必须研读新课程标准，分析教科书和拓展阅读有关参考资料。学生是教师的教学对象，同时也是学习的主体，教学准备绝对不能回避学生。每一发展阶段不同的学生有其共性，但也有其独特个性。教师备课时既要考虑到群体学生的共性特点，又要兼顾个体学生的独特性，做到因材施教。在上课之前，教师要做好教学进度计划，合理安排好一学期、每一单元及每节课的内容，使教学活动有序进行。教师备课结果呈现在教案当中，教案是教师在钻研教材、研究学生、确定教学方法的基础上编制的。教案内容必须完整清晰，要达到教学目标明确合理、教学重难点清晰、教学方法适当、教学内容组织得当、作业布置合理等要求。上述内容可以作为教师教学准备评价的标准，但在实际的评价过程中还会遇到很多困难。教师备课一般是在课下完成的，具有一定的内隐性，评价主体需要进一步细化评价标准，做好全面细致的观察。

2. 课堂教学

课堂教学是教师教学工作的重中之重，其他工作和活动都是围绕着课堂教学而开展的。课堂教学关乎教学任务的完成和学生的发展，同时也是教师的教学态度、教学技能、教学机智等的展示。课堂教学评价在教师教学工作评价中居于核心地位，它有利于提高教师的教学水平，提高课堂教学效率。和过去相比，课堂教学评价的重心已经发生了转变。以往教学评价常站在教师的角度，只要教师能够按照教案设计完美地呈现一堂课，帮助学生掌握知识和提升技能，这样的课堂就可被称为高效课堂。但新课程改革之后，我们对好的课堂教学有了新的认识。现代教学观确立了学生的主体地位，教学不仅仅是教师的教，更重要的是学生的学，教学效果的好坏是通过学生的最终表现来确定的。现代教学观对教师的角色也有了新的要求，教师应该由知识的讲授者转变为学生学习的指导者、合作者和评价者，由教材的忠实实践者转变为课程资源的开发者和创造者。因此，在对教师课堂教学进行评价时，要从教师的教和学生的学两方面进行全面判断。

3. 辅导和作业布置

课后辅导和布置作业是课堂教学的延伸和补充，属于教学工作的一部分。在课后辅导中，教师要帮助学生巩固课堂中所获得的知识，培养学生运用知识分析和解决问题的能力，提高学生课外探究新知识的兴趣。在辅导过程中，教师要注意根据不同学生的具体情况进行针对性指导。比如，给优秀学生更大难度但可接受的任务，提高其能力；面对学习有困难的学生，要先帮助他们树立信心，提高自我效能感，打好学习基础。布置作业是帮助学生巩固知识、掌握技能的重要手段，但不能使用题海战术甚至是体罚手段。为了减轻学生负担，2021 年 7 月，中共中央办公厅、国务院办公厅印发的《关于进一步减轻义务教育阶段学生作业负担和校外培训负担的意见》对作业布置提出了明确的要求："健全作业管理机制""分类明确作业总量""提高作业设计质量""加强作业完成指导"。因此，教师应按照这些要求布置作业，充分发挥作业的功能。

4. 课外活动

课外活动的开展能够激发学生的兴趣，充分发挥学生的特长，丰富学生的精神生活，促进学生的全面发展。在素质教育背景下，课外活动是培养学生综合素质的重要途径。为了充分发挥课外活动的教育功能，教师必须明确课外活动开展的目的，科学设计课外活动，尊重学生的主体性：①明确开展课外活动的目的。相对课堂教学而言，课外活动在内容和形式上具有更多的选择性，其目的不是传授知识，而是重点培养学生的兴趣特长和动手实践能力，使学生在活动中养成团结协作的精神。②课外活动的组织要有计划和科学地设计。每一次课外活动的内容都要精心选择和设计，要与学校教育工作相结合，形成课上与课外相结合的育人体系。③尊重学生的主体性。课外活动的主要目的是促进学生全面发展，在活动中要允许学生自主参与并发挥其创造性，允许学生自主选择活动主题，组织开展活动。

5. 学生学业成就评价

学生学业成就评价是教师教学工作的重要组成部分。通过对学生的学业成就进行评价，不仅可以判断学生学习任务的完成情况，也能为教师教学提供直接的反馈。教师在进行学生学业成就评价时，需遵循一些基本原则：①评价要科学、合理、公正。②要充分发挥评价的发展功能。学生学业成就评价不是为了给学生定性和贴标签，而是为了促进学生的发展。③评价标准既要客观统一、保证公平，又要具有灵活性，考虑学生的个体差异性。④评价方式要多样。根据不同情况，教师要恰当、灵活地将过程评价和结果评价相结合、量化评价和质性评价相结合，对学生学业成就做出全面的评价。

（二）教育科学研究

随着课程改革的不断深化，教师由过去的教书匠转变为课程的开发者和研究者。除了教学之外，教师的主要工作还包括教育科学研究。教师开展教育科学研究，有利于自身的专业发展，加速其成长为优秀教师。同时，教学和科研是相互补充的，教育科学研究为更新教学内容奠定了基础，也丰富了教育理论。事实上，现代教育改革也为教师开展科研提供了良好的条件和环境。随着教育管理权限的下放，教师在一定程度上也获得了某些权力，能够参与教育改革，开展教育研究。同时，校本研究、学习共同体、教师工作坊等也成为教师开展科研的重要组织与载体，为科研提供了良好的支撑。

为了更好地开展科学研究，教师可以从以下几个方面着手：①教师要确定"自我为本"的教育科学研究选题取向，使科研源于自身实践。有效的教育科学研究应该从教师的实际出发，选择在教育教学中遇到的实际问题。[①]②教师要养成问题意识，提高发现问题的能力。发现问题是开展研究的第一步，教师应该带着敏锐的眼光从日常教育实践中找出有疑、可疑的问题。问题意识的养成离不开教师的反思，教师应该将自己的实践带入到意识当中，成为自己的反思对象。③教师应积极参加各项教研活动，参加备课、听课、评课活动，加强与教师同伴之间的交流与沟通。④教师要改变功利的教育科学研究目的。教师做科研的目的不仅仅是发论文，评职称，还应该致力于总结实践经验，改进教学，丰富教育理论。当前，教师评价正在进行"破五唯"的改革，提出要打破"唯论文"的观念，教师也应该更新科研观念，端正科研态度。

（三）教师专业发展

教师专业发展，不仅关乎教师的个人成长，更关乎学生的成才和学校的发展。教师专业发展是一个具有自主意识的过程，这也意味着教师专业发展必须要有明确的目标，且这些目标是有价值的，能为学生发展、课堂教学和学校变革带来积极的变化。教师专业发展是一个持续的过程。随着时代的发展，知识也在不断地拓展丰富，这就要求教师成为终身学习者。因此，教师要将专业发展看作是一个融入工作的持续过程，抓住可利用的机会，如课堂教学、教学评价、教学研讨等，将它们变成促进发展的资源。教师专业发展是一个系统的过程。当我们系统地看待教师专业发展时，会发现它不仅是教师自我完善与发展的过程，更是学校整体教育质量提升的过程。总之，良好的教师专业发展评价能为学校领导和教师提供健全、有意义且可靠的信息，有助于学校领导层做出有利于教师专业发展的科学决策。

三、教师工作绩效

随着教师管理制度改革的深入，国家在教师聘任、考核等方面做出了调整。2009年，我国在中小学义务教育阶段推行教师绩效工资制度，改变了过去"定岗一刀切"的教师工资模式。改革之后，要求中小学在绩效考核的基础上，根据教师实际贡献分配奖励性绩效工资，教师的工资与工作绩效直接挂钩，逐步建立多劳多得、优绩优酬的分配制度。[②]在这样的背景下，对教师工作绩效进行评价十分重要。教师工作绩效是教师基本素质和工作结果的综合体现，也是教师工作评价的核心内容之一。

---

① 邵光华. 教师教育科研阻抗的现象学分析[J]. 教育发展研究，2012，32（18）：48-52.
② 赵德成. 探索增值性评价：教师绩效考核改革的突破口[J]. 中小学管理，2020，359（10）：16.

一般来说，教师工作绩效包括两个方面：①工作数量，比如教师教学工作时长、科研工作量；②工作质量，包括学生德智体美劳等方面的发展、教育教学经验的积累与更新、教育科学研究成果的产出等。教师工作数量的评价可以直接通过统计数据进行说明，但教师工作质量的评价比较复杂，它既有量的测评，又有质的描述与解释。具体来说，教师工作绩效的评价主要包括教育效果、教学效果和教育科学研究成果三个方面。

（一）教育效果

教育效果是教师的教育活动带来的结果，因为教育是育人的活动，所以其最终的结果直接反映在学生的成人成才上。我国的教育目的是培养全面发展的人，教师要通过教育教学活动对学生的思想品德、知识技能、身心素质、审美情趣、劳动素养等方面产生影响，所以教师的教育效果评价也要从这几个方面出发。在思想品德方面，主要是看学生个人品德、社会公德以及对世界、对人生、对社会的认识。在知识技能方面，主要考查学生是否掌握基本知识和技能，是否具有一定的思维品质，是否养成良好的学习态度和学习习惯。在身心素质方面，要看学生是否具有强壮的身体和健康的心态以为将来的学习和生活打下良好的基础。在审美情趣方面，学生要有发现美、欣赏美、创造美的能力，要有高尚的审美趣味和水平。此外，学生还要有正确的劳动观念，掌握劳动技能，在劳动中锻炼意志。需要说明的是，教师工作具有复杂性、长期性和创造性，教育效果在学生身上显现需要一定的时间，在评价时避免用即时显现的结果代替教育效果。当下教育评价经常会用学生的学业成就代替教育效果，这是对教育效果的偏狭理解，会导致教育的功利化。不仅如此，学生的道德品质、价值观念、内在精神等难以测量，需要长时间地观察并追踪学生的成长过程才能做出准确的判断。因此，在对教师的教育效果进行评价时，应避免机械化、简单化和功利化。

（二）教学效果

教师的教学效果主要通过学生的学习习惯与方法、学业成就和学习能力体现出来。当前，在进行教学成绩评价时主要依据学生的学业成就，包括教师所教班级学生考试的及格率、优秀率、平均分、进步率等指标，这些指标更加直观地反映教师的教学效果。但学生的学业成就受多种因素的影响，比如学生的学习动机、学习态度、学习方法和学习习惯、家庭经济情况、家长教育方式以及学校教育环境等，这些因素相互交织，彼此影响。所以，不能仅通过学生的学业成就来判断教师的教学效果，还要关注除学业成就以外学生其他方面的发展。教师教学势必会对学生的学习兴趣、学习动机、学习能力的提升有重要的影响，这些品质对学生的长远发展来说至关重要。因此，在进行教学效果评价时，应避免重考试分数轻学习品质、道德修养和人格发展的错误价值取向。

（三）教育科学研究成果

教育科学研究成果是教师对教育教学中某个方面或问题进行深入研究的结果，是对个人长期教育教学经验的理论加工或升华，是具有一定学术价值和实际效用的创造性劳动结果。①其主要通过专著、论文、反思日记、经验总结、教学参考资料、成果报告、教学实验仪器设备等形式体现出来。教育科学研究成果测评是指按照一定标准，运用科学可行的方法，对教育科学研究成果的学术价值、应用价值等进行的判断活动。②当前对教育科学研究成果的评价侧重考虑量化指标，如论文发表数量、申请科研项目级别和数量、成果获奖等级、发表期刊等级。但过于注重这些量化指标会导致教育科学研究的功利化。因此，对教育科学研究成果的认定不是评价的唯一目的，更重要的是通过科研激励教师不断寻求自身的发展。在做科研的过程中，教师可以发现新的问题，在不断解决问题中更新教育观念，掌握先进教育理论，改进教育教学行为，更好地服务学生。除此之外，通过开展研究，教师不再只是教育成果的消费者，还是教育成果的创造者，可以与教育理论专家对话交流，掌握一定的话语主动权。

第三节　教师评价的设计与实施

教师评价是一个科学、完整、程序化的过程。为了保证评价效果，需要对教师评价进行设计，全面考虑所涉及的各种因素。设计环节完成以后，评价主体可以根据评价方案开始实施评价。

一、教师评价的设计

教师评价设计是对评价活动的整体设计，主要包括明确评价目的、编制评价指标体系、选择评价主体、确定评价方法。

（一）明确评价目的

教师评价目的关系到评价活动到底为了什么或是期待能够达成什么结果。目的一旦确定，就能够为行动指明方向，澄清评价主体的价值观念，避免了因价值多元而导致的不确定或矛盾的局面。一般来说，教师评价的目的包括两个方面：①更加科学地管理教师，为教师聘任、考核、晋升、奖惩等提供依据；②促进教师专业发展，以帮助教师在各方面得到更好的发展。

1. 更加科学地管理教师

教师是学校中的重要群体，教师的发展关乎学校的教育质量，影响学校的生存和可持续发展，因而对教师进行科学管理是至关重要的。学校管理将教师评价与薪酬直接

---

① 刘志军. 教育评价[M]. 北京：北京师范大学出版社，2018：265.

② 朱德全. 教育测量与评价[M]. 北京：高等教育出版社，2016：254.

挂钩，教师评价作为问责的手段越来越突出。教师如果想要获得晋升和奖励的话，就必须证明自己的教学效果。教师评价能够反映教师的工作情况，为领导者提供所需要的决策信息，便于对教师选拔与考核，使对教师的管理更加科学有据。教师评价还可以实现教师与学校的共同发展。教师发展是学校发展的助推器，教师整体素质的提高有利于实现学校的跨越式发展。

2. 促进教师专业发展

教师评价过分强调问责会引起教师的不满，对教师造成巨大的压力，导致教师在教育实践中急于证明，追求短期显现的结果。为了克服这些弊端，评价的理念需要转变。目前，学者们普遍认可评价"在于改进，而不在于证明"的理念。与其将评价主体有限的精力花费在鉴别少数优秀或不胜任工作的教师身上，倒不如将其用在帮助大多数教师的发展上。事实上，绝大多数教师都希望通过教师评价来了解自己教学的优劣得失及其原因，从而找出改进教学对策，促进自己的专业发展。

在教师评价中，这两种目的一般都是存在的，但在很多时候却是矛盾的。如果评价主体是领导、考核者的话，其目的是要了解教师的工作表现，根据评价的结果对教师进行定级和实施奖惩，对教师的成长过程则较少关注。但是教师在接受评价时，总是希望评价主体能扮演成长道路上的引导者和合作伙伴的角色，指出自身存在的不足，给予可行的改进建议，从而促进其专业发展。两种目的虽然是矛盾的，却可以相互兼容。教师评价在强调绩效责任的同时，需要教师证明自己的教学是有效的，而有效教学离不开教师专业发展。因此，在教师评价中，应充分发挥评价的导向和激励功能，促进教师专业发展。

（二）编制评价指标体系

评价指标是评价活动的依据，也是评价工作的指挥棒。评价指标能够反映出评价关注的重点及评价主体的意图。教育评价必须遵循科学客观、全面可行的原则，而这有赖于高质量的评价指标。教师评价指标体系设计是指将评价内容转化为具体的、可测量的、可观察的评价准则。教师评价指标设计受多重因素影响，主要包括：①对评价对象的理解影响指标的设计。教师评价的对象是教师的基本素质和各项工作，但人们对此有不同的理解。比如，不同学者对教师的基本素质的构成要素有不同的观点，这直接导致了关于教师基本素质的评价指标的不同。②评价主体的目的也会影响指标的设计。正如上述讨论评价目的所言，评价主体若是想要对教师发展的结果进行评定，则在设计指标时多是选择成绩导向的指标。相反，若是追求以评促改，则对教师评价时更多关注教师的能力、潜力的发展。

评价指标体系的设计并不是一个随意的过程，而要有所依据：①要依据政策文本的引导。近年来，人们越来越重视教师评价。2018 年 1 月，《中共中央 国务院关于全面深化新时代教师队伍建设改革的意见》中提到，要"深化中小学教师职称和考核评价制度改革""深入推进高等学校教师考核评价制度改革"。2018 年 9 月，习近平总书记指出，要"扭转不科学的教育评价导向，坚决克服唯分数、唯升学、唯文凭、唯论文、唯帽子的顽瘴痼疾，从根本上解决教育评价指挥棒问题"[1]。2020 年 10 月，《深化新时代教育评价改革总体方案》中也明确提出，要"改革教师评价，推进践行教书育人使命"。由此可见，国家层面的政策文本为评价指标的设计提供了依据，在设计时绝不能违背政策的方向。②要依据有关教师发展的基本理论知识。教师评价关系到教师专业发展理论、教学理论、测量与评价理论等，这些理论能够帮助我们更好地理解各项评价指标。③要依据被评教师的实际情况。教师所处的学校环境不同，发展阶段也有不同，在设计评价指标时必须考虑教师的实际情况，这样才会更有针对性。

我国的教师评价标准多是从德、能、勤、绩几个方面考察教师。表 8-1 是某中学教师评价指标体系，反映了教师评价的内容和维度。评价结果分完全达标、基本达标、大部分达标、少量或全未达标。

表 8-1　某中学教师评价指标体系

A 级指标	B 级指标	评价内容及标准	教师自评	领导评价	教师互评	家长评价	学生评价	合计
基本素质（15分）	思想素质（6分）	忠诚于教育事业，爱校如家、爱生如子，讲正气、讲学习、讲奉献，遵守《公民道德建设实施纲要》，有社会责任感						
	文化素质（3分）	具有国家规定的合格学历，系统全面地掌握本学科与人文知识，了解本学科前沿知识，熟悉相关学科的知识体系，掌握现代教学信息和技术，并能恰当地将其运用到教学活动之中						
	专业素质（3分）	掌握基本的教育科学知识，拥有比较宽泛的科学与人文知识，具有现代教育理念和教育教学的基本技能，能够运用现代科学的教育原则、方法开展教育教学活动						
	身体心理素质（3分）	具有健全的个性心理品质，有良好的生活习惯，精力充沛，适应满负荷工作的需要，兴趣广泛，意志坚强，情绪稳定，情感健康						
师德修养（15分）	专业心责任感（5分）	安心本职、立足本职、服从工作分配，爱岗敬业，勇挑重担，能积极主动地完成领导交办的各项工作，事业心、责任感强						
	全局意识（3分）	热爱和关心集体，有全局观念和团队精神，有良好的人际关系和民主、平等、合作精神，多数教职工满意						
	职业道德修养（4分）	作风正派，语言举止文明，为人师表，尊重学生人格，关心学生，不歧视学习困难的学生，不体罚或变相体罚学生，师生关系融洽、关系平等。对待家长热情，与家长保持沟通。在课堂上不接听手机，不接待来宾，不向学生推销学习资料及学习用品						
	遵纪守法（3分）	认真学习教育法律法规，依法治教，依法行使权利，忠实履行义务，自觉履行《中小学教师职业道德规范》，自觉遵守学校各项规章制度，无乱收费、乱办班、乱补课并收取费用情况						

① 习近平. 坚持中国特色社会主义教育发展道路 培养德智体美劳全面发展的社会主义建设者和接班人[N]. 人民日报，2018-09-10（1）.

续表

A级指标	B级指标	评价内容及标准	教师自评	领导评价	教师互评	家长评价	学生评价	合计
教育教学能力（15分）	专业技能（6分）	有较强的教学组织能力、口头及书面语言表达能力，教学基本功扎实，掌握以信息技术为主的现代教育技能并运用于教学。具有一定的班级管理能力，善于调动学生学习积极性、主动性和创造性，善于与自我、同事、学生、家长、学校沟通和协调，善于解决教育教学中出现的问题						
	教师教育及校本培训（3分）	按规定及时参加教师教育，完成规定的课程与学时，有收获并运用于教学实践。积极参加各种业务学习、培训、职业技能训练，目的明确，态度积极，按规定取得计算机、普通话、职业技能培训等证书。根据自身实际确定切实可行的业务提高计划，积极参加校本培训和校本研修活动						
	交流与反思（3分）	积极参加评课、观课、议课和集体备课等活动，获取经验，提高教学能力，积极和学生、家长、同事、领导沟通和交流，积极参加教研活动并提出自己的见解，通过各种渠道对自己的教育观念，教育行为进行反思，制定改进计划或措施，积极参与学校、教研组、年级组的发展规划，提出可行性建议						
	教育教研（3分）	具有改革、探索和创新精神，积极参加教学研究或承担课题研究任务，善于发现、分析和解决教学实践中的问题，不断总结和提升认识水平，具有团队精神和合作能力，实现资源和成果共享						
履行职责情况（35分）	教学计划（5分）	熟悉课程标准，熟悉课程，熟悉学生，能根据学生及学校实际编制校本课程。明确学期的教学目标、任务及内容，制定教学工作计划和教学进度安排，确定教材的重点和难点，并制定教学的具体措施						
	备课（7分）	依据课程标准确定教学目标，吃透教材，了解学生，合理安排课堂教学结构，选择适当教法。教案设计书写规范完整、详略得当、适度超前、有所创新，积极参与集体备课并充分发表富有成效的建议						
	课堂教学（10分）	教学目标明确，传授知识正确，重点突出，在传授知识与技能的同时，注重学生个性和情感发展，注重创新精神、学习能力和实践能力的培养，重视学习习惯的养成，关注学生个体差异，既面向全体，又要考虑不同学生的需要，采取灵活的教学方法，创造学生主动参与、乐于探究的气氛。注意学法指导，在教学中能根据教学内容适当进行学科德育、美育渗透，组织教学严密，有较为灵活的教学机智，能有效处理课堂上的"突发事件"，保持教学秩序的稳定						
	作业批改（6分）	布置作业要照顾学生的个体差异，有层次要求，内容适量、难度适宜，注意减轻学生的课业负担。作业批改认真及时、规范，注意激励学生改进，重视信息反馈，及时讲评并做好记录						

续表

A级指标	B级指标	评价内容及标准	教师自评	领导评价	教师互评	家长评价	学生评价	合计
履行职责情况（35分）	辅导及考评（7分）	能对不同学生分别指导，能够结合学科特点组织课外活动小组，能组织综合实践活动，有记录、有成效。能独立命题，试题宽窄宜适度，符合课程标准的要求。能认真组织和积极参与对学生的综合素质的评价，坚持过程性评价与终结性评价相结合。在日常教育教学中对学生的评价做到客观、公正，尽量给学生提供具有建设性的反馈，管理和使用好学生成长记录和素质报告书						
工作绩效（20分）	工作量（5分）	出勤达到学校规定要求，授课工作量达到规定课时，履行好相应岗位的岗位职责						
	教学成绩（10分）	完成教学任务，所教科目的学生成绩在原有基础上大幅度提高，教学目标、教学成果达到学校要求，学困生有明显转化，促进学生全面发展						
	教育教学成果（5分）	公开发表论文，参加各年级各类竞赛，参加不同课题研究并取得成果。积极参加公开课、观摩课并获各级各类表彰，学校根据实际情况给予加分。辅导学生获奖，指导学生有特殊贡献，学校给予适当加分						
附加内容	批评教育	违反《中小学教师职业道德规范》及学校相关教学制度，因工作不认真履行职责造成责任事故。辱骂、体罚或变相体罚学生。旷工或其他影响团结、搬弄是非等给学校造成损害的，学校酌情给予减分直至评为"少量或全未达标"档次						

从表 8-1 中可以看出，该中学从教师基本素质、师德修养、教育教学能力、履行职责情况、工作绩效等方面对教师进行评价，评价指标从德、能、勤、绩四个方面进行设计，比较全面。整体而言，评价标准详细具体，可操作性强，能为教师评价活动提供指导。值得注意的是，该中学对教师进行评价时，改变过去过于强调工作结果的做法，把重点放在了教师工作过程中的表现，符合当前教育评价改革趋势。但是，有些评价指标的层级和分类还存在混乱的情况，指标归类也不合理，比如，教师教育及校本培训是教师专业发展的途径，而不隶属于教师的教育教学能力。这一评价体系也反映出另一个普遍问题：教师评价指标体系的所有条目后面都有对应的分值，默认所有指标都能量化。虽然这样能使评价更加客观，便于统计，但还要考虑有些指标本身是内隐的、难以用量的大小来说明，如教师情感、价值观念、道德等都是难以量化的指标。

为了保证教育评价指标的信度和效度，评价主体在制定评价指标时，要全面收集信息，听取教师的意见，筛选指标时应有所依据，并且能够根据实际情况灵活处理。

（三）选择评价主体

当前，教师评价的主体呈多元化发展趋势，改变了过去评价主体单一的情况，出现教师自评、家长评教、学生评教、教育行政部门评教和教育理论专家评教相结合的趋势。多元主体参与教师评价，能够尽可能全面地收集教师的评价信息，保证教师评价的科学性。

1. 教师自身

教师是专业发展的当事人，而不是旁观者。在专业实践中，教师亲历和感受着自己的教育教学活动，从而更能看清楚自己的实践和内隐的价值观念，所以教师评价不能脱离教师进行。在自上而下的评价模式中，教师属于评价对象，相对评价主体而言，处于弱势地位，不利于与评价主体建立良好的关系，更不利于自身的发展。近年来，教师评价有一个很大的变革，即教师不再被动接受评价，而是主动参与其中，获得发言权。教师作为评价的主体之一，能够发挥主体性和自觉性，能够与其他评价主体平等对话，有利于营造良好的评价氛围和民主的关系。教师只有参与到评价过程当中，才会有责任感和主人翁意识。因此，在教师评价中，教师自身成为评价主体是非常有必要的。

2. 家长

随着家校合作的深入开展，家长参与到学校教育中的机会逐渐增多，教师与家长的联系也越来越密切。家长参与到教师评价之中，能够增进彼此的沟通交流，形成教育合力，对孩子的成长十分有利，同时也能帮助教师发展。但家长评教还存在一定的困难：①家长并未全程参与到教师的教育教学活动中，对教师的实际表现并不是很清楚，无法提供客观具体的评价；②家长素质参差不齐，如果有些家长不能理解评价指标，评价结果的信度会受到影响；③家长评教结果占多大权重，评教会不会影响家校之间的关系等问题，都需要进行周全的考虑。

3. 学生

学生是教师的教育对象，教师的教育活动都有学生的参与，教育效果也主要体现为学生的成长。在教育的过程中，教师和学生相互促进，共同成长，学生的评价对教师来说是一种激励，为教师改进教学提供了动力。当前，学生评教已经在教师评价中占有重要比例，在教师管理中发挥着巨大的作用。但在学生评教中，出现了"教得好不如人缘好""严师多低分"的现象，评教结果的信度难以保证。也有人认为学生评教具有天然的逻辑缺陷，在实施过程中难免形成相互的"利益输送"，学生评价无效或者存在较大偏差，评价的意义值得质疑。由于学生对评价标准研究不深入，也没有掌握评价的方法，难免会遇到这样的问题。为了保证学生评教的信度和效度，在评价之前，学生要充分了解评价的标准，避免凭借自己的感觉主观判断；在评价时，要有客观、中肯的态度，不能抱着敷衍的心态，更不能因为教师和自己的关系亲近就给好评。

4. 教育行政部门

教师评价是教育行政部门进行教师管理的重要手段之一。目前，教育行政部门主要在以下几个方面对教师评价工作发挥作用：①教育行政部门负责区域内教师招聘工作，会对教师的基本素质进行评价，主要考察教师的专业知识、教学能力、道德品质等。②教育行政部门一般不直接参与教师评价的具体过程，但会制定评价标准，使评价有据可依，避免了标准的混乱。同时，教育行政部门还会对教师评价的结果进行审核监督，保证评价的公平公正。③教育行政部门指派教育督导对教师的教学进行评价。教育督导通过听取公开课、随堂听课的方式，对教师的教学提出改进的建议，帮助教师成长。

5. 教育理论专家

20 世纪 80 年代以来，随着教师教育一体化、教师专业发展思潮的兴起，出现了大学和中小学之间的合作模式，称为"U-S 合作模式"。教师专业成长的 U-S 合作模式是指在中小学校园里开展的，以中小学一线教师为主体的，从中小学教学实际出发，以解决中小学教学中存在的问题为目的的合作模式。在这一模式之下，大学的教育理论专家与中小学教师之间展开深入的合作，他们扮演着合作者、指导者、评价者、组织者的角色，对教师的课堂教学、教育科学研究等进行指导。学校通过聘请专家到校听课，对教师的教学进行诊断，帮助教师发现问题，提高教学水平与质量。但教育理论专家不可居高临下，认为自己可以对教师的一切工作提出意见。面对复杂多变的课堂教学，教师不仅仅需要理论知识的指引，更需要依据自身长期积累的实践知识来进行果断决策。因此，教育理论专家并不是评价的权威者，而是教师评价的合作者。

（四）确定评价方法

随着中小学评价与考试改革的进行，教师评价的方法也变得更加多样。目前，我国常用的教师评价方法有课堂观察法、教师自我评价法、教学档案袋评价法、增值评价法等。

1. 课堂观察法

课堂观察法是指评价主体深入到教师的课堂中，通过现场观察并依据教学评价表和详细的描述性评语对教师的课堂教学做出评价的方法，这是提升教学质量、深化教学改革的重要手段。课堂观察法包括随堂听课评价法和常规听课评价法。随堂听课评价法采用推门听课的方式，事先不会通知被听课的教师，具有偶然性。常规听课评价法在评价前会制订详细的听课计划，并会提前告知被听课的教师，让教师能够做充分的准备。运用课堂观察法评价的关键是制定出详细的观察提纲，即课堂教学的评价标准，它是评价的依据和方向。课堂观察是收集教师课堂教学信息的重要环节，评价主体应该用详细、完整的语言进行描述。课堂教学评价后的反馈也是非常重要的，它能帮助教师从他者的视角来认识自己的课堂，反思自己的教学，从而不断改进成长。

2. 教师自我评价法

教师自我评价是教师专业自主发展的重要途径。教师一般通过三种方式进行自我评价：①通过他人评价来评价自己。教育督导、同事、学生等都会对教师进行评价，将这些评价意见反馈给教师会影响教师的自我认知和教学效能感。因此，他者对教师进行评价时应多肯定教师取得的成绩和进步，帮助教师建立信心。②通过与他人对比来评价自己。教师会时不时地将自己与学习共同体中其他教师比较，在比较中找到自己的优势和不足，客观地认识自己。③通过自我分析来评价自己。教师的自我分析是以自己的教育教学实践活动为分析对象，通过深层次的反思，发现实践中待改进的地方。教师的自我分析不是以自我为中心，而是在他者评价的基础上，结合自我认识的综合分析。

教师自我评价主要是通过自我反思来实现。反思的途径有多种，主要包括以下几种：①课后教学反思。一节课结束之后，教师要对自己的上课情况进行回顾与分析，包括教学目标是否完成，教学环节是否完整，学生是否有所收获，还有哪些待改进的地方等。②反思日志。反思日志是教师记录教育生活的一种方式。教师会将日常的教育生活作为记录对象，对发生的事件进行描述和解释，并赋予其意义，在自我剖析的过程中不断找到教育实践的生命意义。③行动研究。行动研究的特征是，由行动者研究，在行动中研究，为行动而研究。教师开展行动研究是在真实情境中对自己的实践活动进行探究与评价，从而有计划、有步骤、有反馈地对教育实践进行改进。行动研究在促进教师自我评价的方面具有不可替代的作用。

3. 教学档案袋评价法

20 世纪 80 年代，档案袋评价法在美国开始兴起，最初被运用于艺术领域，后来被移植到教育领域当中，用于教师评价和学生评价。教学档案袋评价法又称为教师档案袋评价法或教师成长记录册评价法，是指有目的地收集教师教学过程中的资料，反映教师的成果、经验总结和教师成长过程中的点滴，以此促进教师专业发展。教学档案袋并不是一个筐，什么都可以装，记录的内容都要经过筛选，主要是教师教学过程的记录，教学成果、教学荣誉、学生学业成就的展示，以及教师的反思材料等。教学档案袋记录的是每个教师的成长过程，是教师个性化的体现，既有过程记录，也有结果评定，既有质的反思，也有量的说明。教学档案袋评价法具有真实性、过程性和主体性，反映了当前发展性评价的趋势和要求。它弥补了传统教师评价中教师被动服从的不足，能够促进教师自我反思，具有重要的实践价值。在运用教学档案袋评价教师时，要充分听取教师的意见，档案袋所放的内容要与教师商讨，同时要避免形式化，防止资料的收集成为教师的负担，本末倒置，不能发挥其应有的价值。

4. 增值评价法

增值评价的应用和实践大多基于考试分数，其主要目的是以学生学业成就评价为依据，通过相关的统计分析技术，把学校对学生发展的影响从诸多相关因素中分解出来，特别是强调控制生源因素对学生最终学习质量的影响，从而实现对学校教育教学效果"净"影响的评价。[①]增值评价在教师绩效考核中也得以运用，通过控制影响学生成绩的因素，对比学生成绩的前后变化，分析教师对学生成绩变化的贡献程度。增值评价是一种发展性评价，虽然主要评价的是学生的学业成就，但其本质在于关注过程、关注变化，强调以学生的进步幅度来评价教师的工作。通过增值评价，能够考察出教师自身因素对学生成绩的净影响，使教师感受到评价的公平性，更愿意接受绩效考核的结果，从而激励教师更加主动地投入工作。需要注意的是，使用增值评价法，需要一些条件，比如政策的保障和做好数据库建设，这样才能发挥增值评价法的作用。相较于其他评价方法而言，增值评价对教师绩效的考核更加客观、准确和有效，避免了评价主体的主观臆断。

二、教师评价的实施

在对教师评价进行有效设计之后，接下来是评价的实施。教师评价的实施是按照一定程序展开的，主要包括准备工作、评价信息的收集与分析、评价结果的处理等三个环节。

---

① 赵德成. 探索增值性评价：教师绩效考核改革的突破口[J]. 中小学管理，2020，（10）：16.

（一）准备工作

为了保证教师评价的有效实施，在实施之前需要做好前期准备。准备工作主要包括以下几个方面：①评价人员的组织。在评价之前，要选择态度端正、素质高、有能力的评价人员。人员确定后，要对评价人员进行培训，使其熟悉评价标准和实施程序，保证评价工作的顺利开展。②材料和工具的准备。教师评价需要用到一定的材料和工具，包括教师评价方案的设计和印刷、调查问卷和调查表格的设计和前测、观察和计算工具的准备等。③确认评价活动的基本信息。评价活动开展之前，要确定被评价的教师，与被评教师建立良好的关系，消除他们的疑虑和紧张心理。同时，还要确定评价的时间、地点及方式，积极地做好相应准备。

（二）评价信息的收集与分析

评价活动的主要环节是收集与分析信息。收集信息的方法有很多，包括问卷调查法、课堂观察法、访谈法等。问卷调查法能够收集大量的数据，反映教师的一般情况，操作起来比较简单。课堂观察法能使评价主体深入到教师课堂当中，在具体情境中全面观察教师的课堂教学情况。相比前两种方法，访谈法能够收集到深层次的内隐信息，比如教师的价值观念、内心活动等。这些方法分别适用于不同的评价内容，需要根据情况灵活选择。收集信息之后，还需要对这些信息进行处理和分析。不同性质的材料要采用不同的分析方法，通过问卷及量表获得的信息需要通过量化统计，采用统计软件来进行处理；通过质性评价方法获得的材料需要语言分析，赋予材料意义。需要指出的是，在分析信息时要做到定量分析和定性分析相结合，以便从多个角度对教师做出科学、全面的评价。

（三）评价结果的处理

获得评价结果并不是终点，还要对结果进行综合判断，以发挥评价的反馈功能，所以，评价主体要将结果反馈给教师，以便教师改进自己的教学。如果评价结果仅限于评价主体知道，则评价毫无意义。因此，评价结果的处理也是教师评价实施中的关键环节。

1. 评价结果的反馈

教师评价结果的反馈是指将评价最终结果汇报给相关人员和教师本人，以此为领导决策和教师管理提供依据，同时也使教师获得更多关于自己的信息，促进自我反思，从而不断提高自己，实现专业发展。但在很多时候，教师评价结果并没有得到详细的反馈，仅仅以简单的"优秀""良好""合格""不合格"来概括。这样过于笼统的评价并不能给教师发展带来帮助。为了更好地发挥评价的促进功能，在反馈教师评价结果时应注意：①反馈主体多元化。该原则受20世纪80年代提出的360度反馈评价的启发。360度反馈评价就是根据一定的评价目标或标准，对评价对象从多个角度进行评价，再将评价意见综合后反馈给评价对象，以达到改变其行为、提高其工作效率、促进其专业发展、增强组织效率的目的。①因此，学校领导、同事、学生等都需要切实地反馈评价结果。②保持客观公正。教师评价结果关乎多个主体的利益，在反馈结果时，要避免从众心理，应保持客观公正的心理，以正确的态度给予教师反馈，努力帮助教师改善教育实践。③做到双向反馈。在评价中，教师本人是参与者和当事人，他们应该知道评价的结果。如果评价结果只反馈给上级领导，则反馈是单向的，而教师也只是被动地接受结果。因此，在反馈评价结果时，要做到双向反馈，评价结果一方面要反馈给学校领导者，另一方面也要反馈给教师，以促进教师专业发展。

2. 评价工作的总结

教师评价工作完成后，要对整个评价工作进行总结与反思，以改进后续的工作并积累经验。教师评价的过程包括评价方案的设计、评价的实施与开展、评价结果的反馈等环节，而每个环节又包括各种细节因素。在这一过程中难以做到尽善尽美，都或多或少存在一些不足之处需要改进。对教师评价工作的总结既包括对工作本身的评价，也包括对工作中相关人员的反思。对工作本身的评价包括教师评价标准、教师评价方案、评价方法的选择、评价结果的反馈等。对评价工作中相关人员的反思包括评价人员的素质与能力、评价人员与教师的心理、教师对评价结果的接纳程度等。对评价工作进行总结后，更重要的是针对工作中的不足采取优化与改进措施，并付诸行动。

第四节　教师评价的新进展

当前，我国教育改革正在如火如荼地进行，人们对教育质量的要求也越来越高。由于教师在国家教育质量提升中扮演着重要角色，教师评价也成为当前教育改革的重点之一。在不断改革中，我国教师评价的发展呈现出新的趋势。

一、评价目的从考核问责到激励教师

教师评价包括奖惩性评价和发展性评价，这两种教师评价发挥着不同功能。奖惩性评价具有筛选与择优的甄别功能、定级与考核的管理功能、分析与判断的问责功能，发展性评价具有激励与改进的发展功能。不同类型的教师评价有不同的目的，在指导教师评价工作时，也会对教师产生不同的影响。

传统教师评价偏向于奖惩性评价，其目的是对教师进行考核，然后根据绩效完成情况将教师分成不同的等级，以对教师进行奖励与问责。这种评价将教师看作是被动接受评价的对象，其考核结果关乎教师的利益，对教师造成了很大的压力，影响了教师的

---

① 张家军. 360度反馈评价应用于我国教师评价的适切性分析[J]. 教育理论与实践，2014，34（23）：25-27.

工作热情。由此，有学者呼吁教师评价应该重新关注激发教师的专业热忱、自由意志、对话精神和实践智慧，从而消除上述评价模式给教师造成的压力。[①]随着教育评价的改革，教师评价理念也发生了变化。人本主义强调"以教师为本，促进教师持续成长与发展"的评价观念。张选民发现："1990 年以来国际组织及一些国家的官方文件对教师评价使用的词有 assess、survey、accredit、auditor、review，目前一个新词 appraise 在许多官方文件中出现，appraise 与赞美、欣赏等词在词源上非常相关。"[②]也就是说，教师评价开始注重从教师的角度出发，其目的是激励教师，肯定教师在教学中的个性表现，并充分挖掘教师自身的优点。因此，新时代教师评价是为了激励教师的自我发展，肯定教师在教育中的价值，激发教师在专业发展中的主体性，以实现教师的自主持续发展。

二、评价标准突破"五唯"，更具包容性

长期以来，我国教师评价的维度过于偏狭，主要聚焦到学生的学习成绩和升学率上，严重影响了教师评价的价值观取向，抑制了评价功能的发挥，阻碍了教师的发展。为了扭转不科学的教育评价导向，2020 年 10 月，《深化新时代教育评价改革总体方案》中明确指出，要"坚决克服唯分数、唯升学、唯文凭、唯论文、唯帽子的顽瘴痼疾"，"充分发挥教育评价的指挥棒作用"。

突破"五唯"，关键是要增加评价的内容，设置更加灵活的评价标准，找准"唯"与"不唯"的平衡点。在教师评价过程中，要兼顾教师发展的多个方面，比如教师从教的信念和意志、教师个人的实践经验积累、教师的教育机智和师德师风等。这些内容突破了教师评价只注重学生学习成绩的单一标准，使教师评价标准更加多元。由于每位教师专业发展阶段不同，个性也不同，所面临的教育情境也不同，所以评价标准应该更具包容性。具有包容性的评价标准使评价更为人性化，能接纳不同能力和层次的教师，评价指标既包括必达指标也有期望指标，更具灵活性。具有包容性的评价标准避免了用功利性的评价标准束缚教师的发展，可以达到以评促教的目的，发挥评教的积极功能。

三、坚持师德师风作为教师评价的第一标准

《深化新时代教育评价改革总体方案》中指出："坚持把师德师风作为第一标准。"这是教师评价新的价值导向，说明了社会对师德问题的重视。近几年，教师失德现象时有报道，私收礼物、违规补习、谋取私利、性侵学生等严重影响了教师在社会公众心目中的形象，损害了教师群体的权威。教师是学生学习的榜样，是高尚品德的示范，教师如果师德败坏，就一定不能从事教育活动。无论是入职招聘还是工作考核，对师德进行评价都非常有必要。将师德作为教师评价的首要标准，体现出我们对教师评价的反思，也反映出社会各界对师德问题的关注。

然而，无论是教师的个人品德、社会公德还是职业道德，都具有一定的内隐性，需要

① 刘翠航. 批判和改进：21 世纪美国教师评价思想及实践的矫正[J]. 教师教育研究，2021，33（4）：115-121.
② 汪珊珊，王洁. 迈向新时代的教师评价——第二届全国教师教育发展论坛述评[J]. 比较教育学报，2021，（5）：132-140.

经过长时间的观察才能做出判断，量化的评价方法不一定适用于师德的评价。近年来，对师德评价的研究已经取得一定进展，也有了一些共识：①制定师德评价标准时一定要区分必达指标和期望指标。我们可以对教师的道德品质有较高的要求，但绝不能对教师进行道德绑架。②建立规范、合理的评价程序。由于师德本身的特点，在确定评价主体、评价方法和运用评价结果时既要符合程序的正当性，又要考虑道德评价的特殊性。③师德评价不是形式主义，而是帮助教师坚定道德信念、提高其道德品质的有力工具。

四、教师从被动接受评价的对象变成评价的关键主体

教师评价改革之后，一个非常明显的变化是教师不再是被动接受评价的对象，而是评价的关键主体。这一变化既顺应了评价的改革趋势，也符合教师专业发展的特点。当前，教育评价改革的一个趋势是追求评价主体和评价对象之间的民主与协商。我们逐渐认识到教育评价不是自上而下的问责与批评，而是评价双方的对话交流、增进了解、互相激励的过程。在评价过程中，教师有权对评价的内容、评价的指标和评价的方法等问题提出自己的看法，以完善评价的设计与实施。事实上，教师也有能力和意愿参与到教师评价当中。教师成为评价的关键主体也是由教师专业发展的特点决定的。教师专业发展越来越强调教师的主体性和自主性，这也是内嵌于教师的生命发展当中的。通过开展教育教学活动，教师也在实现其生命价值，其中各方面的付出与成长是外界难以通过量化指标衡量的，只有教师自身在不断的实践和反思中才能体悟出来。因此，只有让教师参与到评价中，成为评价的关键主体，才能突破外界评价的束缚，调动教师的积极性和主动性，从而发挥评价的促进功能，助力教师专业发展。

本章小结

教师评价是评价主体按照一定的评价标准，选择恰切的评价方法，对教师素质、教师工作过程和教师工作绩效进行价值判断的过程，以此提高教师教学效能和促进教师专业发展。教师评价对提升教师整体质量、科学管理教师、提高教学质量具有重要意义。教师评价内容包括教师基本素质、教师工作过程和教师工作绩效三个方面，评价内容的确立对教师教育教学工作具有较强的导向作用。评价组织人员应该做好教师评价的设计与实施工作，确定评价主体，选择合适的评价方法开展评价。当前，教师评价正处在不断反思与调整之中，评价中出现的问题得以纠正，教师评价呈现出新的发展趋势。

练习思考

1. 简述教师评价的含义。
2. 简述教师评价的内容。
3. 简述教师评价的具体方式，并思考每一种方式的优缺点。
4. 结合当前教育评价改革，谈一谈今后教师评价的改革趋势。

第九章

课堂教学评价

学习目标

● 了解课堂教学评价的内涵及意义；
● 理解课堂教学评价的内容；
● 掌握课堂教学评价的设计与实施过程；
● 认识课堂教学评价的新进展。

知识导图

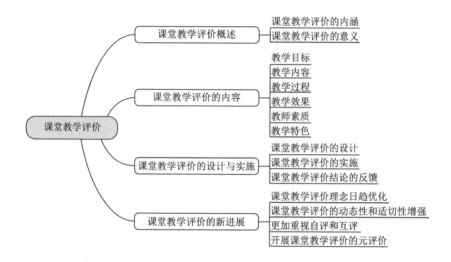

课堂教学是学校最基本的教育实践活动，是培养德智体美劳全面发展的社会主义建设者和接班人的重要组织形式。在教育实践中，课堂教学评价既是学校提高办学水平的重要途径，又是教育主管部门实现宏观管理、监控和指导的有效措施。本章将围绕课堂教学评价的内涵、意义、内容以及设计与实施进行探讨。

第一节　课堂教学评价概述

一、课堂教学评价的内涵

（一）课堂教学

课堂，从字面意义来说，指的是一种物理空间。不过，它还有更特殊的象征意义，即学习现场。它是由师生组成的一种相对封闭的社会环境。此外，它还是一种制度化的场域。①目前,人们对课堂教学的理解各不相同。袁运开认为:"课堂教学是一种把学生按年龄和程度编成有固定人数的教学班,由固定的教师按固定的课程表进行教学的组织形式。"②朱德全认为:"课堂教学是学生在教师的组织指导下,通过多种教学活动完成一定教学任务的过程,它是教育的中心环节。"③北京市基础教育课程教材改革实验工作领导小组认为:"所谓课堂教学,是教师和学生根据特定的教学目的,围绕一定教学内容所进行的一系列的有效教学活动。"④总的来说,课堂教学指的是在课堂这个场域内,教师有目的有计划地组织指导学生参与各种教学活动,进行有效学习,完成特定教学任务的过程。

(二)课堂教学评价

关于课堂教学评价的含义,不同学者也提出了不同的观点。北京市基础教育课程教材改革实验工作领导小组认为:"课堂教学评价是衡量或评定教师与学生在课堂内共同进行的以'节'为单元的教与学的活动的价值。"⑤余林认为:"课堂教学评价是与课堂教学有关的测量与评价的总称,它是指为促进学生学习、改善教师教学而实施的,对学生的学习过程与结果、教师的教学所进行的测量和评价。"⑥陈多仁认为:"课堂教学评价是在课堂教学过程中收集教师教学行为和学生学习行为的信息,衡量和判断达到教学目标的程度,从而为改进教学提供依据的过程。"⑦史晓燕认为:"课堂教学评价是以一定的课堂教学理念为依据,评价主体按照一定的价值标准,对课堂教学的各个要素及其发展变化进行价值判断的过程。"⑧综上所述,我们认为课堂教学评价是指评价主体依据一定的价值观念和课堂教学理念,运用多种科学方法系统地收集有关课堂教学活动的资料信息,从而对教师的教和学生的学做出价值判断的过程。

二、课堂教学评价的意义

课堂教学评价是深化教育评价改革的重要内容和关键环节,是教育教学改革的焦点问题,更是实现立德树人根本任务的内在动力。课堂教学评价对促进课堂教学改革、推动教师专业发展、优化学校管理、提高学生自我认知水平有非常重要的意义。

(一)促进课堂教学改革

2001 年,教育部开始推进新课程改革,如今已经过去了 20 多年。这 20 多年来,

---

① 钟启泉. 课堂研究[M]. 上海:华东师范大学出版社,2016:86.
② 袁运开. 简明中小学教育词典[M]. 上海:华东师范大学出版社,2000:261.
③ 朱德全. 教育测量与评价[M]. 北京:高等教育出版社,2016:226.
④ 北京市基础教育课程教材改革实验工作领导小组. 新课程下的课堂教学评价研究[M]. 北京:首都师范大学出版社,2003:37.
⑤ 北京市基础教育课程教材改革实验工作领导小组. 新课程下的课堂教学评价研究[M]. 北京:首都师范大学出版社,2003:169.
⑥ 余林. 课堂教学评价[M]. 北京:人民教育出版社,2007:6.
⑦ 陈多仁. 课堂教学评价[M]. 北京:高等教育出版社,2017:2.
⑧ 史晓燕. 教育测量与评价[M]. 北京:北京师范大学出版社,2016:140.

有自上而下的顶层设计，有自下而上的课堂转型。"努力让每个孩子都能享有公平而有质量的教育"①是习近平总书记在党的十九大报告中提出的教育改革目标。教育改革归根结底还是要靠课堂改革。如果课堂没有发生变化，教师的授课就不会发生变化，学校教育的变化也无从谈起。反过来说，我们之所以进行课堂革命，其实是为了实现真正的教育公平，这两者是相辅相成、相得益彰的。

课堂改革如此重要，为何课堂转型却步履维艰？一个很重要的原因是课堂教学评价没有跟上。为了扭转经验主义倾向，课堂教学评价开始注重理论研究，并在理论指导下构建新的评价指标。但是仔细研读就会发现，由理论推导的评价指标与真实的课堂教学相差甚远。另外，虽然经验主义倾向被认为不够准确，但在现实中，教育管理者或教师更多地还是从自身经验出发，很少思考是否有更合理的评价方法。因此，优化课堂教学评价，有助于促进课堂教学改革，进而深化教育改革。

（二）推动教师专业发展

站稳讲台，是教师的必修课。也正是在讲台上，在课堂中，教师才能发光发热，实现职业价值和自我价值。从这点来说，教师是课堂教学评价的参与者和受益者，理应积极配合，认真反思。但是在实际操作中，课堂教学评价很大程度上是对教师的表现进行打分，并且学校管理者会以此确定奖惩梯度，并给教师贴上不同的标签。这种课堂教学评价非但不能促进教师的进步，反而成了教师专业发展的桎梏。

为此，我们要充分发挥评价的激励、调控和改进功能，以课堂教学评价来促进教师专业发展。需明确指出的是，课堂教学评价是为了改善课堂教学，并追求教师职业的内在价值与尊严，是面向未来的，因而会对课堂教学起到一定的引领作用。课堂是教师教学的主要阵地，通过课堂教学评价，应能推动教师专业发展。作为评价主体，教师可以通过观察和体验他人的课堂，反思自己与他人的差距，进而有所感悟和提升；作为评价对象，通过与他人的友好交流和思想碰撞，教师自身的教育教学能力也应有所进步。

（三）优化学校管理

课堂教学质量既是教师评价的重要组成部分，也是学校评价的核心成分，科学的课堂教学评价有助于优化学校管理。课堂教学评价不只是为了鉴定、考核和管理，更重要的是提供反馈信息。课堂教学评价的指标一经确定，就有了一定的导向作用，再加上评价结果的反馈，可以进一步发挥评价的激励和改进功能。这不但能调动教师的积极性和创造性，也能促进教师队伍的管理和建设，让学校管理更加规范，决策更加合理。同时，有效的课堂教学评价也有助于形成优秀的学校合作文化。②课堂教学评价不应是行政命令，也不是规定的任务，科学的课堂教学评价有助于营造一种合作的学校文化氛围，从而增强教师对学校的归属感和责任感，无形中也会优化学校管理。

---

① 习近平. 决胜全面建成小康社会 夺取新时代中国特色社会主义伟大胜利——在中国共产党第十九次全国代表大会上的报告[EB/OL].（2017-10-27）[2022-09-07]. http://www.gov.cn/zhuanti/2017/10/27/content_5234876.htm.

② 沈毅，崔允漷. 课堂观察：走向专业的听评课[M]. 上海：华东师范大学出版社，2008：75.

(四）提高学生自我认知水平

课堂教学评价既关注教师的教又关注学生的学，因此，其在推动教师发展的同时，自然也能够促进学生发展。事实上，这也正是课堂教学评价的双重目标。把课堂教学评价作为评价教师的主要方面，既能促进教师自身成长，又能优化学校管理；把课堂教学评价作为评价学生的主要方面，能提高学生的认识水平，促使学生完善自我。

学生是课堂教学评价的参与者，参与程度不同，所受到的影响也不同。参与程度越深，学生对自我的认识越深刻，也越能理解课堂教学评价与自身学业成就之间的关系。如果学生能积极主动地参与到评价过程中，课堂教学评价的结果就能够更准确地反映其学习情况，也能够更好地提升学生的自我评价能力与自我认知水平。同时，通过课堂教学评价的反馈信息，学生还能够及时地调整并改进学习方法，有利于实现学习目标。

第二节　课堂教学评价的内容

要想提高课堂教学评价的质量，就需要明确课堂教学评价的内容。一般来说，课堂教学评价的内容主要包括教学目标、教学内容、教学过程、教学效果、教师素质以及教学特色等方面。

一、教学目标

教学目标是指教学活动实施的方向和预期达成的结果，是一切教学活动的出发点和归宿。它对教学过程具有重要的导向和调控作用，直接决定着教学的发展方向和价值取向。在评价教学目标时，应注意以下几个方面。

1）要把握教学目标的方向。教学目标要符合时代特征和学科课程标准的要求，要重视学生的已有经验和认知起点，要体现学生核心素养的发展。

2）教学活动要紧紧围绕教学目标展开。在教学活动中，要充分体现教学目标的导向和调控作用。教学环节的设计、教学方法和手段的选择要有利于教学目标的实现，同时要根据教学目标的要求应对和处理教学中的生成问题。

3）要关注和研究上位目标。教学目标的逻辑顺序是：课时教学目标→单元教学目标→年级教学目标→学段教学目标→学科课程目标。在制定课时教学目标时，教师一定要关注和研究它的上位目标，特别是学科课程目标。比如《义务教育数学课程标准（2022 年版）》中明确指出："课程目标以学生发展为本，以核心素养为导向，进一步强调使学生获得数学基础知识、基本技能、基本思想和基本活动经验（简称'四基'）"，

"发展运用数学知识与方法发现、提出、分析和解决问题的能力（简称'四能'），形成正确的情感、态度和价值观"[①]。因此，在评价义务教育阶段数学课堂教学目标时，就要立足于课程目标，衡量数学课堂教学的育人价值。

二、教学内容

教学内容是教学过程中同师生发生交互作用、服务于教学目标达成的动态生成素材及信息。它是课堂教学的核心成分，也是评价一堂课好坏的关键。在评价教学内容时，应注意以下几个方面。

1）认真把握教学内容，用好用足教材。在课堂教学中，教师要依据教学目标，围绕教学重、难点选择和安排教学内容，要认真把握教材，用好用足教材内容。从培养学生的核心素养出发，教师不但要正确理解知识，精准抓取教学重、难点，还应当灵活、巧妙地选择教学知识，设计课程内容，加强知识内容之间的内在联系。教师要正确地处理教材，创造性地使用教材，使教材内容更贴近学生实际。除钻研教材之外，教师还应广泛查阅材料，不断更新教学内容，最好注重结合实践和现实，让教学内容更为鲜活、充实、有趣。

2）适当开发教学资源。在教学过程中，教师要根据教学实际适当开发教学资源，特别是要开发与学生生活经验密切联系的、学生感兴趣且对达成目标有价值的教学资源进行教学活动。比如在进行统计与概率的教学时，教师可让学生收集一些生活中的具体数据进行分析、整理，通过解决生活中的实际问题，培养学生收集数据的能力和分析、解决问题的能力。在开发教学资源时，一定要注意"适当"二字，要考虑开发的价值和效果，要以教材内容为主，以开发课外资源为辅。

3）满足不同学生的需要，有利于学生的全面发展。首先，学生是课堂教学的主体，教师必须全面了解学生，了解学生的基础知识、理解能力和兴趣爱好，同时把握学生的需求，满足不同学生的需求，精心挑选对核心素养养成最有利的教学内容。其次，教学内容一定要体现基础性、全面性和发展性，针对不同层级的学生，要处理得当，最大限度地体现因材施教的原则。最后，还要注重培养学生把理论知识与生活实践结合起来的思想方法，并以实践教学的方式展现出来。

三、教学过程

教学过程是教师教和学生学的统一，是师生积极参与、交往互动、共同发展的过程。在评价教学过程时，可以从教学氛围、张弛有度、学生参与、有效有序以及关注差异等方面着手。

（一）教学氛围

教学氛围是在课堂中呈现的一种综合性的心理状态，是教学活动顺利进行的心理

---

① 中华人民共和国教育部. 义务教育数学课程标准（2022 年版）[M]. 北京：北京师范大学出版社，2022：2.

基础。它既能影响师生关系，也能影响教学效果和教育质量。在课堂教学评价中，要关注教学氛围是否活跃、融洽、宽松，要关注师生之间的交流模式和互动情况，要考虑此种教学氛围是否有助于学生学习。因此，在教学过程中教师要致力于打造积极的教学氛围。当然，这并不意味着课堂热闹就是教学氛围好。在积极的教学氛围中，教师的教和学生的学都处于最佳的状态，师生双方思维活跃，能高效地完成教学任务。在评价教学氛围时，不能仅以量化指标进行评价，而是要真正地亲身体会。在教学过程中，如果师生双方人格平等，互爱互敬，生生友好，合作密切，言论民主，学生怀着兴奋和喜悦的心情学习，那么这种教学氛围就是积极的。

（二）张弛有度

在教学过程中，除了要创设积极的教学氛围之外，还应当做到有张有弛。为了保证教学过程张弛有度，教师应做到以下两点：①教学密度要恰当，即教学的内容和速度要符合学生的身心发展规律，既不会使学生疲惫，也不会使学生松懈。为此，教师应当有序地实施教学计划，灵活组织教学活动，不应为了实现教学设计的完整性而无视学生的接受能力，也不应为了创造"轻松"的氛围而使教学过程太过松弛。②教师要能高效利用上课时间，教学要有效率。比如某小学在进行课堂教学评价时明确规定，教师一节课的教授时间应控制在 15～20 分钟，其他时间要留给学生学习、讨论、研究、练习等。因此，在教学过程中，教师要合理地安排教学活动，使教学过程张弛有度，这样才能高效地完成教学任务。

（三）学生参与

学生是学习的主体，也是课堂教学的出发点和落脚点。因此，学生参与度是衡量教学过程的重要标尺。在评价教学过程时，为了避免"目中无生"的误区，我们可以从学生参与的广度和深度两个方面来衡量学生的参与情况：①可以从学生参与的广度来进行评价。参与广度即在课堂教学活动中提出问题、回答问题、进行演示操作的学生人次和人数。不同学科内容的教学对学生参与广度的要求是不同的，但我们希望有更多的学生能够积极地投入学习活动，主动提出问题、思考问题、回答问题，能够主动地观察、分析、对比、探究等。②可以从学生参与的深度来进行评价。参与深度即学生在课堂教学活动中提出问题、回答问题、进行演示操作的水平。在教学过程中，我们希望学生提出和回答的问题有深度，讨论和探究的活动有质量，演示和操作的实验有新意，进而不断提高自身的创新精神和实践能力。

（四）有效有序

在评价教学过程时，还应注意课堂教学是否有效有序。它主要包括以下三个方面：①教学方法要有效，即教的方法和学的方法对实现课堂教学目标有良好的效果。教学方法是沟通教与学的中介，是师生同时实施的方法，它对教学效果的影响较大。教师要了解每种教学方法的适用情境和对象，并能根据不同情况选择最适宜的方法。在评价教学方法的有效性时，要注意教师能否从学生的兴趣和接受度出发，结合自身特点，整合教学资源，灵活采用多种教学方法。此外，教学方法不但包括教的方法，还包括学的方法。因此，在整个教学过程中，教师还应当引导学生掌握正确的学习方法，不断提高学生的自主学习能力。②教学手段要恰当，即教师是否从学生实际和教学需要出发，熟练使用实物、图片等常规教具，恰当选择并有效运用现代化的教学手段。随着现代教育技术的飞速发展，教师可以更加便利地采用技术手段进行教学，但是使用技术并不是目的，通过技术促进学生的有效学习才是关键。因此，教师要充分运用信息技术，根据教学目标和学生的已有经验，选用适合的教学手段。③教学应活泼有序。有效的课堂教学，应当是活泼而不紊乱、有秩序而不死气沉沉的，且符合不同学科、不同内容、不同课型、不同目标教学的规律性。

（五）关注差异

课堂教学的最终目的是促进学生全面而又有个性的发展。因此，是否关注和承认学生的个体差异性是评价教学过程的重要维度。在教学过程中，教师要能够根据学生的差异实施分层教学，并能根据学生的接受程度及时调整教学的速度和难度，使课堂教学始终满足不同学生的学习需要。同时，教师要采用不同的激励方法，鼓励学生不断朝着目标进步，最终获得学习的成功感和满足感。

四、教学效果

教学效果直接反映了课堂教学的质量，是课堂教学评价的重要内容。在评价教学效果时，教学效果是评价课堂教学质量的一项重要指标，一直受到大家的极大关注。这是因为，它本身就是教学评价的一个基本要素，而其他几个要素的价值也要通过它才能体现出来。评价课堂教学效果主要从目标达成情况、教学活动质量、学生能力培养等方面进行考察。

五、教师素质

教师基本素质是教师职业区别于其他职业的根本参照标准，是教师从事专业实践的理论及技能基础。在评价课堂教学时，应从专业知识、专业能力、职业道德等方面来衡量教师的基本素质。具体内容请见第八章，这里不再进行详细阐述。

六、教学特色

教学特色为发展性指标，指的是教师在课堂教学中，在一项或几项基础指标上有创新，或者在基础指标之外的课堂教学活动中有独创性。它主要包括以下两方面：①教师要表现出自己的教学风格，能够临场发挥，灵活处理，有意外收获。这主要指的是教学生成情况。"课前预设，课堂生成"，这是教学的必经过程。但一些教师并不能恰当处理生成问题，导致课堂循规蹈矩，抑制了学生的思维力和创造力，也打击了他们学习的积极性。灵活处理预设与生成的关系是一门艺术，教师要通过预设来促进生成，同时通过生成来完成预设。预设体现了教师的教学水准，而生成则体现了师生的智慧。②教学活动要具有独创性，富有新意，且效果显著。一堂好课，应当是有某些创新尝试或者产生灵感火花的课。我们应鼓励教师大胆改革，尝试新方法，探索新规律，在创造中把握素质教育和现代教育的本质要求，提高课堂教学质量。

第三节　课堂教学评价的设计与实施

明确了课堂教学评价的内容之后，我们就可以对课堂教学评价进行设计与实施了。在设计阶段，要明确评价目的，制定评价指标，确定评价主体，选择评价方法；在实施阶段，评价主体要收集、整理、分析处理评价信息、做出综合评价，并把评价结论反馈给授课教师。

一、课堂教学评价的设计

要想做好课堂教学评价，势必要在课堂教学评价设计上下功夫。如果没有适当的设计，评价目的一知半解，评价指标设计因循守旧，评价主体语焉不详，评价方法选择失误，课堂教学评价也就失去了意义。所以，我们要做好课堂教学评价的设计。

（一）评价目的

课堂教学评价的目的和要求是课堂教学评价的起点，评价目的不同，评价体系的架构内容也完全不同。评价目的其实体现了课堂教学评价本身的导向功能，我们可以通过设计课堂教学评价的目的来把教学活动引到某个方面。

课堂教学评价的目的应当侧重促进教师的成长和学生的发展。需要明确的是，课堂教学评价不是为了评价而评价，而是为了提高教师的教学水平，促进教师专业发展。通过课堂教学评价，教师能够明确教学工作中取得的成就和还需努力的方向，并不断磨炼教学技能，从而提高教学水平。通过自我评价，教师也可以不断调整教育教学观念，完善自身素质，提高课堂教学质量，促进自身不断成长。此外，通过反馈的课堂教学评价信息，教师和学生都能够了解在教和学的过程中存在的优势和不足，继续把优势发扬光大，同时弥补不足，这样不但可以促进教师的成长，还能促进学生的发展。

（二）评价指标体系

课堂教学评价的指标体系十分重要，它可以规范课堂教学评价人员的价值观念，统一评价行为，从而保证评价结果的客观性。一般来说，课堂教学评价指标主要围绕教学目标、教学内容、教学过程、教学效果、教师素质以及教学特色等维度展开，只是在具体评价内容及标准方面略有不同。表 9-1 为某小学课堂教学评价表，具体反映了课堂教学评价的指标体系。

表 9-1　某小学课堂教学评价表

评价指标	评价内容及标准	分值	得分
教学目标（10分）	1. 符合课标要求，体现知识与技能、过程与方法、情感态度与价值观等要求	6	
	2. 明确、具体、准确，具有可操作性	4	
教学内容（10分）	1. 教材处理得当，教学重、难点突出	4	
	2. 课时划分合理，课程容量适度	3	
	3. 能够结合实际和学科特点，渗透德育内容	3	
教学过程（40分）	1. 能够依据课程特点，提出具体问题，激发学生求知欲望，促使学生自学教材	5	
	2. 能够创设师生平等交流、生生合作互动的学习氛围	10	
	3. 能够面向全体，关注个性差异，并注重优生培养和差生转化	5	
	4. 能够体现教师释疑过程，能突出重点、突破难点，并有适当的拓宽和延伸	10	
	5. 及时组织课堂训练，反馈学习效果，提高课堂效率	5	
	6. 根据学科特点和教学内容，灵活选用教学方法，科学有序地组织开展教学活动	5	
教学效果（20分）	1. 基本实现课时目标，多数学生能够完成作业，不同学生都能得到不同的发展	5	
	2. 学生主动地参与学习活动，相互合作，共同探究学习问题，乐于交流分享成绩	5	
	3. 课堂气氛宽松，师生精神饱满，学生参与面广，能够体验学习和成功的愉悦	5	
	4. 学生注意力集中，学习积极主动，与教师配合默契	5	
教师素质（10分）	1. 教学心理素质好，教态自然、亲切、大方庄重	2	
	2. 语言标准规范，清晰准确，生动精练，讲解示范符合科学性、逻辑性、形象性，情感性强	2	
	3. 板书工整美观，条理清楚，重点突出，布局合理	2	
	4. 能根据实际需要，恰当运用现代教育技术或其他教学手段辅助教学，能开发、利用教学资源提高教学效益	2	
	5. 灵活运用教材，驾驭现场能力强，应变自如	2	
教学特色（10分）	1. 能够渗透先进的教育理念，贯穿先进的教育方法	5	
	2. 具有较为明显的教学风格，在某些方面具有创造性	5	

（三）评价主体

日本东京大学的柴田义松教授曾经用"三重场"来描述教师的课堂教学实践。他认为，最内层的场是课堂，这是由教师、学生和教学内容（教材教具）组成的教学实践场；中间层是接受来自教师团队（同辈、前辈、管理职员）影响的学校职场；最外层是家庭、社区、社会。①这说明，课堂教学不只涉及教师与学生，还受学校相关成员及社会环境的影响和制约。因此，课堂教学评价的主体也应当涉及这三层。其中，学生和教师是位于最内层的评价主体，教师同行和学校领导是位于中间层的评价主体，而家长则是位于最外层的评价主体。

1. 学生

学生直接面对课堂教学本身，对教学活动有着最直观的感受，对教学效果也有更准确的判断，应当让他们参与到课堂教学评价中。另外，学生评价也更具有真实性，因为参与课堂教学评价的学生一般有几十人，人数远超领导评价和教师同行评价中的人数，评价误差也小得多。

学生参与课堂教学评价，评价的客体是教师的教学，评价的目的是落实素质教育和建立新型的师生关系，所以设计评价指标时应当与此对应。另外，也要考虑评价指标的数量。如果指标过少，反馈的信息不全，如果指标过多，则要占用学生大量时间，要做好权衡。

学生要想做好课堂教学评价的主体需要做到以下两点：①事先应充分理解课堂教学评价的目的和标准，把握好尺度；②应诚信参评，并且能够独立对课堂教学做出较准确的评价。学生不能从个人喜好出发来评价教师，也不能迫于教师权威而不敢进行真实评价。在设计学生评价问卷时，可以通过以下几点促使学生真实评价：①引导语不能太过沉重，避免学生产生顾虑；②问题设计不要太过直接，尽可能不设计对教师进行是非判断的题目；③减少学生个人信息的暴露，设置匿名的方式填写问卷。

2. 教师自身

优秀的教师不仅会教，还要会评，评价是教师专业能力的一个重要组成部分。赵德成认为，教师对学生学的评价可以更好地了解学生的学习进展以及把握学习任务，对教师教的评价可以诊断教学活动，总结经验，发现问题，推动教学改进。②按理来说，教师对自身的优劣之处是最为了解的，对自己所做的课堂教学评价也应较为准确。不过，教师自评有较大的主观性，容易出现偏颇，而且它没有一个明确的外界参照标准，也不方便进行横向比较。

3. 教师同行

教师同行一般拥有相同的学科背景，对某一问题的认识也较为深刻。作为专业人士，他们对课堂教学活动和教材比较熟悉，能够更准确地判断出其他教师的教学能力。同时，教师通过与同行之间的平等交流和良性互动，能对同行提出针对性强、实用性强的建议，促进其快速进步。此外，教师同行评价所产生的积极作用是双向的。通过观摩他人的课堂教学，评价主体本身也能不断吸取他人的长处和优势，实现共同进步。在这里要明确的是，教师同行评价不单单指本校教师的评价，还包括外校教师或专家评价。教师同行评价的信度和效度都较高，可靠性强。但是也要注意，参与评价的教师同行应具有良好的职业道德修养和准确的判断力，这样结果才具有可参考性。③

---

① 转引自钟启泉. 课堂转型[M]. 上海：华东师范大学出版社，2018：164.

② 赵德成. 促进教学的测验与评价[M]. 上海：华东师范大学出版社，2016：28.

③ 张岚，杨国顺，朱坚. 教育督导中的课堂教学评价 60 问[M]. 上海：华东师范大学出版社，2012：20.

4. 学校领导

领导评价是一种更具权威性的评价。它一般跟评价对象即授课教师的业绩和声誉挂钩，同时也会影响学校的管理决策。虽然这是一种具备实质性和影响力的评价方式，但是评价结果的客观性却无法把控，因为某些时候领导的评价会带有倾向性。要想让领导评价发挥最大作用，学校领导、年级组长等应持有严肃认真的态度，不道听途说，不一叶障目，公平公正地进行评价。

5. 家长

作为学生的父母，家长对孩子的教育也十分重视。让家长参与到课堂教学评价中，能够让家长更好地了解教师和学校，为教育教学提供宝贵意见，也有助于促进家校协同教育。不过家长参与课堂教学评价的成本较高，另外，家长的水平不一，评价也很有可能出现偏差。要想让家长充分发挥评价主体的作用，教师和学校应对他们进行必要的引导，让他们理解课堂教学评价的目的和步骤。学校也可以设置家长开放日，让家长进入课堂，做出评价。现在，一些学校开始实行"参与式"教学评价，效果也较好。

总之，课堂教学评价的主体是多元的，这符合课堂教学评价的原则。但是由于这些主体所站的角度不同，经验不一，尽管采用的是同一个评价指标，赋予各主体的权重却是不同的。在实施课堂教学评价时，要充分关注学生的评价，他们对课堂教学环节最有发言权；要分外重视教师自身和教师同行评价，他们对课堂教学能做出更专业的判定；同时，也要兼顾学校领导、家长等评价主体的参与。

（四）评价方法

课堂教学评价的方法主要有课堂听课法、录像评价法、调查法、"行为跟进式"评课法、庭辩式评课法等。每种评价方法的操作步骤有较大差别，在正式评价前，评价主体应掌握各种评价方法的特点。为了使评价结果更有效，也可以灵活采用多种评价方法。

1. 课堂听课法

课堂听课法又叫课堂观察法，是指走进课堂，随堂听课。它是获取课堂教学信息最重要的途径，也是课堂教学评价中最常用、最基本的方法。课堂听课是一种专业的观察活动，有明确的观察目的，可以借助外部工具（观察表、录音录像设备）进行，之后还要对资料做相应的分析和研究。课堂听课法主要由课前会议、课堂观察、听课和记录以及课后会议四个步骤构成。

（1）课前会议

在课堂听课前，评价主体与授课教师之间应进行有效的商讨，以确定听课目的。课前会议最好在上课的前一天举行，时间至少 15 分钟。课前会议包括两方面内容：①确定听课时间、地点、方式以及课后讨论的时间和地点等。②评价主体要简单了解教学进度、本节课的教学目标、授课计划、教学内容、教学设计等，以明确听课重点。

进行课前会议是必要的，它可以降低授课教师的焦虑水平，让课堂教学更加真实自然。近年来，有许多学校采取推门听课的方式进行随堂听课。尽管这种听课方式能够捕捉到教师最真实的教学行为，但它并不合理。因为评价主体对课堂教学情况和整体计划毫不知情，无法全面进行评价，并且在上课期间随意进入课堂，会扰乱正常的授课秩序，也违背了评价双方相互尊重的原则。

（2）课堂观察

评价主体最好在上课前 5 分钟进入教室，同时要明确观察任务和可使用的观察工具。进入课堂后，应当根据观察任务选择最有利的观察位置，观察位置不能分散学生的注意力，也尽量不要与教师的走动发生冲突。

崔允漷等归纳了课堂的 4 个要素，分别是学生学习（learning）、教师教学（instruction）、课程性质（curriculum）和课堂文化（culture），即课堂观察的 LICC 范式[①]。他们认为，课堂的核心是学生学习，其他 3 个要素是影响学生学习的关键因素。基于这个逻辑，又将每个要素分解成 5 个视角，共形成 68 个观察点，具体如表 9-2 所示。

表 9-2　课堂的 4 要素 20 视角 68 观察点

要素	视角	观察点举例
学生学习（L）	（1）准备 （2）倾听 （3）互动 （4）自主 （5）达成	以"达成"视角为例，有 3 个观察点： 1. 学生清楚这节课的学习目标吗？ 2. 预设的目标达成有什么证据（观点/作业/标签/板演/演示）？ 有多少人达成？ 3. 这节课达成了什么目标？效果如何？
教师教学（I）	（1）环节 （2）呈示 （3）对话 （4）指导 （5）机智	以"环节"视角为例，有 3 个观察点： 1. 这堂课由哪些环节构成？是否围绕教学目标展开？ 2. 这些环节是否面向全体学生？ 3. 不同环节/行为/内容的时间是怎么分配的？
课程性质（C）	（1）目标 （2）内容 （3）实施 （4）评价 （5）资源	以"内容"视角为例，有 4 个观察点： 1. 教材是如何处理的（增/删/合/立/换）？是否合理？ 2. 课堂中生成了哪些内容？怎样处理？ 3. 是否凸显了本学科的特点、思想、核心技能以及逻辑关系？ 4. 容量是否适合该班学生？如何满足不同学生的需求？
课堂文化（C）	（1）思考 （2）民主 （3）创新 （4）关爱 （5）特质	以"民主"视角为例，有 3 个观察点： 1. 课堂话语（数量/时间/对象/措辞/插话）是怎么样的？ 2. 学生参与课堂教学活动的人数、时间怎样？课堂气氛怎样？ 3. 师生行为（情境设置/叫答机会/座位安排）如何？学生间的关系如何？

从表 9-2 中可以看出，课堂是复杂的，各要素之间相互交织，信息非常丰富，我们不可能对所有的观察点一一观察记录，而是要选择合适的观察点。

（3）听课和记录

课堂听课就是要做好课堂实录，并且记录下评价主体自己的思考。课堂观察所收集到的信息和资料，是课堂教学评价的基础，一定要注意课堂观察的科学性和可靠性。

---

① 崔允漷，沈毅，吴江林，等. 课堂观察Ⅱ：走向专业的听评课[M]. 上海：华东师范大学出版社，2013：28.

课堂听课的记录方式有多种，评价主体应根据观察内容、类型和自己擅长的记录方式选择较为合适的方式。一般来说，应将定量和定性两种记录方式结合起来。定量记录主要是用利克特量表和分类体系进行，而定性记录则是以非数字的形式记录内容。在听课结束后，应及时处理记录的信息，包括对信息进行统计、整理、归类、解释。

（4）课后会议

课后会议即课堂教学评价结果的反馈。课后会议一般有以下三个步骤：①授课教师进行课后反思，即思考本节课的教学目标是否达成，各主要教学行为的有效性如何等。②评价主体对观察结果进行简单的报告。报告应简明、避免重复，要有证据，同时也要有回应。③形成结论和行为改进的具体建议，比如本节课的成功之处、教师的个人特色和教学风格、本节课存在的主要问题及具体的改进建议等。

2. 录像评价法

随着现代教育技术的广泛应用，录像技术在课堂教学评价中也用得越来越多。通过录像，可以把一整堂课的所有信息完整保存下来，还能进行深入的分析，能够对课堂教学进行更直观、更全面、更公平的评价。录像评价一般包括准备工作、课堂录像、教师访谈和录像分析四个步骤。[①]

（1）准备工作

在录像之前，应制定一个较为详细的计划，提前准备好设备，保证设备运行良好，并且要挑选合适的拍摄环境，找准机位，提高拍摄质量。

（2）课堂录像

摄像人员应当按照录制计划进行拍摄，这样可以达到标准化录制，从而让录像具有可比性。录像的持续时间应当涵盖课堂从开始到结束的所有环节，尽可能反映课堂教学的全部。另外要注意，不能只记录教师的教学过程，还要记录学生的学习活动，可以重点拍摄一位或者几位学生上课的全过程。

（3）教师访谈

为了弥补录像评价的不足，避免某些误解，还要在录制结束后对教师进行访谈，访谈过程同样需要录像。访谈主要是为了澄清教师的教学设计、教学目的的真正含义，了解教学背景和教师的自我评价。在访谈之前，应把访谈提纲发给教师，让他们了解访谈目的和主题，做好心理准备，同时，也能保证访谈紧扣题目，防止漫谈。教师访谈提纲应包括以下几方面内容。

1）教学目的和教学设计。这节课的教学目的是什么？你希望学生在这节课中学会什么？你做了哪些教学设计？这样设计的原因是什么？

2）教学过程。课堂上，学生的反应是否正常？你是否根据学生的反应调整了教学策略？做了哪些调整？

3）课程内容背景。这节课与前后教学内容有何联系？与单元教学内容的联系如何？

4）教师基本情况调查。你接受过哪些教育和培训？

5）教师的自我评价。你自己对这节课满意吗？与平时的课相比如何？这节课的成

---

① 冯建新. 现代教育评价与测量学[M]. 北京：中国社会科学出版社，2005：230-231.

功与失败之处在哪里？教学目的的达成度如何？有什么需要改进的地方？

（4）录像分析

这主要包括四个过程：①将录像内容整理为文字提要。它比较烦琐，却是分析内容的基本工作。②课堂教学结构分析。根据录像和文字稿，将教学过程分成若干环节，接着对每个环节的教学活动进行概括描述，并且记录每个环节的开始时间和持续时间。③制作课堂记录表。它主要记录课堂教学活动的过程和主要内容，可以非常清晰地呈现整个教学的基本过程。课堂记录表主要记录课堂教学的环节及每个环节的起止时间、学生的活动描述、教师的活动描述。④反复观察录像，对课堂教学做定量和定性分析。

3. 调查法

调查法是课堂听课法和录像评价法的补充，以更好地了解课堂教学问题。它可以收集教师或学生的直观感受，是评价课堂教学效果好坏的间接证据。但它容易受师生情绪、调查气氛的影响，一般不单独使用。另外，为了避免偏差，调查样本的数量要足够，这样调查结果才比较可靠。

（1）问卷调查法

对教师和学生的调查通常以问卷的方式进行。学生问卷包括掌握知识情况的反馈、对教师教学行为的评价、对教师行为改进的建议等。教师问卷调查包括基本教学能力、教学过程中的创新、对教学内容的熟悉程度、对学法培养的重视度、教学氛围、学生参与积极性等。

（2）等级评定法

这个方法主要采用利克特量表进行，量表有许多细化的条目，内容为教师的课堂教学行为或学生的课堂学习行为，评价主体需要对照着每个条目，按照课堂实际情况打分，最后再把所有条目的得分累加。利克特量表有 4 点式、5 点式、6 点式、7 点式，有时还会设计成 10 点式，最常用的是 5 点式。5 点式评定量表是把评价意见分成了"非常不同意""不同意""一般""同意""非常同意"5 个等级，依次赋予 1 至 5 分的得分，然后把每个条目的得分相加。需要注意的是，如果某些题目是否定的，那么需要反向计分。表 9-3 为某校课堂教学评价所采用的"建议型"学生评定量表。

表 9-3　某校"建议型"学生评定量表

项目	非常不同意	不同意	一般	同意	非常同意
我希望老师上课多注意我的反应					
我希望老师对我多提问					
我希望老师更和善一些					
我希望老师多给我一些鼓励和赞赏					
我希望老师讲课时更生动一些					
我希望老师讲得更浅显明白一些					
我希望老师讲课时更富有激情					
我希望老师在课堂上让我们多活动一些					
我希望老师多给我一些个别辅导					

（3）学生作业抽样法

学生作业抽样法是指随机抽取一组学生，让他们当场完成一些练习，或者回答一些有关课堂教学内容的问题，以此来检查教学效果。

4. "行为跟进式"评课法

如果只听不评，或者不重视评课，教师就无法持续改进，课堂教学评价也就失去了意义。"行为跟进式"评课法是指在听课结束之后，评价主体和授课教师共同讨论本节课的成功和失败之处，并提供修改意见。而授课教师则要根据修改意见再次备课上课，等上完第二次课后接着探讨存在的问题，并再次进行评价和修改，如此反复，直至达到满意的效果。这是一个上课—评价—反馈—上课—评价—反馈的反复过程，不但可以促进教学，还能够促进教师快速成长。

5. 庭辩式评课法

以往的评课是评价主体评，授课教师听，很难实现两者的平等对话和深入交流，庭辩式评课法打破了评价主体与授课教师的界限，让交流更加畅通，探讨更为深入。这种方法是指在听课结束之后，首先由授课教师陈述自己的上课情况、设计情况和创新之处；其次，评课主体与授课教师一问一答，交流相关问题；再次，评课主体与授课教师直接辩论，澄清问题，表达各自的想法；最后，等辩论结束，评课主体集体拟定评价意见。这样，就建立了听评课的共同体，让听评课变得更专业，也能实现共赢。

二、课堂教学评价的实施

课堂教学评价的设计是评价的准备阶段，解决的是为什么评价、谁来评价、怎么评价等问题，为此要做好组织准备、人员准备、方案准备以及评价人员的心理准备。接下来，就是课堂教学评价的正式实施阶段，它是课堂教学评价活动的核心。课堂教学评价的实施主要是运用各种评价技术和方法收集评价信息，并在这些信息的基础上做价值判断，同时对评价主体和授课教师做心理调控，以保证评价工作顺利进行。它包括收集评价信息、整理评价信息、分析处理评价信息、做出综合评价四个过程。

（一）收集评价信息

这一步主要是根据先前制定的评价方案，运用各种评价方法、手段、工具等收集评价信息，这些评价信息不仅包括经常性资料，还包括课堂信息资料。经常性资料是指与教学相关的日常工作材料。对教师来说，经常性资料主要包括教案、教材、授课计划、备课笔记等；对学生来说，经常性资料则主要包括作业、作品、课堂笔记、试卷等。课堂信息资料是指评价主体收集的关于课堂教学过程和结果的信息资料，主要包括：评价主体直接或间接观察教学的全过程后所获得的有关信息资料；评价主体通过与学生、教师及有关人员谈话直接收集到的关于课堂教学优缺点方面的态度和意见；采用问卷或测验的方式从学生那里直接获取的调查结果等。为了收集到真实、可靠和准确的评价信息，应做到以下几点：①收集的信息量要足够。如果收集的信息较少，误差会较大，也就不能做出真实评价。②收集的信息要全面。如果只收集单方面的信息，就算信息量足够，也不能如实反映课堂教学情况，所以要全面收集信息。③收集的信息要有代表性。课堂信息十分复杂，而评价主体的时间和精力有限，不可能收集所有的信息，所以要注意收集那些有代表性且能反映事物本质属性的信息。

（二）整理评价信息

收集到的信息冗杂混乱、不成体系，一般需要对其进行审核和归类，即整理评价信息。审核主要判断信息是否有效，归类则是寻找评价信息的共同点，进行归纳分类，把具体的评价信息集合到相应的问题或观点中，让信息更为有序。最后，还要对所有的评价信息进行汇总整理、分类保存并列表存档，为分析处理信息做好准备。

（三）分析处理评价信息

在分析处理信息时，评价主体要掌握评价标准和具体要求，要采用恰当的方法处理评价信息，评价结果要明确，或者给出相应的分数，或者划定相应的等级，或者进行定性描述。如果可以，应当再次对评价结果进行认定和复核。通过分析处理评价信息，就可以给出评价结果了。

（四）做出综合评价

这一步是给出综合评价结果。评价主体根据综合评价的结果，对评价对象做出准确、客观的定性或定量的评价结论，形成评价意见。传统的教学评价侧重于评价学生掌握知识的数量和程度，多采用定量评价，但现代教学评价的标准除了包含认知因素之外，还包括学习动机、兴趣等非认知因素，而这些非认知因素很难用数字来衡量，所以多用定性评价。

总的来说，做出综合评价是一个专业判断的过程，评价主体一定要理解评价的理念和目的，注意评价信息的信度和效度问题，把定量评价和定性评价结合起来，从而给出准确的综合评价结论，同时要避免一些不必要的推论。

三、课堂教学评价结论的反馈

有效的课堂教学评价可以客观地衡量教师的教学水平和学生的学习情况。经过设计与实施阶段，评价主体得出了一些结论，这些结论可以成为提高教学质量的有力支撑。评价主体把评价结论反馈给授课教师，向授课教师提出改进建议，在平等对话的基础上达成共识，从而实现课堂教学评价的目的。评价主体在反馈结论时要注意以下几点。

（一）强调具体行为

课堂教学评价的目的不是简单地对授课教师划分等级，所以评价主体在反馈结论时也不能仅仅给出优秀、良好、合格、不合格等简单的结论，因为它无法起到真正的反馈作用，不能有效地促进教和学。在反馈结论时，评价主体应针对授课教师的具体行为进行一对一的反馈，帮助授课教师找出存在的问题以及问题的症结。只有这样，授课教师才能够清晰地认识到自己课堂教学的不足，也能更容易地接受评价结论。

（二）充分考虑评价对象

面对的评价对象不同，采用的反馈方式也不一样。评价主体在反馈结论时，要充分考虑评价对象的心理状况和接受能力，进行有意义的反馈。比如，如果评价对象是新手教师，应该给予他们提高教学水平的具体建议，同时以鼓励性语言为主；如果评价对象是熟手教师，则应对他们的不当之处加以指正，使他们的教育理念和言行举止符合新时代教育的要求。

（三）选择恰当的反馈途径

反馈途径有多种，比如个别交谈、座谈会、汇报会、书面报告等，一般建议用面谈的方式进行反馈。通过面对面交流的方式，评价主体能够把评价结果直接、准确地告知评价对象，双方还能对评价结果和结论进行探讨，制定出改进方案或行为跟进方案。在反馈结论时，评价主体应注意营造和谐融洽的氛围；要运用语言艺术，尽量使用描述性的语言而非判断性的语言，杜绝即席式发挥；对评价对象应当先表扬，再提出问题并给出意见，最后再给予鼓励。

第四节　课堂教学评价的新进展

经过多年的探索和实施，课堂教学评价也越来越规范和科学。与以往相比，课堂教学评价理念的优化趋势愈加明显，课堂教学评价的动态性和适切性增强，更加重视自评和互评，也开始重视课堂教学评价的元评价。相信在这些新进展的推动之下，"促进学生的学习与发展"不再只是一个口号。

一、课堂教学评价理念日趋优化

课堂教学评价若要达到促进教学和学习的效果，与评价理念的优化分不开。只有评价主体和评价对象都充分意识到了课堂教学评价的重要性，理解了课堂教学评价的内涵和目标，掌握了课堂教学评价的步骤和方法，课堂教学评价才能发挥最大的作用。在评价主体中，督导和领导尤其要注意及时转变评价理念。其中，督导听评课要以导为主，以督为辅，从而帮助教师提高教学质量；领导听评课也是为了掌握一线教师的授课情况，帮助教师查漏补缺，督促教师在学习中进步。

课堂教学评价理念的优化，需要评价主体对课堂教学的生成性有清晰的认识。评价主体要充分意识到，课堂教学是具有随机性的，在多种因素的相互作用下，会产生一些偶然性的结果。面对这样的结果，评价主体也要进行实事求是的分析，而不能为了保持统一，做出罔顾事实的结论。同时，这也告诫授课教师，应对课堂教学评价的目的有正确的认识，不能因为被评价而提前演练，做出与平时上课时完全不同的样子。课堂教学本身就是生机勃勃、百花齐放的，而不是完美无缺、整齐划一的。教师站在讲台上一呼百应，学生坐在教室里频频点头，这并不是真实的课堂，也不是我们希望看到的。为了接受评价授课教师上台"表演"，可谓本末倒置。

二、课堂教学评价的动态性和适切性增强

素质教育理念下的课堂教学应当面向未来，处于不断发展中，是一个动态变化的过程。因此，对课堂教学评价也应当持发展性观点。课堂教学评价虽然有一定的检查、选拔和甄别作用，但更重要的是它的导向、反馈和激励作用。对授课教师来说，要充分重视学生的学，着眼于促进学生的发展，强调学生参与和师生互动，在面向全体学生的同时注重个体差异。对评价主体来说，应激励教师将先进的教育理念转化为教学行为，引导授课教师提高教学水平，形成教学特色。

多年来，课堂教学评价在实践中摸索着前进，其评价体系、评价标准、评价目的也越来越契合课堂教学评价的意义：①在此之前，课堂教学评价体系不够开放，没有充分意识到课堂本身是富有变化的，用一个完全确定的评价方案去评价所有的课堂显然是不合适的。所以，在制定评价指标体系时既要看到课堂教学的普遍性，又要看到课堂教学的生成性。②从评价标准来说，它与课堂教学改革的总体要求是相适应的，符合学校的现有基础及发展规划，有些评价标准也符合最近发展区理念。③从评价目的来说，课堂教学评价的结果虽然仍与教师的绩效考核有所关联，但是不再以奖惩为目的，而是为了促进教师教学水准的提高和未来的专业发展，这也契合人才培养和发展的目标。

三、更加重视自评和互评

说起课堂教学评价，很多人首先想到的是一支严肃认真的评价小组，它让授课教师不得不严阵以待，甚至"瑟瑟发抖"。其实，我们不应该太过重视基于外在标准的评价主体的评价，轻视基于内在标准的自我评价。[①]以往，研究者和教育管理者是评价主体，但这种仅仅依靠外在标准和外在影响的评价是不太恰当的，我们还应当重视教师的自我评价和学生的评价。以师生的自我评价为中心的课堂教学评价，能使教师迅速得到反馈，有助于其更快地提高课堂教学质量。同时，重视师生的自我评价也能改变以往紧张的听评课气氛，使各评价主体以鉴赏家的姿态进行评价，有助于提升教师的教育鉴赏力。

除了自我评价之外，教师互评也是一种喜闻乐见的方式。教师互评并不是形式上的互相打分，而是真正的基于主体自愿。如果每位教师都抱着求同存异、观摩学习的心

---

① 英配昌，范国睿. 关于教师评价模式的个案研究——兼论传统教师评价模式的弊端及新模式的探索[J]. 教育理论与实践，2001，21（3）：22-25.

态来听评课，那么课堂教学评价就可以建立一个专业的合作体。这样，不管是平时的备课，还是正式的讲课，教师们都可以相互监督，各司其职，避免听评课流于形式。更重要的是，通过教师互评，课堂教学评价可以焕发出持久的活力。课堂教学评价的目的不是对教师进行突击，而是帮助教师成长。一两次的听评课难免无甚效果，只有建立一个稳固的合作体，长期合作，才能共同进步，实现双赢。

总的来说，课堂教学评价应当改变以往以他评为主的评价方式，重视教师自评和教师互评。

四、开展课堂教学评价的元评价

元评价即是对评价的评价。虽然现在课堂教学评价如火如荼，但是有一点必须明确，即课堂教学评价的技术还不完善，有必要进行元评价。思考一下：我们是否只重视教的评价，而忽视了学的评价？是否只重视终结性评价，而忽视了形成性评价？是否只重视一般教学过程的评价，而忽视了基于学科固有逻辑的评价？是否只重视量化取向的评价，而忽视了定性分析？评价目标的设定是否合理？评价主体的选择是否恰当？评价指标的信度、效度是否达标？评价过程是否科学？评价结论是否符合实际情况？……

只有不断地对课堂教学评价进行元评价，课堂教学评价才能真正地科学化，从而有利于提高教学质量，使教师评价和学校管理能更好地进行。此外还要注意，课堂教学评价的元评价不应只是纸上谈兵，而是要在实践中不断探索，不断进步。

本章小结

本章聚焦课堂教学评价这一具体内容。首先，对课堂教学及课堂教学评价的内涵进行了阐述，同时指明了进行课堂教学评价的重要意义——它可以促进课堂教学改革，推动教师专业发展，优化学校管理，提高学生的自我认知水平。其次，分条目列举了现行课堂教学评价的内容。再次，重点阐述了课堂教学评价的设计与实施过程，力求通过对此的阐释，评价主体可以明确课堂教学评价的真正目的、制定恰当的评价指标、选择合适的评价主体、掌握更科学的评价方法，并且认真贯彻实施。最后，对课堂教学评价的新进展进行了展望，期待未来的课堂教学评价理念更优，课堂教学评价的动态性和适切性更强，师生的自我评价和教师之间的互评得到足够的重视，同时，评价主体学会对课堂教学评价进行元评价。

练习思考

1. 简述课堂教学评价的意义。
2. 简述课堂教学评价的内容。
3. 论述课堂教学评价的设计与实施过程。
4. 请与同学讨论交流，谈一谈当前课堂教学评价的新进展。

第十章

学 校 评 价

学习目标

● 了解学校评价的内涵与类型；
● 理解学校评价的主要内容；
● 理解学校发展性评价的目的及其基本指标；
● 掌握学校发展性评价的基本实施环节；
● 了解学校评价的新进展。

知识导图

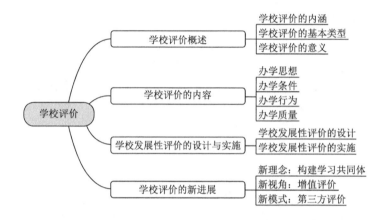

　　学校是培养人才的专门机构，也是开展教育活动的主要场所。学校办学水平的高低，直接影响到教育教学活动的效率和人才培养的质量，进而最终影响国家的发展和社会的进步。这就决定了任何学校的办学行为都会时刻面临着来自国家、社会、主管部门、家庭等各方面的评判。如何科学评价一所学校的办学水平，是社会、家庭、学校校长、教师、学生等共同关注的重要问题。本章主要围绕学校评价概述、学校评价的内容、学校发展性评价的设计与实施以及学校评价的新进展等方面进行介绍和讨论，以期阐明有关学校评价的基本问题。

第一节　学校评价概述

一、学校评价的内涵

　　目前，人们对中小学学校评价的概念界定及其评价范围等还没有形成统一的认识。有的学者从教育评价的角度对学校评价做简单的概述，有的学者则从学校管理工作评价的角度来进行阐述。综合前人的看法，我们认为，学校评价是指以一定的教育价值观为指导，运用教育评价的理论和方法，按照党和国家的教育方针、政策、法规以及特定的评价标准，对学校的办学思想、办学条件、办学行为、办学质量等方面进行总体评价或单项评价的活动或过程。

从以上界定可以看出，学校评价工作的构成要素有评价主体、评价标准、评价方法和评价对象。学校评价的本质是对学校的工作进行价值判断，其根本目的是调控学校的有关工作，促进学校的发展。

二、学校评价的基本类型

（一）内部评价和外部评价

按照评价主体，可以将学校评价分为内部评价和外部评价。内部评价也叫学校自评，是由被评学校对照评价标准进行自我分析、自我研究、自我总结与自我改进的评价活动。这种自我评价贯穿学校评价的始终。可以说，经常性的自我评价和反思是一所学校走向成熟的重要标志之一。学校外部评价是指教育行政部门等从整体上对学校发展所涉及的组织系统进行全方位、综合性的衡量。这种评价独立于学校又与学校发展密切相关，能够超越学校自评的狭隘视野，具有统一性、鉴定性、间断性、人为性等特征。学校外部评价也可以被认为是一种特定的评价模式，具有固定的评价程序和评价步骤，效率高、说服性强，便于推广和应用。因此，这种"行政鉴定"式的外部评价在学校评价中扮演着重要角色，对学校教育质量的提升起着不可估量的作用。但这种外控型评价很难满足学校自身发展的需要，导致学校在长时间的被动评价中逐渐失去自主发展的意识。

总之，完整的学校评价是外部评价和内部评价的有机结合。然而，当前学校评价中，实际上是以外部评价为主导，内部评价尚未真正发挥其功能。

（二）综合评价和专项评价

按照评价内容，可以将学校评价分为综合评价和专项评价。综合评价是指对学校各方面工作的全面、系统的评价，其典型代表有教育督导评价、学校教育质量评价等。专项评价是指根据不同的评价需要，对学校工作某一方面进行专项评价，比如学校管理评价、学校德育工作评价、学校教学工作评价、学校校本课程实施评价、绿色校园评价等。一般而言，对学校的专项评价会说清楚评价的是哪一项或是哪几项，没有具体指明评价项目的，通常理解为综合评价。

（三）鉴定性评价和发展性评价

按照评价目的，可以将学校评价分为鉴定性评价和发展性评价。鉴定性评价是指用同一评价标准对同一类型的不同学校进行评价。它认为学校评价的首要功能是鉴定，即检验学校是否符合相应的评价标准。发展性评价是以促进学校动态发展为目的，运用现代教育评价理论、技术和方法，对学校发展现状及潜能进行系统分析并做出价值判断的动态过程。[①]在改革开放初期，鉴定性评价对学校办学的规范化、标准化起到了重要的鉴定和引领作用，对我国基础教育事业的发展起到了积极的推动作用，并一度成为我国学校评价的主要范式。虽然鉴定性评价效率高，但这种模式重排名和奖惩，控制性强，易引起被评学校的紧张和焦虑，往往成了参评学校有脚本的最佳表演而非常态展示。此外，采用同一标准评价不同学校，缺少针对性，容易导致"千校一面"，无法引导和鼓励学校的特色化发展。

目前，发展性评价在我国基础教育学校评价的实践中得到了广泛应用，这意味着学校评价越来越注重促进学校自身的发展，评价标准也变得更加多元。本章第三节将对学校的发展性评价做具体的探讨。

三、学校评价的意义

（一）引领学校改革发展

中小学的改革发展事关基础教育的成败。学校改革发展需要明确的目标引领，并在改革过程中不断进行反思检查。学校评价是促进学校改革与发展的指挥棒和重要保障。

虽然学校评价古已有之，但如何对学校进行科学而全面的评价，是到现代才被关注的事情。现代学校教育理论与实践的发展，对科学地评价学校的要求越来越紧迫。"如何评""评什么""按什么标准评"等，都对学校改革发展有着重要的意义。1999 年，我国启动了新一轮基础教育改革，同时，中小学评价也被提上了日程，而学校评价的发展也在推动着学校的改革，进而推动着基础教育改革的进程。近年来，教育改革的核心由传统的应试教育转向全面实施素质教育，再到核心素养的培养[②]。教育改革的核心无论走向何方，都离不开学校这个载体，观念更新、课程改革、考试评价改革等都只有通过学校真正将其转化为学校的内在需求，才能得到贯彻落实。[③]

（二）优化学校管理体系

科学合理的学校管理活动，可以有效地保证学校教育自觉地控制自己的办学方向，主动纠正偏离教育目标、违背教育规律的做法。学校评价的目的就是从不同角度考查一所学校的实际情况，获得改进学校管理工作的客观依据。

从现代学校评价的要素来看，学校管理评价是现代中小学评价的主要内容，它包括人、财、物、信息和工作等要素的整合优化。它是学校良性运作与发展的有效前提，管理不善，条件再好也得不到有效利用。同时，评价监督系统是学校发展的重要组成部分，而关于学校发展的评价又是学校管理体系中的重要内容，发挥着不可替代的重要作用。如果学校只有决策、执行两个系统，而没有评价监督系统，就会使学校的教育决策缺乏科学论证，使学校的决策执行缺乏监督检查。

---

① 邱均平，王碧云，汤建民. 教育评价学：理论·方法·实践[M]. 北京：科学出版社，2016：276.
② 中华人民共和国教育部. 义务教育课程方案（2022 年版）[M]. 北京：北京师范大学出版社，2022：2.
③ 胡中锋. 教育评价学[M]. 3 版. 北京：中国人民大学出版社，2016：311-312.

（三）促进教师素养提升

正确有效的学校评价可以帮助学校领导者树立正确的管理理念，是学校领导者提高管理能力的压力和动力。对教师群体而言，学校评价可以帮助教师树立正确的教育观念，提高教师专业情意、专业知识和专业素养，提高教师归属感和工作积极性。

学校评价是提升全体教师素质的重要手段，主要表现在：①从外部评价来看，学校外部评价可以促进教师将学校发展同自己的专业发展关联起来，经受住外部的评价和考验，自觉主动提高自身的教学水平，进而提高学校的办学水平，达到评价要求；②从内部评价来看，学校自评是促进学校发展的主要评价方式，也是提升校长和教师素质的主要手段，它要求全体教师通过对发展现状的分析与判断，明确个人的成绩与不足，从而提升自己，改进工作方法。[①]

（四）提升人才培养质量

中小学的办学水平决定着基础教育质量。中小学是各级各类教育的初始阶段，具有普及性、基础性等特点，其办学思想、办学条件、办学过程及办学质量等对专业教育至关重要。办学质量高的学校，能够为学生素质发展提供广阔的舞台和强大的内驱力。学校评价设计的主要依据就是党的教育方针。全面贯彻党的教育方针，培养德智体美劳全面发展的合格人才，就是要切实把中小学办出特色、办出质量。只有通过学校评价不断提升基础教育学校质量，人才培养质量才能得到保障。

第二节 学校评价的内容

学校评价的内容广泛且复杂，不仅涉及校内、校外，而且还涉及人、物、管理等复杂的系统。传统学校评价主要指向以教学评价为中心的教学质量评价，是对学校教学的综合性评价。随着时代的发展，现代学校评价内容越来越丰富，也越来越系统。通常来说，现代学校评价的内容主要包含办学思想、办学条件、办学行为及办学质量四个方面。

一、办学思想

学校办学思想是学校创办者的教育理念、信仰、价值观在学校工作中的体现，是学校发展的思路，是在实践教育部门文件精神中对教育独特的体悟与理想的计谋、策略与韬略。一般来说，可以从办学方向、教育思想、办学理念、办学目标四个方面来评价

---

① 朱德全. 教育测量与评价[M]. 北京：高等教育出版社，2016：206.

学校的办学思想。

（一）办学方向

办学方向是学校办学要解决的首要问题，既对学校办学的指导思想、办学理念、治校理念、办学特色予以宏观概括，又对其资源配置、专业建设、教学改革和学风建设予以具体选择，成为不同学校改革、发展的方向标。概而言之，办学方向就是学校办学的指导思想，它集中体现了特定社会背景下政治、经济、文化等方面的要求对学校教育的影响，包括特定办学主体对学校教育与社会政治、经济、文化等之间关系的理解，对特定社会对政治、经济、文化要求的认识，以及学校教育能否满足和如何满足这种要求的认识等。在我国，学校办学必须坚持马克思列宁主义、毛泽东思想、邓小平理论、"三个代表"重要思想、科学发展观、习近平新时代中国特色社会主义思想。

（二）教育思想

教育是一种有目的、有计划的社会实践活动，各级各类学校教育活动规划和教育活动都是在一定教育思想指导下进行的。教育思想是指特定办学主体对教育宏观的、理性的认识，是对"办什么样的教育"和"怎样办教育"的基本看法，是学校确定发展方向、制定发展目标和实施教育教学的思想基础，对学校教育工作具有全方位的指导作用。学校教育思想正确与否、先进与否，在很大程度上决定了一所学校的办学成效和发展水平。对一所学校办学思想的考查一般从教育教学思想和学校管理思想两个方面来进行。

1. 教育教学思想

教育教学思想是用来指导教育教学活动的教育教学理念，它决定着学校教育教学的性质和最终结果。它既包括比较上位的关于学校教育性质与功能的认识、教育目的观、教育质量观和人才观，也包括具体层面的对教育教学的目标、规律、方法等问题的认识。

2. 学校管理思想

学校管理思想是学校开展管理活动的思想基础，指的是学校管理者对影响学校管理活动的客观存在的有意识反映，反映了社会制度的性质及学校管理活动的客观物质条件。它具体体现为学校的管理目标、管理原则、管理模式和管理手段等。

（三）办学理念

办学理念的功能就是要回答学校的全部活动所涉及的三个基本问题：为什么？做什么？怎么做？这三个问题的答案共同回答了学校的终极问题：学校是什么？所以，办学理念就是特定办学主体对自己学校的办学追求、办学思路等核心问题的理性认识和概括提升，是办学主体所认同的办学方向、教育思想和学校管理思想在自己学校发展规划中的整合体现，对学校各方面工作的开展具有直接的、具体的指导作用。通常，办学理念反映了办学者的价值观，包括学校的办学宗旨、办学目标、办学策略，具体体现在校训、校风、校规、校歌、教育理想、建校原则、办学宗旨、育人取向、培养目标、精神偶像、育人途径、学风建设、教师形象、校园文化、工作重心、庄重承诺等方面。先进的办学理念对内是凝聚力、向心力，对外就是核心竞争力和品牌。

（四）办学目标

办学目标是学校发展前景的形象设计，是办学主体立足自身当前的发展水平，并结合社会发展需要，对未来一定阶段的发展制定的科学规划。从办学目标内涵上看，它主要包括三个要素：方向、程度、时间。三个要素当中，最重要的是方向，而方向往往又是和学校特色密切联系；所谓程度，指的是学校在同类学校中所处的发展定位。如品牌学校，可追求成为全国领先学校，乃至世界一流名校；也可追求成为全省、全市同类学校中的首席；还可追求成为区域同类学校中的前列。当学校发展的方向与程度定位准确后，可选择目标实现的时间范围。当然，明确这三大要素之后，还需要在表达上用一个完整的结构把三个要素有机组合起来，构成学校办学目标。基本格式为：……把学校办成……类型学校。如某中学的办学目标为"文理兼通，以文见长"，在人文修养方面有高度素质，三年成为上海市一流、全国有一定影响的示范性和实验性中学。

总之，办学目标既是学校未来要达到的质量水平标准，也是学校发展的指南和动力。一旦学校办学目标确定，就如同竖起了一面旗帜，会产生强大的感召力和凝聚力。

二、办学条件

办学条件是学校办学行为的物质基础，是从人力、物力、制度、场地等方面保证学校各项教育教学和管理活动顺利开展的必要条件，因而成为衡量一所学校办学水平的重要方面。对学校办学条件的评价有助于促进学校和地方政府改善办学条件，也有助于科学评价各级各类学校的办学效益，从而提高学校办学的积极性。一般来说，可以从硬件建设和软件建设两个方面来评价学校的办学条件。

（一）硬件建设

硬件建设主要是指学校的基础设施和经费保障等方面的情况，主要包括以下几个方面。

1. 学校设置与规划

主要是指学校布点是否恰当（如交通是否方便，环境是否适宜、安全、是否影响师生健康等），还包括学校规模是否适当，校园规划是否符合国家标准和教育教学需要等。

2. 学校用地与校舍建设

主要是指学校教学环境，包括学校建设用地的面积、构成（主要包括建筑用地、体育用地、绿化用地三个类目）与规划是否合理，校舍建筑的面积、构成与质量水平是否符合相关要求等。在进行评价时，应注意以下几个方面：①学校占地面积的大小要由学校总人数来决定；②校舍和运动场地的配套设施，一般包括教室和办公用房、报告厅、培训室、操场等；③校园绿化面积大小，主要指学校的花草树木等美化设施。此外，学校教学环境的评价还常常关注设施配套的齐全程度和设施的利用率。

3. 装备条件

主要包括常规通用教学设备（课桌椅、黑板、板书工具、照明设施、通风设施、防火设备、隔音设备等）、学科专用教学设备、现代教育技术设备（如电脑、电子实验室、语音实验室、模拟技术等）、图书资料配备（包括规范的图书阅览室、丰富的藏书、及时的资料收集措施、规范的借阅制度等）和学校办公设备（如电教设备，具体表现为是否有校园网、多媒体教室，是否有幻灯机、投影仪等多种电化教学仪器；实验设备，具体表现为实验器材的齐全程度以及保管和借阅制度等）。

4. 经费保障

主要是指各地是否按国家和省规定的公用经费定额标准，及时足额将公用经费拨到学校。教育经费是学校发展的必备条件，教育经费来源的稳定性也是一所学校生存和发展的首要条件。对教育经费的评价可以从以下几个方面进行：①经费的总量；②经费的年度收支预算是否合理，是否向教学倾斜；③经费在满足教育教学、教育研究、教育设备更新与维修、校本课程开发、图书购置等方面的情况如何。

（二）软件建设

软件是与硬件相对的管理工作的人和相对应的管理措施、相关的资料。它包括师资素质、教育系统、文化氛围、管理过程中的资料建设等。学校软件建设是学校特色的具体体现，主要包括学校的领导班子建设、教师队伍建设以及校园文化建设等。

1. 领导班子建设

领导班子是学校各项工作的管理者、组织者、指挥者。学校领导班子是一个整体，合理的年龄结构和专业结构，优势互补的个性搭配，有利于学校领导成员发挥其主动意识，共同做好学校工作。对领导班子的评价一般包括以下内容：①校级领导成员是否职数齐全；②校级领导成员学历是否达到规定标准；③领导班子成员在年龄结构、专业结构、性别结构上是否搭配合理；④领导班子成员是否职责分明，团结协作，廉洁奉公；⑤学校是否实行校长负责制，行政管理机构是否健全。

2. 教师队伍建设

教师是学校重要的人力资源，是学校可持续发展的动力。教师队伍建设情况是学校评价的重要内容。一般而言，衡量教师队伍建设情况主要包括：①教师整体水平与结构。其具体指学校是否有一支稳定的专职教师队伍，师生比是否符合国家相关规定，非教学人员与教师之间的比例是否符合国家相关规定，教师学历层次比例是否符合国家相关规定，专任教师学科、年龄、职称、性别等结构是否合理，是否有一定数量的骨干教师。②教师培训。主要指学校是否有分期分批的教职工培训计划，是否有校本培训制度，是否有骨干教师和青年教师的成长培训计划等。

3. 校园文化建设

校园文化建设是指学校自然环境和人文环境方面的建设情况，是一所学校区别于其他学校所特有的文化形态。它包括学校的历史传统，校风、学风、教风，校园环境建设（绿化、美化、特色化）等方面的内容。

三、办学行为

办学行为是指学校组织实施的各种教育教学和组织管理活动及其相关制度，是学校评价的主体内容。按照学校工作的范围，可以从课程设置、教育教学活动、教研活动、学校管理活动，以及学校与社区和家庭的交流与合作活动五个方面来评价学校的办学行为。

（一）课程设置

学校课程设置情况集中体现在学校制定的课程开设计划和课程表之中。恰当的课程设置主要包括合理的课程结构和课程内容。合理的课程结构指各门课程之间的结构合理，包括开设的课程合理，课程开设的先后顺序合理，各课程之间衔接有序，能使学生通过课程的学习与训练获得某一专业所具备的知识与能力。合理的课程内容指课程的内容安排符合知识论的规律，课程的内容能够反映学科的主要知识、主要的方法论及时代发展的要求与前沿。课程设置必须符合培养目标的要求，它是一定学校的培养目标在一定学校课程计划中的集中表现。

学校课程设置的情况集中反映了学校的办学思想，指导着学校具体的教育教学行为，应该成为学校评价的重要内容。在《义务教育课程方案（2022 年版）》中，明确规定了各科目安排及占九年总课时比例（表 10-1），对义务教育阶段课程开设做出了具体规划。

表 10-1　各科目安排及占九年总课时比例

项目	年级									九年总课时（比例）
	一	二	三	四	五	六	七	八	九	
国家课程	道德与法治									6%～8%
	语文									20%～22%
	数学									13%～15%
	—	—	外语							6%～8%
	—	—	—	—	—	—	历史、地理			3%～4%
	科学						物理、化学、生物学（或科学）			8%～10%
	—	—	信息科技						—	1%～3%
	体育与健康									10%～11%
	艺术									9%～11%
	劳动									14%～18%
	综合实践活动									

项目	年级									九年总课时（比例）
	一	二	三	四	五	六	七	八	九	
地方课程	由省级教育行政部门规划设置									14%～18%
校本课程	由学校按规定设置									
周课时	26	26	30	30	30	30	34	34	34	274
新授课总课时	910	910	1050	1050	1050	1050	1190	1190	1122	9522

资料来源：中华人民共和国教育部. 2022. 义务教育课程方案（2022 年版）[M]. 北京：北京师范大学出版社：9.

注：本表按"六三学制"安排，"五四学制"可参考确定。

（二）教育教学活动

教育教学活动是学校活动的主要内容和实现学校教育目标的主要途径，是学校评价的核心内容。教育教学活动包括教育活动和教学活动。教育活动主要是指狭义层面上的学校教育活动。从形式上看，有教学活动、课外活动、实践活动等；从活动主体上看，有管理者的活动、教师的活动、学生的活动等；从内容上看，有课内外进行的德育、智育、体育、美育、劳动技术教育，发展个性特长等各种活动。教学活动通常指的是以教学班为单位的课堂教学活动。它是学校教学工作的基本形式。教学活动是一个完整的教学系统，它是由一个个相互联系、前后衔接的环节构成的。根据教师常规教学活动的不同内容，教学活动有备课、课堂教学、作业的布置和批改、课外辅导和学生学业成就的评定等环节。课堂教学水平还体现在教学目标的设计、教学内容的安排、教学活动方式和教学手段的选择、教学效果和教师教学能力方面。

（三）教研活动

教研活动是以促进学生全面发展和教师专业发展为目的，以学校课程实施过程和教育教学过程中教师所面对的各种具体的教育教学问题为研究对象，以教师为研究主体，以专业研究人员为合作伙伴的实践性研究活动。教研活动的主要目的是切实提高全体教师的专业素质，增强教师的课程实践能力。因此，基本点必须放在课堂教学和课程改革实施中教师所遇到的实际问题上，着眼点必须放在理论与实际的结合上，切入点必须放在教师教学方式和学生学习方式的转变上，生长点必须放在促进学生发展和教师自我提升上，在全面实施的基础上深度推进基础教育课程改革。对学校教研活动的评价，一般从以下两个方面进行：①对学校教研活动的总体进行评价，主要是评价学校教育研究活动的基本理念、总体规划与过程管理；②对单个研究活动的具体评价，一般从研究课题的重要性、研究设计与实施的科学性、研究结果的创新性和实效性等方面进行。

（四）学校管理活动

学校管理活动是学校对本校的教育、教学、科研、后勤和师生员工等各项工作进行计划、组织、协调和控制的活动。管理的主体和客体都是学校自身，即学校对自身的管理，区别于教育行政部门对学校进行的教育行政管理。学校通过管理，把各项工作及其组成要素结合起来，发挥整体功能，以实现其对学生的培养目标和各项工作目标。[①]成功的学校管理离不开组织机构建设和制度建设，对学校管理活动的评价也主要围绕这两方面进行，如各级行政机构建设、校本教研机构建设、工会组织建设、教职工代表大会（简称教代会）建设、学校家长委员会（简称家委会）建设，以及学生行为规范和学习制度、德育工作制度、教学工作制度、校本教研工作制度、财务工作制度、教育设施设备和图书资料的管理与使用制度、教师评价、任用和进修制度、各种奖惩制度等方面的建设。

（五）学校与社区、家庭的交流与合作活动

学校是在特定的社区环境中存在的一种社会机构，与社会的政治、经济、文化有着密切的联系。它不是一个封闭的系统，不能独立于社会之外而存在，必须与外界保持沟通和协调，求得社会各方面对其工作的理解、支持和帮助。同时，学生成长也不是学校单方面作用的结果，而是学校、社区和家庭共同努力、共同教育的结果。所以，现代学校特别强调自身与社区、家庭的交流与合作。因此，学校与社区、家庭交流与合作的情况也成了学校评价中需要关注的重要内容。

四、办学质量

学校的办学质量是评价学校的根本依据，也是反映学校发展趋向的最直观体现。办学质量一般指学校办学活动对特定任务和目标的实现程度。作为构成办学效益的重要因素，它可以使全体教职员工的注意力集中在学校办学的任务和目标上，便于指导学校具体的办学实践；另外，对办学质量的不断追求可促使人们为实现学校办学目标而努力。2021 年，教育部等六部门印发的《义务教育质量评价指南》对义务教育阶段学校办学质量评价做出了明确规定，具体内容见表 10-2。

表 10-2　义务教育阶段学校办学质量评价[②]

重点内容	关键指标	考查要点
A1. 办学方向	B1. 加强党建工作	1. 健全党对学校工作领导的制度机制，以政治建设为统领，加强学校领导班子建设，推进党的工作与教育教学工作紧密融合，把思想政治工作贯穿学校教育教学全过程 2. 落实学校党的组织和党的工作全覆盖，落实党风廉政建设责任制和意识形态工作责任制；坚持党建带团建、队建，充分发挥学校工会、共青团、少先队等群团组织作用

① 顾明远. 教育大辞典[M]. 上海：上海教育出版社，1998：986.
② 教育部，中共中央组织部，中央编办，等. 教育部等六部门关于印发《义务教育质量评价指南》的通知[EB/OL].（2021-03-04）[2022-09-07]. http://www.moe.gov.cn/srcsite/A06/s3321/202103/t20210317_520238.html.

续表

重点内容	关键指标	考查要点
A1. 办学方向	B2. 坚持立德树人	3. 全面贯彻党的教育方针，坚持科学教育质量观，落实德智体美劳全面培养要求，坚持全员、全过程、全方位育人，深入实施素质教育，促进学生全面发展、健康成长
		4. 把立德作为育人首要任务，制定并有效实施落实《中小学德育工作指南》的具体工作方案，将培育和践行社会主义核心价值观融入教育教学全过程，教育引导学生爱党爱国爱人民爱社会主义
A2. 课程教学	B3. 落实课程方案	5. 开齐开足开好国家规定课程；规范使用审定教材，不得引进境外课程、使用境外教材
		6. 加强课程建设，特别是德育、体育、美育、劳动教育等课程建设，重视法治教育、安全教育和心理健康教育，有效开发和实施地方课程、校本课程
	B4. 规范教学实施	7. 健全学校教学管理规程，统筹制定教学计划；按照课程标准实施教学，不存在随意增减课时、改变难度、调整进度等问题
		8. 完善教师集体备课制度，健全教学评价制度，注重教学诊断与改进；校长深入课堂听课、参与教研、指导教学
		9. 健全作业管理办法，统筹调控作业量和作业时间；严控考试次数，不公布考试成绩和排名；实现课后服务全覆盖，提高课后服务质量。防止学业负担过重
	B5. 优化教学方式	10. 积极学习应用优秀教学成果和信息化教学资源，鼓励教师改进和创新教育教学方法，注重启发式、互动式、探究式教学，推进信息技术与教育教学深度融合
		11. 坚持因材施教、教好每名学生，精准分析学情，重视差异化教学和个别化指导，培养学生自主学习能力，帮扶学习困难学生
		12. 强化实践育人，积极开展劳动教育和综合实践活动，培养学生的社会责任感、创新精神和实践能力
A3. 教师发展	B6. 加强师德师风建设	13. 按照"四有"好老师标准，健全师德师风建设长效机制，积极选树先进典型，严肃查处师德失范行为
		14. 关心教师思想状况，加强思想政治工作和人文关怀，帮助解决教师思想问题与实际困难，促进教师身心健康
	B7. 重视教师专业成长	15. 实施教师专业发展规划，优化教师队伍结构，注重青年教师培养；健全校本教研制度，支持教师参加专业培训、凝练教学经验
		16. 教师达到专业标准要求，具备较强的育德、课堂教学、作业与考试命题设计、实验操作和家庭教育指导等能力，以及必备的信息化素养和信息技术应用能力；校长注重不断提高学校管理与教育教学领导力
		17. 重视加强班主任队伍建设，班主任认真履行岗位职责
	B8. 健全教师激励机制	18. 完善校内教师激励体系，坚持公开公平公正，注重精神荣誉激励、专业发展激励、岗位晋升激励、绩效工资激励、关心爱护激励
		19. 树立正确激励导向，突出全面育人和教育教学实绩，克服唯分数、唯升学的评价倾向，充分激发教师教书育人的积极性、创造性
A4. 学校管理	B9. 完善学校内部治理	20. 建设现代学校制度，健全并落实学校各项管理制度，加强作业、睡眠、手机、读物、体质等管理。定期召开教职工代表大会，发挥社区、家长委员会等参与学校管理的积极作用
		21. 制定符合实际的学校发展规划，推进学校内涵发展、特色建设，增强学校办学活力

续表

重点内容	关键指标	考查要点
A4. 学校管理	B10. 保障学生平等权益	22. 落实免试就近入学政策，实行均衡编班，不分重点班、快慢班；落实控辍保学登记、报告和劝返等责任；不存在违规招生、迫使学生转学退学等问题 23. 落实进城务工人员随迁子女入学、残疾儿童随班就读、家庭经济困难学生资助等政策，加强对留守儿童、困境儿童及其他需要特别照顾学生的关爱帮扶和心理辅导
	B11. 加强校园文化建设	24. 建设体现学校办学理念和特色的校园文化，加强校风教风学风建设，增进师生相互关爱，增强学校凝聚力；密切家校协同育人，强化家庭教育指导 25. 优化校园空间环境，建设健康校园、平安校园、书香校园、温馨校园、文明校园，营造和谐育人环境
A5. 学生发展	B12. 学生发展质量状况	26. 加强学生综合素质档案建设和使用，客观反映学生德智体美劳全面发展整体水平及变化情况 27. 师生、家长、社会等方面对学校办学质量的满意度

第三节　学校发展性评价的设计与实施

自 20 世纪 80 年代后，教育评价实践的主导概念已经演变成发展性评价。[①]而学校发展性评价工作不仅是深化教育领域综合改革、全面推进区域教育现代化、实现教育管办评分离的重要抓手，也是推动学校内部管理机制改革与创新的重要举措。因此，本节以发展性评价为例，详细阐述学校评价的设计与实施。

一、学校发展性评价的设计

（一）评价目的

学校发展性评价可以促进学校依据学校章程认真制定和实施学校发展规划，推动学校内部管理机制改革和创新，深化课程改革，促进学校建立现代学校制度，形成自我约束、自我发展、自我完善的内在机制和可持续发展能力，不断提高办学水平，形成办学特色，为实现教育现代化打好坚实基础。

（二）评价指标

目前，学校发展性评价指标主要包括两个基本维度，即基础性指标和发展性指标。

---

① 张向众. 中国基础教育评价的积弊与更新[M]. 北京：教育科学出版社，2009：137.

1. 基础性指标

基础性指标强调规范办学，是根据国家教育方针、政策、法律法规等要求制定的，体现学校办学的基本条件、教育教学的基本要求和管理的基本规范等方面内容，比如办学方向、规章制度建设、办学条件与设备设施、校园卫生安全等。

2. 发展性指标

发展性指标强调学校的自主发展，是以学校现有发展水平为基础，以"增量"评价为手段，侧重自我发展与提升，体现学校发展的方向和特色追求。发展性指标着力于学校各项工作的改进、突破或创新，比基础性指标层次更高。

下面，结合《浙江省中小学校和幼儿园发展性评价指标参考提纲》①中的有关规定，详细介绍浙江省义务教育阶段学校基础性评价要素（表 10-3）和学校办学发展性项目（表 10-4）。在实践中，可以以此为参考，根据各地区学校的实际情况制定学校发展性评价的标准。

表 10-3　浙江省义务教育阶段学校基础性评价要素

评估要素	序号	评价要点
办学方向	1	办学指导思想。学校全面贯彻党的教育方针，严格执行教育法律、法规和政策，坚持教育为人民服务，为中国共产党治国理政服务，为巩固和发展社会主义制度服务，为改革开放和社会主义现代化建设服务，全面实施素质教育，全面落实立德树人根本任务，着力培养德智体美全面发展的社会主义建设者和接班人
	2	党的领导。学校党组织能全面负责起学校党的思想、组织、作风、反腐倡廉和制度建设，把握学校发展方向，领导学校工会、少先队等群团组织和教职工大会（代表大会），领导学校德育和思想政治工作，充分发挥政治核心作用，推动学校健康发展
	3	党的建设。完善学校党组织设置和工作机制，严格学校党组织生活，注重从优秀教师中发展党员，充分发挥学校党组织的战斗堡垒作用和党员教师的先锋模范作用。切实落实《关于加强中小学党的建设工作的意见》，创新党组织活动方式，把党组织工作融入学校教育教学各项工作中。以党组织为主导抓好适合小学、初中学生特点的德育工作，切实做好教职工思想政治工作，推进师德师风建设。严格落实学校党风廉政建设责任制和"一岗双责"
	4	德育工作。学校建立健全党组织主导、校长负责、群团组织参与、家庭社会联动的德育工作机制；全员、全过程、全方位育人体制机制健全；开设家长学校，建立学校、家庭、社会三位一体的育人机制。以社会主义核心价值观为引领，依据教育部《中小学德育工作指南》，按照小学低年级、小学中高年级、初中等学段目标，教育和引导学生热爱中国共产党、热爱祖国、热爱人民，严格落实《浙江省小学学生日常行为规范（试行）》和《浙江省初中学生日常行为规范（试行）》，促进学生良好行为习惯的养成。加强学生劳动实践教育，开展丰富多彩的校内劳动和力所能及的家务劳动；组织社区服务等社会实践活动，确保课程计划三四年级、五至九年级每学年分别不少于 5 天、10 天的社区服务和社会实践活动时间；重点在四至八年级推进研学旅行，建立小学、初中阶段分别以乡土乡情、县情市情为主的研学旅行活动课程体系。严格落实加强体育、美育、心理健康教育和国防教育的要求，开发开设有特色的拓展性课程，建立促进学生身心健康、全面发展的长效机制
	5	发展规划。规划科学合理、切实可行，充分体现素质教育要求、依法治校理念和因材施教的思想，体现个性化、多样化的育人模式；规划分析客观、思路清晰、目标合理、举措可行、特色鲜明；提出的发展目标具体，达成标志可测；规划得到教师的认同；规划分年度或学年度实施计划翔实、具体、操作性强，调控保障到位

---

① 浙江省教育厅. 浙江省教育厅关于进一步完善中小学校和幼儿园发展性评价工作的若干意见[EB/OL]. （2017-09-21）[2022-09-07]. https://www.zj.gov.cn/art/2017/9/21/art_1229400468_59052979.html.

续表

评估要素	序号	评价要点
	6	制度管理。制定学校章程，管理机构设置合理，职责明确，各项规章制度健全，并能落实，实现学校管理与教学信息化
	7	民主管理。学校教代会制度健全，实行民主管理，教职工参与意识强，能有效地对学校行政进行监督。学校、教师和学生的合法权益能得到维护
	8	师生身心健康。采取切实有力的措施，减轻学生过重课业负担；确保学生每天在校至少锻炼 1 小时和有充足的睡眠时间。学校每年组织开展面向全体学生的体育、艺术活动，推动学生掌握 1—2 项体育、艺术特长。学生体质健康检测合格率 95% 以上；近视率得到有效控制，且逐年下降；鼓励师生积极参加校外全民健身运动，形成家庭、学校、社区联动，共同推动学校体育锻炼的机制；根据中小学生生理、心理发展特点和规律，开展中小学心理健康教育，培养学生积极乐观、健康向上的心理品质；重视提高教师的心理素质，改善教师工作环境，提高教师福利待遇，充分发挥教师教书育人、言传身教的典范作用，教师工作积极性和幸福指数逐年提高
规章制度建设	9	执行国家课程计划、积极探索拓展性课程。学校要按规定开齐开好国家和地方规定的基础性课程。积极探索拓展性课程（分知识拓展、体艺特长、实践活动等三类）的开发、实施、评价和共享机制，体现地域和学校特色，突出拓展性课程的兴趣性、活动性、层次性和选择性，满足学生的个性化学习需求。学年拓展性课程课时占总课时的比例：一至六年级 15% 左右，七至九年级 20% 左右。制定有特色的学校课程规划。一至六年级主要开设体艺特长类和实践活动类课程；七至九年级全面开设三类拓展性课程，其中知识拓展类课程比例不得超过 30%
	10	规范招生、办学。严格执行招生政策，按照规定时间招生，做到就近、免试入学（包括民办学校）。不得乱招生、乱办班、违规收费等；按规定标准严格控制班额；实行平行分班，不设任何形式的实验班、重点班；学校考试次数符合规定，不搞学生全员性成绩排队，不将学生成绩、升学率作为评价学生、教师的唯一依据，不向年级和班级下达升学指标；小学落实零起点教学；节假日不安排学生开展补课活动；学生在校活动总量符合规定；不发放教辅推荐目录以外的学习教辅资料，学生课外作业量符合国家标准；加强家庭教育指导服务，引导家长尊重学校教育安排，改变"学校减负、家庭增负，校内减负、校外增负"现象，形成家庭学校共同育人合力。规范使用国家通用语言文字。教师普通话等级水平达到国家规定要求
	11	师德规范。学校有师德规范和相应的考评制度，教师具有良好的职业道德，有较强的社会责任感，具有健康的心态和团结协作精神。教师不参与有偿家教和违规办班补课，坚决杜绝"课内不讲课外讲"的行为
	12	帮扶措施。建立弱势群体长效帮扶机制，关心、帮助困难学生和后进学生健康成长
	13	校舍面积。学校达到《浙江省义务教育标准化学校基准标准》规定的以上标准
	14	学校规模及班额。小学、初中规模不超过 2000 人，九年一贯制学校、十二年一贯制学校义务教育阶段规模不超过 2500 人。小学、初中所有班级学生数分别不超过 45 人、50 人
办学条件与设备设施	15	技术设备。达到《浙江省中小学教育技术装备标准》配备要求，满足课程开设的要求
	16	经费使用。经费管理有相关制度，实施程序规范，使用合理。生均公用经费的 10% 和教师工资总额的 2.1% 用于教师培训
	17	师资队伍。学校专任教师数量足够、结构合理，学历达标，持有教师资格证上岗率达到 100%，具有教材处理和信息技术应用能力；队伍相对稳定，适应素质教育需要，教师交流政策得到有效落实
校园卫生安全及其他	18	安全卫生管理。学校安全卫生工作制度健全，符合学校实际，可操作性强；"三防"建设、学校卫生室（保健室）配置及卫生专业技术人员配备符合要求；按要求定期开展学校安全卫生检查和隐患整治，有效排查危险点，每年开展两次安全形势分析，层层签订安全卫生责任书；有防范校园欺凌和暴力事件工作方案，并根据方案要求认真落实工作举措；校园有符合学校实际的重大灾害、突发公共卫生事件、安全事故处置应急预案，预案涉及人员知晓预案内容，定期

续表

评估要素	序号	评价要点
校园卫生安全及其他	18	开展演练。按要求开展师生安全教育，并进行安全防范演练，学生掌握基本生存技能；按要求开展健康教育、禁毒防艾教育等，学生食品安全知识知晓率、禁毒防艾知识知晓率达到90%以上，学校指定专人负责传染病疫情防控工作，做好经常性的防病措施。每年对在校学生进行一次健康体检，学生健康档案建档率达100%。食堂管理制度健全，从业人员持证上岗，操作规范；按照有关规定采购、存放食品。学校为学生提供安全卫生的饮用水及相关设施。校园整体环境卫生整洁；教室通风、采光、照明条件良好，符合相关标准要求。不发生火灾、意外伤害、校园欺凌、暴力等较大责任事故，网络与信息安全制度健全、措施到位，校园安全监控设施符合要求，校车及使用符合相关规定要求
师生和家长的评价	19	满意度测评

表10-4　浙江省义务教育阶段学校办学发展性项目

发展领域	序号	发展要素
凝练理念目标	1	办学理念设计适应现代学校发展方向。办学理念先进独特，高度凝练，内涵丰富；有传承，有创新，有共识；合乎教育发展规律，统领学校发展，与培养目标之间的内在逻辑关系清晰
	2	办学目标定位契合教育改革与发展要求。发展愿景与阶段目标符合学校实际和发展规律，体现出阶段性、递进性和自身特点；建立能促进学生全面发展的求真务实、富有特色的现代化学校。职业学校要坚持以立德树人为根本，以服务发展为宗旨，以促进就业为导向的教育观念，充分体现职业教育办学特色
	3	培养目标定位符合教育方针，适应时代发展需求。目标定位注重学生核心素养与特有品质的设计，促进学生自主发展和个性特长发展，体现学校办学特色；学生培养目标注重培养既有民族情怀，又有国际视野，与社会主义现代化建设需要相适应的时代新人。教师培养目标注重培育有理想信念、有高尚情操、有扎实学识、有仁爱之心的"四有"教师团队
强化立德树人	4	确立"立德树人"的育人思想。以实现中华民族伟大复兴的中国梦为主题，以践行社会主义核心价值观为重点，从情感、态度、价值观培育入手，结合学校特点，培养学生良好的品德和高尚的人格
	5	强化德育、美育、体育师资队伍建设。强化三支德育队伍（班主任、德育学科教师、各科教师）建设，加强美育、体育教师配备，全面落实育人理念，将核心素养落细落小落实。尤其注重班主任队伍的专业化水平提升，落实法治副校长制度。基本形成以学校为主体，与家庭、社区相结合的教育网络
	6	重视德育、美育、体育课程和基地建设。统筹整合德育、美育、体育的国家课程、地方课程和校本课程，开发开设有特色的德育、美育、体育选修课程；深化课堂改革，有效落实情感态度价值观要求，开展"生活化+活动化"的德育课程教学模式；充分利用社会资源为学生成长服务，开辟德育第二课堂，组织学生走向社会，体验生活
	7	提升德育工作的针对性和实效性。创新德育工作模式，围绕生本理念，通过实现路径创新与载体创新，探索德育工作品质化、课程化、生活化和社会化，崇德力行，知行合一，凸显育人效果，形成富有特色的学校德育工作新模式
完善课程体系	8	课程设置理念先进。课程设置符合课程改革精神和学生实际，创设学生自主选择的内容和探究的空间。中职学校课程设置要充分体现行业企业的要求和职业岗位特点
	9	课程体系建设完备。根据培养目标，开发具有校本特色的选修课程与拓展性课程，注重国家课程校本化，形成富有特色的课程文化与课程体系。中职学校还要开设具有职教特色的创新创业课程
	10	课程内容有时代气息。课程内容注重科学性、生成性，体现学科整合的特点，重视三维目标的实现。体现学生创新精神与实践能力的培养，体现学生共性品质的培养和个性发展的需求，体现信息化时代的特征。注重信息化背景下教学内容的创新，注重信息技术与教学内容的应用融合。中职学校课程内容要体现实践性、技术性、技能性，与行业企业标准相匹配

发展领域	序号	发展要素
完善课程体系	11	课程开发开设符合省定要求。充分利用课程资源为学生成长成才服务，创造性地开发适应学生发展需要的校本课程；校本课程要有完整规范的课程纲要、标准、目标、内容及实施方案；学校课程管理制度完善；建立课程开发与教学的资源库
创新育人模式	12	教学改革思路清晰。教学改革突出"以学论教，学为中心"，目标明确，针对性强；校本教研氛围浓厚，主题明确，途径与方法多元，促进教师的专业成长。课堂教学优化，逐步形成富有学校特色的教学模式。中职学校要推进现代学徒制改革试点，形成产教融合、校企合作的办学模式和德技并修、工学结合的育人机制
	13	基于现代技术的高效课堂建设。教师积极主动地转变自身角色、教学方式与教学行为，利用现代教育技术手段，指导学生学会学习，提高课堂教学效率。中职学校深入推行项目教学、案例教学、情景教学，充分运用信息技术营造真实职业环境，倡导仿真模拟教学
	14	探索课堂新样态。关注学生创新实践和参与社会的能力，通过以真实任务解决为核心的跨学科学习，在探索深度学习中落实核心素养，发展学生个性
	15	落实选课走班制度。根据国家和省有关课程改革的文件精神，落实开展分层分类选课走班制度。重视实践创新基地建设，充分利用社会资源为学生发展服务，形成多样化的教学模式
	16	畅通个性化学习渠道。深化选择性学习理念，提升学生学习动力和学习兴趣，激发学生生活热情、自信心和进取心，提高学生自学能力、实践能力和独立思考的能力；学生能运用各种学习资源，通过团队合作、自主探究、社会实践等多种方式进行学习
	17	创新学生学习评价机制。构建学教评一致的评价机制，实施适合不同学生的教学策略，关注学困生学习行为与能力，帮扶学困生进步；学生评价制度体现促进不同层次学生发展，提高学生综合素质的原则
促进教师成长	18	遵循"以师为本"的发展理念。根据"四有"要求，拓展教师视野，着力提升教师的理想信念和道德情感，打造有责任心和使命感的教师团队
	19	建立教师培养机制。根据不同层次教师专业发展需求，创设开放式的校本培训机制。中职学校非师范类专业新教师必须参加入职培训，完善教师下企业实践制度，确保下企业实践时间，打造"双师型"教师队伍。积极倡导教师开设网络空间，开展基于网络空间的网络研修共同体，促进教师成长
	20	完善教师聘任和评价制度。建立教师成长档案，完善能够促进教师专业发展的评价机制。引导教师主动学习、研究和反思，促进教师职业道德和专业水平提高
	21	提升教师教育科研水平。重视科研队伍建设，培养一批科研骨干；结合学校的教改实际和发展需求，重点课题研究全员参与，研究成果及时应用，切实推动教师成长
	22	建立教师发展学校。学校主动为师范生提供教育实践场所，选派优秀指导老师，对师范生进行协同培养。按要求组织教师参与培训学习，积极与高等学校合作，建立能够促进教师专业培养和培训的教学研共同体
培育学校文化	23	实施"文化立校"的发展战略，构建良好育人环境。学校环境舒适优美，文化氛围浓厚，环境育人功能得到发挥。学校注重文化传承与创新，能体现学校办学目标和校训中所倡导的核心价值观。师生员工、家长、社会对学校的办学理念与价值追求认可度高，并积极参与学校文化建设
	24	制定学校文化建设方案，重视方案实施。专门制定学校文化建设方案或在学校发展规划中有学校文化建设的具体内容。通过一系列文化载体创建与制度创新，使学校文化活动主题鲜明、内容丰富、全员参与
	25	与社区（会）、家庭共建学校文化。重视学习型组织建设，创设和谐的育人环境。学校与社区（会）、家庭联系紧密。充分挖掘社区或社会教育资源，开展育人活动。形成家校互动紧密，关系和谐，认同度高的系统育人环境。中职学校要与行业企业共建学校文化

发展领域	序号	发展要素
提升治理能力	26	注重学校教育治理体系和治理能力的现代化建设。重视提升规范管理、人本管理，依托信息技术推进精准管理，创新管理方式。中职学校要逐步建立教学工作诊断与改进制度，不断完善内部质量保障体系和运行机制，完善教学管理流程
	27	注重提升校长的领导力。校长具有较强的领导力和专业能力，能有效领导学校管理和课程教学；具有较深的教育情怀和人格魅力，以人为本，以身作则，在师生员工中威信高
	28	注重提升领导班子的战斗力。领导班子富有教育理想与追求，职业道德高尚，社会责任感强，勇于改革创新，善于反思进取；思想活跃、视野开阔，形成学习型团队
	29	注重提升管理团队的凝聚力。管理团队作风务实，执行力强，部门沟通协作良好，运转效能显著；师生员工满意度高
健全保障机制	30	推进现代学校制度。积极探索现代学校的制度创新，促进学校、教师、学生共同成长
	31	形成现代学校管理特色。学校管理方式民主、务实、科学、高效，管理制度健全、完善，体现现代办学理念，符合现代教育管理思想
	32	构建学校自查自评机制。周期性地进行学校综合自评，建立自我反思、自我完善、自我发展的内在机制
	33	建立社会监督评价制度。建立社区、家长参与学校工作的监督、评价制度
	34	创建未来课堂环境。建设支持学生个性化学习平台，包括资源库、专用教室、技术环境、学习平台以及应用软件
打造特色品牌	35	重视培育特色方案的设计与实施。学校特色建设方案科学，目标凝练，路径清晰，策略得当，任务明确，措施有力，切合办学理念与校情，赢得师生员工广泛认同和大力支持；方案实施纳入学校全局工作之中，有年度特色培育计划，师生全员参与
	36	重视特色文化的引领和激励。聚焦学校特色发展的价值追求与学校发展过程中形成的优势，重视文化的传承与创新，凝聚共识，激发动力，提升学校特色发展的自觉性、主动性与创造性，通过文化特色彰显办学特色
	37	重视特色课程的开发与实施。把特色培育工作与课程体系建设和育人模式创新有机结合，强化特色学科（专业）、特色课程群和创新实验室建设，积极开发富有特色的精品课程，同步跟进育人模式转变与教学方法变革，通过课程特色支撑办学特色
	38	重视特有品质的培育与形成。科学规划、合理设置特色课程，强化信息技术在特色培育中的作用，加强信息技术与特色学科和特色课程建设的融合，有效整合校内外资源，不断完善特色课程的目标、内容、实施和评价，把特色培育工作落到实处，教师素养得到有效提升，学生特有的共性品质得到有效培养，个性得到良好发展
提升办学品位	39	学校发展。学校在原有基础上取得明显进步与发展，教育教学质量稳步提高，办学成果显著，办学特色鲜明，学校发展得到整体优化，办学目标如期实现，深得学生喜爱，得到家长、社区、社会肯定，高一级学校好评。中职学校为地方经济社会发展做出贡献，得到当地政府和行业企业的认可
	40	教师发展。教师在工作与学习、思考与反思中实现自我成长，体现自我价值，感受到职业的尊严与快乐，教师个体成长目标全面达成，教师团队建设目标如期实现，教师整体水平得到全面提升
	41	学生发展。学生全面又有个性地健康成长，全面实现课改三维目标；学生核心素养培育成效显著，学生身心健康，自信阳光，德智体美全面发展。中职学生品德优良、人文扎实、技能精湛、身心健康

注：本表所列的发展要素是为中小学校、幼儿园内涵发展提供的"菜单"，由学校在充分理解发展领域和发展要素基础上，根据自身实际自主制定，各地要做好指导，并结合规划评审做好适切性评价，阶段终结性评价要根据学校制定的评价内容、评价办法进行。权重由各地根据深化课程改革、推进素质教育和学校现代化建设需要确定，建议大于0.6。

（三）评价方式

1. 内部评价和外部评价相结合

在发展性评价的指导下，学校评价已经不仅仅是对学校进行筛选和选拔，更重要的是发挥其反馈与改进功能，即根据实际情况调整决策，使学校管理功能得到更好的发挥，取得更好的办学效益。

在内部评价过程中，学校按照评价标准，积极组织教师、学生、家长参与到自评活动中来，形成各评价主体之间的良性互动，促使学校把自评过程变成一个学习思考的过程，一个自我参照、主动发展的过程。但无论内部评价进行得多好，都不能代替外部评价主体对学校的评价。教育行政部门仍应是学校评价的主要力量。只有让多元主体参与其中，把内部评价和外部评价结合起来，才能使学校获得可持续发展的不竭动力。

2. 形成性评价和终结性评价相结合

形成性学校评价是指学校对自身的动态发展进行价值判断。它把关注点聚焦于学校发展的过程，及时纠正学校发展过程中的偏差，把握学校发展过程中的每一个机遇，并不断修正、调整发展计划，为学校按发展规律发展提供保障。终结性学校评价是指学校在发展的某一阶段或周期完成后所进行的评价活动，它是对学校发展的结果做出价值判断。在学校发展性评价中，应该把这两种方式结合起来，既可以减少终结性评价的工作量，又能增强评价的及时性和实效性。

3. 定性评价和定量评价相结合

学校教育是一种培养人的社会活动，具有长期性和复杂性。因此，在对一所学校进行评价时，既应该有定性的描述与分析，又应该有定量的统计与判断，只有将二者有机地结合起来，才能形成科学的评价反馈意见。

二、学校发展性评价的实施

发展性评价工作是学校发展的一项全局性系统工程，一般分三年实施。其实施主要包括编制学校发展规划、实施学校发展规划、组织终结性评价三个环节。

（一）编制学校发展规划

1. 明晰目标定位

学校要结合前一轮发展规划的实施情况，细致分析学校的优势和短板，准确把握学校现有发展水平，深入思考下一阶段的发展目标和实施路径。要结合学校办学历史和发展实际，认真审视原有理念目标，做好传承、融汇、升华。要进一步理清办学思路，深化课程改革，树立全面质量观，以项目化管理为手段，整合优势资源，注重办学质量提升和特色打造。

2. 规范编制步骤

学校要通过科学、民主、规范的决策程序，使规划编制的过程成为统一思想、凝聚智慧、解决问题的过程。建议按以下编制步骤进行：①成立编制小组。成立由学校主要负责人、相关处室负责人、教师代表等组成的学校规划编制小组，开展校情分析，梳理理念目标，确定整体框架。②分解编写任务。根据学校各处室职能，落实编写分工和起草任务，形成规划初稿。③广泛征求意见。在规划编制过程中和初稿完成后广泛征求意见，形成共同愿景；要注重教职工全员参与、家长和社区参与以及与上级部门的沟通。④完成规划编制。规划初稿经讨论、修改、论证、完善、提交教代会审议等程序，形成定稿。

案例 10-1

乐清市中小学第四轮三年发展规划①

参考框架

（2020 年 9 月～2023 年 8 月）

第一部分 规划基础

一、学校概况

二、前一轮发展规划目标达成情况分析

（一）前一轮规划实施情况

（二）前一轮规划目标达成情况

1. 主要收获

2. 存在不足

3. 发展态势

第二部分 规划目标

一、办学理念

二、办学目标

三、培养目标

第三部分 实施纲要

一、学校发展

（一）治理能力（对应 B 级指标名称，在 A 级指标的范畴内自主确定）

1. 发展目标（三年发展总目标）

2. 分学年推进计划和达成标志

（1）2020 年 9 月～2021 年 8 月

（2）2021 年 9 月～2022 年 8 月

（3）2022 年 9 月～2023 年 8 月

3. 具体措施

（二）文化内涵

1. 发展目标

2. 分学年推进计划和达成标志

（1）2020 年 9 月～2021 年 8 月

---

① 乐清市教育局，乐清市人民政府教育督导室. 乐清市教育局 乐清市人民政府教育督导室关于印发《乐清市中小学发展性评价实施细则（2020 年修订）》的通知[EB/OL].（2020-05-18）[2022-09-07]. http://www.yueqing.gov.cn/art/2020/5/18/art_1390290_43122561.html.

（2）2021 年 9 月～2022 年 8 月
（3）2022 年 9 月～2023 年 8 月
3. 具体措施
（三）硬件改善
1. 发展目标
2. 分学年推进计划和达成标志
（1）2020 年 9 月～2021 年 8 月
（2）2021 年 9 月～2022 年 8 月
（3）2022 年 9 月～2023 年 8 月
3. 具体措施
二、教师发展
（一）教师培训
1. 发展目标
2. 分学年推进计划和达成标志
（1）2020 年 9 月～2021 年 8 月
（2）2021 年 9 月～2022 年 8 月
（3）2022 年 9 月～2023 年 8 月
3. 具体措施
（二）评价机制
1. 发展目标
2. 分学年推进计划和达成标志
（1）2020 年 9 月～2021 年 8 月
（2）2021 年 9 月～2022 年 8 月
（3）2022 年 9 月～2023 年 8 月
3. 具体措施
（三）骨干示范
1. 发展目标
2. 分学年推进计划和达成标志
（1）2020 年 9 月～2021 年 8 月
（2）2021 年 9 月～2022 年 8 月
（3）2022 年 9 月～2023 年 8 月
3. 具体措施
三、学生发展
（一）育人模式
1. 发展目标
2. 分学年推进计划和达成标志
（1）2020 年 9 月～2021 年 8 月
（2）2021 年 9 月～2022 年 8 月

（3）2022 年 9 月～2023 年 8 月

3. 具体措施

（二）成长指导

1. 发展目标

2. 分学年推进计划和达成标志

（1）2020 年 9 月～2021 年 8 月

（2）2021 年 9 月～2022 年 8 月

（3）2022 年 9 月～2023 年 8 月

3. 具体措施

（三）素质发展

1. 发展目标

2. 分学年推进计划和达成标志

（1）2020 年 9 月～2021 年 8 月

（2）2021 年 9 月～2022 年 8 月

（3）2022 年 9 月～2023 年 8 月

3. 具体措施

四、重点项目

（一）课程改革

1. 发展目标

2. 分学年推进计划和达成标志

（1）2020 年 9 月～2021 年 8 月

（2）2021 年 9 月～2022 年 8 月

（3）2022 年 9 月～2023 年 8 月

3. 具体措施

（二）特色建设

1. 发展目标

2. 分学年推进计划和达成标志

（1）2020 年 9 月～2021 年 8 月

（2）2021 年 9 月～2022 年 8 月

（3）2022 年 9 月～2023 年 8 月

3. 具体措施

（三）品位提升

1. 发展目标

2. 分学年推进计划和达成标志

（1）2020 年 9 月～2021 年 8 月

（2）2021 年 9 月～2022 年 8 月

（3）2022 年 9 月～2023 年 8 月

3. 具体措施

第四部分 保障措施

一、组织保障

二、制度保障

三、后勤保障

…………

2020 年 8 月 20 日

（二）实施学校发展规划

在实施学校发展规划时，要做好以下几个方面的工作：①学校要根据发展规划各领域的目标任务，落实责任分工，并拟制本学校的发展性指标表。在规划实施过程中，允许适当调整、补充和完善发展目标及任务。②学校要建立学校规划实施工作领导小组，有效发挥学校视导员内部督导作用，不断完善规划组织实施的运行、监控和保障机制，提高规划实施的管理效能。教育行政部门应定期或不定期组织对学校规划实施情况开展随访或专项督导。③学校要认真做好自我评价工作，主要包括评价资料的及时上传和每学年规划实施情况等。要对评价资料及时整理归纳，并在一项工作任务完成后的一周内将其上传至网络。每学年的自评工作要规范细致开展，围绕学年度目标任务，分析达成情况和存在问题，总结特色亮点和工作成效，提出下一步改进思路，并撰写自查自评报告。

（三）组织终结性评价

学校要在三年来形成性自评工作的基础上，组织相关人员对三年发展规划实施情况进行全面自查自评和打分，形成终结性自评报告。教育行政部门组织评估组或委托社会第三方教育评价机构定期对学校规划实施情况开展督评，督评分为每学年的形成性评价和三年的终结性评价，结果分为优秀、良好、合格、不合格四个等级，其得分分别为90分及以上、80～89分、60～79分、60分以下。

除了上述环节之外，在实施学校发展性评价的过程中还应注意以下几点。

1）学校要进一步提升主体主动意识。各中小学校要健全完善发展规划实施责任机制和自评制度，要将发展规划的编制、实施及自评工作纳入教代会内容，要将阶段性目标任务分解到部门与教师，并定期通报发展规划实施进度，增强全体教职工的主体意识和实施能力，提高规划目标的达成度。同时，各中小学校要高度重视监测指标的数据填报工作，落实数据质量责任，做到数据准确、真实、有效。

2）教育行政部门的责任督学要进一步参与学校发展。各责任督学要落实监督、指导职责，增强服务意识，全程参与挂牌学校的发展性评价工作；指导和帮助学校编制、修订、完善发展规划；督促和指导学校有效实施发展规划，定期开展阶段性自我评价，做好问题诊断和整改工作；根据工作安排参与部分督评工作。

3）学区要进一步发挥桥梁纽带作用。各学区要积极主动服务区域学校优质均衡发展和现代化建设，认真研究制约学校发展的重点、难点、热点问题，加强对学校的个性化指导和与教育行政部门相关科室的对接，帮助学校在发展规划实施过程中改进提高。要根据区域学校发展性评价工作推进安排，组织和做好对规划编制的指导与审核、对规划实施的监督与指导、对评价材料及时上传的督查、对监测数据填报的审核等相关工作；对委托第三方机构开展的评价工作做好配合与过程监督工作。

第四节　学校评价的新进展

一、新理念：构建学习共同体

"共同体"一词最早见于社会学领域，随着人们对教育重视程度的不断加深及学科之间的融合发展，这一概念由社会学领域拓展到教育领域，在用语上也更具体，被概括为"学习共同体"。2000 年以后，"学习共同体"的概念吸引了很多中国学者的目光。日本东京大学著名教育改革家佐藤学教授构想的 21 世纪的学校为"学习共同体学校"这一观点在我国学者间也引起了很大的共鸣。[①]

"学习共同体"概念的产生使人们看到一种学校的社会形式，即学校从传统的"工厂型学校"发展到"学习共同体"，这也预示着学校评价理念的一种转型：每一个个体在学校这个共同体中权利、资源共享，有共同的愿景，并在共同的愿景之下，学校以"学习共同体"的组织形式将学生与生活联系起来，推进学生对个体自我和社会自我的整体认识。[②]

"学习共同体"以一个共同目标将教师、学生以及教学媒体紧密联系在一起，教师与学生作为共同任务的参与者，有一定的心理相容性，教育的每个要素的发展都与学校发展密切关联起来。显而易见，以构建"学习共同体"作为学校评价的新理念，将使学校评价的发展功能得到进一步的发挥。

二、新视角：增值评价

"增值"的含义是在一定时期内学校教育对学生成长发展所带来的积极影响。作为一种教育评价方法，增值评价源自 20 世纪 70 年代初期首创于美国密苏里大学的"增值评估"方法。

增值评价的核心思想是监测和评价学校对学生进步幅度的影响程度。与传统的学校评价不同，它可以很好地在技术上实现对学校影响因素的精确测量，并可持续地进行

---

① 熊静雅. 学校学习共同体的表现性评价研究[D]. 天津师范大学硕士学位论文，2020.
② 转引自佐藤学. 学校的挑战：创建学习共同体[M]. 钟启泉译. 上海：华东师范大学出版社，2010：220-222.

影响学生发展条件的分析和调查，从而提高学校绩效，改善学校办学质量。[①]该方法试图确定一定时期内学校教育活动引起的学生增加的价值。其基本假设是学生入学时水平与毕业时水平的差异，或是学生在校期间的变化情况，可以归因于学校教育；学生变化的幅度，即"增值的大小"，可以看作是学校、课程或教师的教育成就。在实践中，确定"增值"的基本方法，是对学生的学习成绩进行历时比较。学生在特定学科领域、特定时期两次考试成绩的差异，经过统计上的调整，即被认为是学校教育引起的学生增加的价值。增值评价的主要依据，是学生特定学科的标准化考试成绩。

学校评价是学校管理和发展的有效手段，学校评价的历史即是一部学校改革和发展的思想演变史。在现代学校评价理论中，增值评价显现出其独特的魅力而得到了政府、社会、家庭和学校的关注。但不得不承认的是，将学生考试成绩的变化作为"增值"，可能导致学校和教师将提高教育质量的努力集中在提高学生特定学科的考试分数上（说到底其主要功能就是证明学校的教育成就），使增值评价难以真正反映学生的成长发展情况，因而难以合理地评价相关教育活动的成效。从理论到实践总要经历一个过程，学校增值评价也是如此，实践过程中相伴的问题慢慢才能得到解决。

三、新模式：第三方评价

第三方评价，也称第三方评估，是指由独立于学校和教育行政部门的社会组织或机构对学校工作开展的评价。作为一种必要而有效的外部制衡机制，它弥补了传统的学校自我评价和政府评估的缺陷。第三方评价的主体是学校，由教育主管部门组织、策划，由第三方机构进行操作。

第三方评价的实践，在我国还是一个新生儿。[②]近年来，我国颁布的一些政策文件为实施第三方评价提供了重要依据。比如《教育部关于深入推进教育管办评分离 促进政府职能转变的若干意见》中明确规定："支持专业机构和社会组织规范开展教育评价。"《教育部关于推进中小学教育质量综合评价改革的意见》中也进一步指出："注重发挥各方面的作用，逐步建立政府主导、社会组织和专业机构等共同参与的外部评价机制。"

在实践方面，已涌现出一些第三方评价的典型案例。成都和西安两个城市的教育行政部门开创了在基础教育阶段引入第三方评价的先河，打破了传统的学校评价模式。这意味着，以前学校办得好不好，由教育行政部门或学校自身说了算，而现在，相对独立的第三方评价机构也有了重要的发言权。更关键的是，第三方评价机构拥有专业人才和技术优势，对学校工作和办学水平的评价相对更加客观、公正、专业。但需要注意的是，目前第三方评价也存在一些问题，如缺乏独立性、缺乏行业管理、专业化良莠不齐且各自为政等。因此，第三方评价需克服实践中的重重困难和阻力，才能走上良性发展的道路。

---

① 沈玉顺. 现代教育评价[M]. 上海：华东师范大学出版社，2002：154-156.
② 储朝晖. 中国第三方教育评价探路[M]. 福州：福建教育出版社，2020：3.

本章小结

本章介绍了学校评价的基本理论。按照不同的分类标准，学校评价有不同类型的划分：按照评价主体的不同，学校评价可分为内部评价和外部评价；按照评价内容，学校评价可分为综合评价和专项评价；按照学校评价的目的，学校评价可分为鉴定性评价和发展性评价。学校评价能够引领学校改革发展，有助于优化学校管理体系，促进教师素养提升，提升人才培养质量。学校评价的内容包括办学思想、办学条件、办学行为、办学质量。在实践层面，以发展性评价为例，探讨了学校发展性评价的设计和实施。最后，从新理念、新视角、新模式三个方面介绍了学校评价的新进展。

练习思考

1. 简述学校评价的分类。
2. 简述学校评价的内容。
3. 简述学校发展性评价的实施环节及其注意事项。
4. 请与同学讨论交流，谈一谈我国当前学校评价的新进展。

参 考 文 献

埃贡·G. 古贝, 伊冯娜·S. 林肯. 2008. 第四代评估[M]. 秦霖, 蒋燕玲, 等译. 北京: 中国人民大学出版社.

北京市基础教育课程教材改革实验工作领导小组. 2003. 新课程下的课堂教学评价研究[M]. 北京: 首都师范大学出版社.

布卢姆等. 1987. 教育评价[M]. 邱渊, 王钢, 夏孝川, 等译. 上海: 华东师范大学出版社.

陈多仁. 2017. 课堂教学评价[M]. 北京: 高等教育出版社.

陈时见. 2016. 教育研究方法[M]. 2 版. 北京: 高等教育出版社.

陈玉琨. 1999. 教育评价学[M]. 北京: 人民教育出版社.

陈玉琨, 李如海. 2000. 我国教育评价发展的世纪回顾与未来展望[J]. 华东师范大学学报(教育科学版), (1): 1-12.

陈玉琨学术思想研究课题组. 2005. 追踪前沿 立足实践 创新理论——陈玉琨学术思想发展轨迹研究[J]. 国家教育行政学院学报, (11): 15-21.

程家福, 王仁富, 武恒. 2001. 简论我国心理测量的历史、现状与趋势[J]. 合肥工业大学学报(社会科学版), (S1): 102-105.

储朝晖. 2020. 中国第三方教育评价探路[M]. 福州: 福建教育出版社.

崔允漷, 沈毅, 吴江林, 等. 2013. 课堂观察Ⅱ: 走向专业的听评课[M]. 上海: 华东师范大学出版社.

戴海崎, 张峰, 陈雪枫. 2011. 心理与教育测量[M]. 3 版. 广州: 暨南大学出版社.

杜栋, 庞庆华, 吴炎. 2015. 现代综合评价方法与案例精选[M]. 3 版. 北京: 清华大学出版社.

冯建新. 2005. 现代教育评价与测量学[M]. 北京: 中国社会科学出版社.

郭宝仙. 2017. 核心素养评价: 国际经验与启示[J]. 教育发展研究, 37(4): 48-55.

郭树平, 王景英. 1988. 教育测量学[M]. 长春: 东北师范大学出版社.

胡定荣. 2018. 全面发展·综合素质·核心素养[J]. 新疆师范大学学报(哲学社会科学版), 39(6): 61-78, 2.

胡森. 2011. 21 世纪法国中小学教师专业能力标准探析[J]. 比较教育研究, 33(8): 40-44, 59.

胡中锋. 2006. 教育测量与评价[M]. 2 版. 广州: 广东高等教育出版社.

胡中锋. 2016. 教育评价学[M]. 3 版. 北京: 中国人民大学出版社.

黄光扬. 2012. 教育测量与评价[M]. 2 版. 上海: 华东师范大学出版社.

金娣, 王钢. 2007. 教育评价与测量[M]. 2 版. 北京: 教育科学出版社.

柯政. 2021. 学生评价改革的难为、应为、须为[J]. 教育发展研究, 41(18): 29-37.

拉尔夫·泰勒. 1994. 课程与教学的基本原理[M]. 施良方, 译. 北京: 人民教育出版社.

李雄鹰, 顾胡庆, 秦晓晴. 2018. 高考评价改革 40 年的实践与省思[J]. 教育科学研究, (6): 5-10, 34.

刘邦奇, 袁婷婷, 纪玉超, 等. 2021. 智能技术赋能教育评价: 内涵、总体框架与实践路径[J]. 中国电化教育, (8): 16-24.

刘本固. 2000. 教育评价的理论与实践[M]. 杭州: 浙江教育出版社.

刘翠航. 2021. 批判和改进: 21 世纪美国教师评价思想及实践的矫正[J]. 教师教育研究, 33(4): 115-121.

刘尧. 2003. 中国教育评价发展历史述评[J]. 北京工业大学学报(社会科学版), (3): 88-92.

刘志军. 2018. 教育评价[M]. 北京: 北京师范大学出版社.

卢立涛, 井祥贵. 2011. 促进发展性学校评价在我国实施的条件保障[J]. 教育科学研究, (9): 45-51.

芦咏莉, 申继亮. 2012. 教师评价[M]. 北京: 北京师范大学出版社.

马超山, 温善策. 1988. 教育决策论[M]. 沈阳: 辽宁教育出版社.

潘懋元. 2006. 规模速度、分类定位、办学特色——中国当前高等教育发展中的若干问题[J]. 龙岩学院学报, 24(2): 1-4, 8.

潘玉进. 2006. 教育与心理统计: SPSS 应用[M]. 杭州: 浙江大学出版社.

邱均平, 王碧云, 汤建民. 2016. 教育评价学: 理论·方法·实践[M]. 北京: 科学出版社.

邵光华, 张振新. 2012. 教育研究方法[M]. 北京: 高等教育出版社.

沈毅, 崔允漷. 2008. 课堂观察: 走向专业的听评课[M]. 上海: 华东师范大学出版社.

涂艳国. 2007. 教育评价[M]. 北京: 高等教育出版社.

汪基德, 张新海. 2022. 教育研究方法教程[M]. 北京: 科学出版社.

汪珊珊, 王洁. 2021. 迈向新时代的教师评价——第二届全国教师教育发展论坛述评[J]. 比较教育学报, (5): 132-140.

王汉澜. 1987. 教育测量学[M]. 开封: 河南大学出版社.

王洪席. 2016. 我国综合素质评价政策的演进历程及特征分析——基于(1999—2014 年)政策文本的分析[J]. 课程·教材·教法, 36(12): 28-34.

王唯. 2005. 学校发展性评价方案研究[J]. 中小学管理, (4): 16-18.

王孝玲. 2001. 教育统计学[M]. 2 版. 上海: 华东师范大学出版社.

温世顿. 1980. 教育心理学[M]. 台北: 三民书局.

辛涛, 姜宇, 林崇德, 等. 2016. 论学生发展核心素养的内涵特征及框架定位[J]. 中国教育学刊, (6): 3-7, 28.

辛涛, 李雪燕. 2005. 教育评价理论与实践的新进展[J]. 清华大学教育研究, 26(6): 38-43.

严玉萍. 2011. 中美教师评价标准比较研究[M]. 南京: 南京师范大学出版社.

杨文杰, 范国睿. 2020. 基于"国际学生评估项目"成绩的学生发展审视[J]. 教育研究, 41(6): 92-105.

一帆. 2009. 教育测量·教育评价·教育评估[J]. 教育测量与评价(理论版), (5): 47.

一帆. 2015. 主试误差[J]. 教育测量与评价(理论版), (5): 42.

英配昌, 范国睿. 2001. 关于教师评价模式的个案研究——兼论传统教师评价模式的弊端及新模式的探索[J]. 教育理论与实践, 21(3): 22-25.

于海英. 2021. 教育测量与评价[M]. 北京: 北京师范大学出版社.

余林. 2007. 课堂教学评价[M]. 北京: 人民教育出版社.

张鸿. 2000. 教育测量的误差及其控制[J]. 中小学管理, (1): 38-39.

张向众. 2009. 中国基础教育评价的积弊与更新[M]. 北京: 教育科学出版社.